AF619566

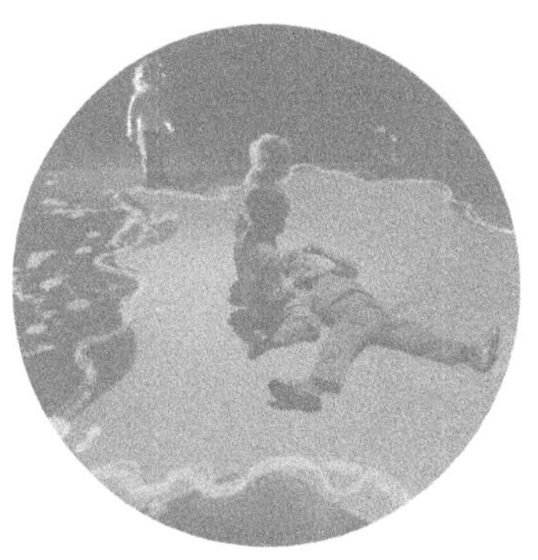

Tecno-socialità
Partecipazione e interattività nell'arte contemporanea
di Chiara Canali

© 2019 Postmedia Srl, Milano

Copertina: Studio Azzurro

www.postmediabooks.it
ISBN 9788874902361

Tecno-socialità

Partecipazione e interattività nell'arte contemporanea

Chiara Canali

postmedia•books

Introduzione

> ... bisogna creare relazioni solide e costanti tra comunità virtuali e socialità reale, in modo tale che ci siano sempre una verifica e un rilancio reciproci tra i processi di socializzazione in Rete e i processi di socializzazione reale, rigenerando le condizioni per una democrazia effettiva, orizzontale e partecipata. Dunque il cuore della tecnologia digitale è l'interattività, non solo mediante la Rete, ma anche attraverso un uso creativo dei dispositivi, capace di trasformare la relazione in attività cognitiva ed espressiva.
>
> *A. Balzola e P. Rosa*[1]

Oggi le parole d'ordine dell'arte contemporanea sono partecipazione, interazione, interattività, coinvolgimento dello spettatore.

Tutto il XX sec. si è configurato come un progressivo cammino di consapevolezza dell'artista nei confronti del ruolo dello spettatore. L'opera d'arte non va più solo guardata, contemplata o interpretata, ma deve essere agita, vissuta, partecipata. In questo modo l'osservatore di opere d'arte non è più un semplice spettatore, ma diventa fruitore, assume cioè un ruolo attivo nella relazione con l'opera d'arte. Dalle forme di sperimentazione percettiva e meccanica – Arte Optical, Cinetica e Programmata – a quelle fisiche e motorie – Arte ambientale, situazionismo, happening, performance – dalle pratiche di partecipazione sociale e politica – come l'arte relazionale, partecipativa e di comunità – alle formulazioni che implicano una sempre maggior utilizzazione dei media tecnologici e digitali – videoinstallazioni, opere interattive, video ambienti – sempre più di frequente il pubblico è destinatario ultimo e attore primo del processo creativo.

I cosiddetti New Media hanno profondamente trasformato la società in cui viviamo e, con essa, i linguaggi dell'arte, il ruolo dell'artista e quello dello spettatore.

L'interattività diventa una delle principali modalità di produzione e fruizione artistica contemporanea mirante al coinvolgimento di uno spettatore attivo nelle fasi di genesi e ricezione dell'opera. Quest'ultima non risiede quindi nell'oggetto, ma nel processo dinamico che si instaura fra chi la crea e chi la fruisce. L'interattività permette, inoltre, al partecipante di elevare il proprio stato, di attingere a possibilità percettive che amplificano le proprie capacità sensoriali, sperimentando l'aspetto tattile, acustico, olfattivo.

Tra gli ambienti tecnologici che condizionano l'esperienza dell'arte multimediale troviamo da un lato la Realtà Virtuale, grazie alla quale è possibile interagire con un ambiente artificiale (immersivo o non) modificabile attraverso le stimolazioni del partecipante; dall'altro le reti telematiche e lo spazio di comunicazione definito Cyberspazio, dove gli individui possono interagire tra loro in tempo reale e utilizzare la Rete per creare arte, elaborando percorsi ipertestuali e multimediali.

Allo stesso tempo negli ultimi decenni si è aperto un vero e proprio dibattito sul concetto di "cultura partecipata" come riappropriazione da parte dell'uomo della propria centralità nei meccanismi di co-autorialità, co-creazione e comportamento pro-attivo nei confronti dell'opera d'arte.

Queste riflessioni hanno suggerito l'analisi e la comparazione dei principali argomenti trattati nel presente testo, riflettendo in parallelo sul cambiamento dei modelli di fruizione delle pratiche artistiche della contemporaneità. L'obiettivo della trattazione è quello di descrivere e analizzare la prospettiva di un'idea di arte che sfugge da ogni oggettualità e che richiede una partecipazione dell'osservatore per essere compresa. In questo contesto non solo il pubblico dell'arte ma più in generale i consumatori sono sempre più sollecitati a non restare semplici spettatori, a farsi coinvolgere nella costruzione e processualità dei prodotti e delle opere d'arte di cui sono destinatari.

Il testo si compone di sei sezioni che si sviluppano consequenzialmente l'una dall'altra: una prima premessa filosofica analizza la situazione attuale dominata dalle nuove tecnologie che, anziché alienare l'uomo (*Homo technologicus*), lo rendono atto a nuove interazioni di reciprocità fisica e sociale.

Il primo capitolo si sposta sul piano storico e individua i processi di approccio alle opere d'arte visiva del primo Novecento attraverso i meccanismi di osservazione, percezione e partecipazione. Sono affrontati e riletti alcuni movimenti e tendenze dell'arte che hanno permesso la maturazione di un ruolo sempre più attivo dello spettatore.

I sottoparagrafi trattano i seguenti argomenti: il processo mentale di attivazione del dispositivo della visione nel Dadaismo, la Gestalt Psychology, i primi esperimenti ambientali e spaziali, i meccanismi dell'arte programmata e cinetica, le dinamiche situazioniste e processuali, gli happening e le performance da Fluxus in avanti.

Il secondo capitolo tratta le forme di protagonismo collettivo e di partecipazione socio-culturale degli anni Settanta (*Volterra 73*), i programmi di Arte comunitaria e New Genre Public Art, i progetti partecipativi e relazionali degli anni Novanta (*Estetica Relazionale*) per arrivare al Duemila con le ricerche di Hirshhorn, Ai WeiWei, Eliasson e il manifesto politico di Michelangelo Pistoletto.

Nel terzo capitolo si analizzano modelli di fruizione interattiva e psicosensoriale, dove l'attivazione dei cinque sensi è mediata o favorita dai media, descritti da Marshall McLuhan come delle "estensioni dell'essere umano" riferendosi alla loro capacità di abilitare nuove sensazioni, sensibilità, percezioni e risposte. Approfondendo quanto McLuhan aveva intuito, Derrick De Kerckhove rileva infatti come i nuovi media portino in sé un insieme di caratteristiche, di nuove tattilità, che definisce "propriocezioni" o "psico-tecnologie" che amplificano, facilitano, accelerano e moltiplicano l'esperienza umana, estendendo la mente, così come le tecnologie fisiche estendono il corpo.

Qui vengono trattate, più nello specifico, le estetiche interattive, dalle complesse macchine tecnologiche di Schilling, Weibel e Shaw, alle opere connettive di Gilardi e gli ambienti sensibili di Studio Azzurro, dai *mediascapes* di Lozano-Hemmer e Chevalier alle ricerche tattili, olfattive e uditive.

Nel quarto capitolo vengono presi in esami i primi esperimenti sulla *Realtà Artificiale* di Myron Krueger per arrivare ai moderni sviluppi della realtà aumentata e virtuale e della telepresenza sperimentata con finalità percettive, interattive e partecipative.

La quinta sezione offre una disamina dei principali modelli di interazione tecno-sociale nell'era della post-medialità che tengono conto dell'avvenuta transizione dai media classici a quelli ubiqui. In questo ambito, la geografia fisica è sostituita dal Cyberspazio e la collettività modella nuove forme di socialità in cui dati, informazioni e saperi vengono prodotti in maniera globale e in tempo reale e con modalità multi-autoriali. Qui sono affrontate le ricerche sulla tecno-socialità che comprendono il concetto di telematica di Roy Ascott, la nascita e la diffusione della *Net Art*, le esperienze di "hacktivism" e "artivismo" e le tendenze attuali della *Post-Internet Art*.

Un ulteriore paragrafo intende dare supporto teoretico ai potenziali sviluppi di un'iconografia artistica che innesta una risposta e un coinvolgimento sempre più attivo da parte dello "spett-attore", attraverso l'analisi del dibattito critico e le teorie filosofiche e storiche sul concetto di opera aperta, partecipata, relazionale in rapporto al precedente censimento di forme espressive.

La conclusione è il riscontro di come questo nuovo modello di fruizione tecno-sociale sostanzi la tesi di un *Nuovo Umanesimo* finalizzato ad abilitare e responsabilizzare la persona umana che, stimolata da processi interattivi, multisensoriali, partecipativi, riscopre una nuova dimensione ontologica, responsabilmente etica e progettuale.

1. Balzola; P. Rosa, *L' arte fuori di sé: un manifesto per l'età post-tecnologica*, Feltrinelli, Milano 2011

Premessa

Reciprocità dell'*Homo technologicus*

Nel Novecento assistiamo a una radicale mutazione della società e della vita a seguito dell'ibridazione sempre più radicale tra l'*Homo sapiens* e la macchina. In questo senso, la tecnologia e l'utilizzo massiccio compiutone dalla nostra epoca rilanciano con forza la "questione della tecnica cioè il problema di una completa ed irreversibile alienazione dell'identità umana nei confronti della Natura ad opera del 'sistema tecnico'" [1].

La prospettiva di una nuova integrazione tra l'uomo e la tecnica, fra l'uomo e la macchina, determina un salto nella stessa evoluzione della specie e spiazza totalmente le prospettive e i linguaggi tradizionali. La macchina e lo strumento tecnologico sono elementi imprescindibili dell'*Homo sapiens* anche per l'evoluzione del pensiero epistemologico.

L'immagine che meglio esprime questa condizione è senza dubbio quella del *Cyborg*, "un composto di *Cyberg* e *organism*, un organismo cibernetico composto da un miscuglio di carne e tecnologia che caratterizza il corpo modificato da innesti di hardware, protesi e altri impianti"[2]. Per Donna Haraway il corpo non è soltanto un dato biologico ma un campo di iscrizioni di codici socio-culturali, pertanto bisogna assumere responsabilità per la corporeità virtuale che lo caratterizza. In quanto ibrido, misto di corpo e macchina, il Cyborg è un'entità che tesse legami, è una figura interattiva che evoca modi d'interazione, ricettività, comunicazione globale.

Introdotto nell'orizzonte umano dalla filosofia di Donna Haraway, il *Cyborg* esprime dunque l'esigenza di ripensare l'immaginario dell'umano a partire dalla sua concreta storicità evolutiva dove il fattore tecnologico diventa fondamentale. Il *Cyborg*, perciò, è l'immagine dell'uomo che si libera dai legami ontologici ed epistemologici con l'antropocentrismo umanistico, si libera delle dicotomie gerarchiche e identitarie del pensiero, in nome di uno squilibrio verso ipotesi reticolari e tecnofile.

Secondo Antonio Caronia, il *Cyborg*, che è stato per buona parte del Novecento una metafora limite del nostro rapporto con le macchine e con la tecnologia, verso la fine del secolo scorso ha letteralmente preso corpo con la prospettiva del Post-umano[3]. Queste tecnologie hanno potuto svilupparsi grazie, in particolar modo, alla scoperta del computer. È lui il nuovo partner dell'uomo, la sua metà artificiale, che gli fa compagnia, fuori e dentro il Cyborg. È lui il nuovo doppio, che rivaleggia con l'uomo nelle situazioni difficili che richiedono calcoli complessi, decisioni veloci e riduzione alla semplicità. Se infatti intendiamo il Cyborg non più come un ibrido macchinico, bensì come l'insieme dei processi che avvengono al confine tra uomo e macchina, la sua figura cambia aspetto e diventa un'esperienza quotidiana, molto più familiare. "Visto come indicazione dell'esistente e del futuribile nel rapporto uomo/computer, il Cyborg diventa allora un problema linguistico, di linguaggi di programmazione della macchina e di arricchimento della comunicazione tra uomo e macchina: insomma, un problema di interfaccia. Certo, rimane un paradosso, un interrogativo irrisolto per la coscienza comune: come sia possibile che si pongano problemi di 'traduzione' tra il linguaggio naturale dell'uomo, che è il suo marchio distintivo dagli altri esseri naturali, e il linguaggio artificiale delle macchine, creato dall'uomo"[4], afferma ancora Antonio Caronia.

Da un lato la diffusione del personal computer, dall'altro l'uscita dai ristretti campi della ricerca di alcune tematiche relative all'*Intelligenza Artificiale* (IA) hanno contribuito a modellare l'immaginario in questa direzione. Queste ricerche hanno riproposto temi e problematiche classiche della ricerca filosofica occidentale che riguardano la ridefinizione del posto dell'uomo nel mondo, influenzando anche il nostro immaginario letterario, cinematografico e artistico.

La tecnologia, insomma, modifica il nostro corpo, il nostro pensiero, la nostra comunicazione e, contemporaneamente, il mondo attorno a noi. E mescola sempre di più il mondo fisico con la sua immagine virtuale, moltiplicando i canali informativi aperti tra uomo e uomo e tra uomo e ambiente.

Nell'ambito della letteratura degli anni Ottanta William Gibson, nel suo *Neuromante,* conia la definizione di *Cyberspace*[5] per alludere al nuovo spazio della virtualità abitato dall'uomo e dalla macchina, e questa parola venne usata non solo in riferimento all'ambiente delle realtà virtuali, ma anche rispetto ad Internet. Oltre a Gibson si fà strada un gruppo di scrittori *cyberpunk* che percepiscono la mutazione del rapporto tra tecnologia e società, oltre e al di là dell'assetto esistente, prefigurandosi la società che sarebbe venuta qualche decennio dopo. Secondo Gibson, Sterling e gli altri scrittori, la società sta cambiando pelle:

> Per i cyberpunk, al contrario, la tecnologia è viscerale. [...] Non è fuori di noi, è molto vicina a noi. Sta sotto la nostra pelle; spesso, dentro le nostre teste. E anche la tecnologia è cambiata. [...] La tecnologia degli anni Ottanta sta attaccata alla pelle, risponde al tocco: è il personal computer, il Walkman Sony, il telefono cellulare, le lenti a contatto morbide[6].

Come ha affermato Pietro Barcellona, "la manipolazione tecnologica del vivente, la prospettiva di una nuova integrazione tra uomo e la tecnica, fra uomo e la macchina, determina un salto nella stessa evoluzione della specie e spiazza totalmente le prospettive e i linguaggi tradizionali. Siamo entrati nell'epoca del Post-umano e della coincidenza del mondo con se stesso, in cui la posterità si presenta come mutazione dello statuto antropologico che sconvolge tutte le coppie oppositive, tutti i criteri distintivi, attraverso i quali si è operata la distinzione fra natura e cultura, oggettivo e soggettivo, vivente ed inorganico"[7].

Il sociologo tedesco Henrich Popitz ha individuato due momenti fondamentali di questa estensione tecnologica dell'*Homo sapiens* nello sviluppo delle macchine e dell'elettricità. Con la diffusione di massa delle tecnologie meccaniche, elettriche, elettroniche, a cavallo tra il Diciannovesimo e il Ventesimo secolo, è cambiata la nostra fisicità, il nostro modo di vivere e di pensare. Ma, elemento ancora più perturbante, le tecnologie odierne non hanno potenziato solamente il nostro fisico e i nostri sensi. Esse si rapportano sempre di più con lo strumento attraverso cui si basa la nostra identità di individui e il nostro rapporto con il mondo: il corpo.

Assistiamo ad una vera e propria trasformazione tecnologica dell'umano e virtualizzazione del corpo che, per Lévy, non è affatto "una disincarnazione, ma piuttosto una reinvenzione, una reincarnazione, una moltiplicazione, una vettorializzazione, un'eterogenesi dell'umano"[8]. Il corpo virtualizzato non è più composto solamente da carne e sangue ma anche da protesi ed estensioni dei più diversi materiali, è in ogni caso qualcosa di ben lontano da una sostanza non fisica. Un corpo artificiale che Antonio Caronia ha di volta in volta chiamato corpo replicato, corpo invaso (*Cyborg*), corpo disseminato, categorie dell'immaginario che, a seconda delle scansioni cronologiche, preludono alla concettualizzazione del *Post-human* e alla necessità di trovare nuovi modelli per descrivere l'essere umano.

L'*Homo sapiens* è costitutivamente diventato *Homo technologicus*[9], secondo il felice neologismo di Giuseppe Longo: la tecnologia non completa una presunta mancanza dell'uomo ma, al contrario, allarga il campo del suo operato.

Le premesse che Longo individua alla concreta messa in atto di questo processo sono le seguenti: la prima è che tra uomo e tecnologia non esiste distinzione netta, perché da sempre la tecnologia concorre a formare l'essenza dell'umano. La seconda è che l'evoluzione della tecnologia contribuisce potentemente alla nostra evoluzione, anzi ormai (quasi) coincide con essa. Le due evoluzioni, biologica e tecnologica, sono intimamente intrecciate in un'evoluzione "biotecnologica", al cui centro sta l'unità evolutiva dell'*Homo technologicus*, una sorta di ibrido di biologia e tecnologia in via di continua trasformazione.

L'*Homo sapiens* è sempre stato contaminato dalla tecnologia, cioè è sempre stato *Homo technologicus* perché per Longo la tecnologia fa parte integrante dell'uomo: "l'*Homo technologicus* non è '*Homo sapiens* più tecnologia', bensì '*Homo sapiens* trasformato dalla tecnologia', dunque è un'unità evolutiva nuova, sottoposta a un nuovo tipo di evoluzione in un ambiente nuovo"[10].

Il simbionte uomo-macchina è un'entità organica, mentale, corporea, psicologica, sociale e culturale senza precedenti, che se partecipa ancora dei miti, dei desideri e delle necessità dell'uomo tradizionale, allo stesso tempo crea miti, necessità e desideri propri. La tecnologia opera una profonda trasformazione del corpo anche quando, anziché invaderlo, lo prolunga: la sensibilità corporea viene dislocata e disseminata in tutto il globo senza che vi sia presenza o prossimità del corpo.

Longo ha previsto, con acutezza, che come le macchine informatiche hanno profondamente modificato la nostra cultura e hanno inciso sulla nostra concezione della mente e dell'intelligenza, aprendo inedite prospettive epistemologiche, così le nuove macchine, diffuse e invasive, che coinvolgono sia il corpo che la mente, possono modificare l'ontologia dell'*Homo technologicus.*

Il complesso delle acquisizioni tecno-scientifiche ha cambiato lo spazio antropologico della relazione sociale, provocando slittamenti di significato nei concetti di ambiente, relazione, comunità. Nel suo fondamentale testo *Il principio responsabilità*[11] il filosofo tedesco Hans Jonas analizza come nel passaggio dall'*Homo sapiens all'Homo technologicus* – o dall'*Homo faber* all'*Homo creator* – si perda la caratteristica peculiare dell'uomo: cioè la capacità di pre-vedere e progettare il proprio agire e la propria vita. Secondo Jonas, il pericolo nel quale l'esistenza umana è stata gettata dall'aumento di potere tecnologico deriva dal mezzo tecnologico il quale ne ha trasformato l'agire. La tecnica, infatti, da mezzo si è trasformato in scopo: mentre acquistiamo una sempre maggiore possibilità di agire, la conoscenza degli effetti prodotti da quell'agire si fa sempre più incerta.

Poiché l'uomo deve progettare un mondo, la responsabilità del progetto si apre all'esistenza intera cui l'essere vivente deve indirizzare la capacità di prendersene cura. Ottimistica la posizione di Derrick de Kerckhove che annuncia la fine dell'era dei media totalitari e autoritari, come la televisione, con i suoi effetti di passività, e l'alba dei media comunicativi e interattivi che esaltano la soggettività dei singoli e la reciprocità in un clima di permanente creatività collettiva. Non a caso de Kerckhove parla di "intelligenza connettiva" e, con una sfumatura leggermente diversa, Pierre Levy parla di "intelligenza collettiva" generata dall'interazione tra il "globale" e il "locale" dove connettiva (al posto di collettiva) indica appunto l'esperienza che si attua nella connessione diretta tra due o più persone. La comprensione degli esseri viventi "superiori", quali animali "sociali", si apre a nuove forme di possibilità e di libertà.

La progettazione dell'uomo, secondo Jonas, è esistenzialmente connessa alla sua apertura al mondo – poiché concretamente legata alla sua libertà – configurandosi come un prendersi cura del progetto della comunità umana: "la responsabilità è un correlato del potere, sicché la misura e il tipo di potere determinano la misura e il tipo di responsabilità"[12]. Sulla base delle teorie di Jonas, Alici nota come questo nuovo potere in mano all'uomo deve essere ripensato soprattutto a partire dalla universalizzazione della reciprocità, testimoniata dalla comparsa del "noi". Per ciascun individuo il "noi" deve essere la condizione e il termine finale del proprio progetto: quest'ultimo è un compito di responsabilità, inteso non come vincolo estrinseco e neutralizzabile ma quale legame intrinseco e condiviso, poiché "in senso più radicale si può individuare nel vincolo stesso della reciprocità quella legatura originaria, che riconduce la libertà umana all'orizzonte ontologico entro cui essa può partecipare responsabilmente ad un ordine morale" [13].

Nella progettazione umana, infatti, il riferimento alla generazione futura può essere assunto in tutta la sua portata responsabile poiché è inscritto in una intersoggettività che si struttura nelle forme della reciprocità. La comunità umana, infatti, non assomiglia a un mero essere-insieme di individui, ma a uno spazio condiviso in cui la reciprocità e la socialità sono le forme stesse della relazione. Una forma di *reciprocità asimmetrica*, indirizzata anche alle future generazioni, che rimane esclusa all'orizzonte post-umano il quale, come abbiamo visto, propugna nascostamente un'asimmetria non-reciproca anche nei confronti dell'Umanismo.

Come afferma GiorgioTintino: "la prassi dell'uomo quale progettazione comune è connotata dalla reciprocità che ne orienta la specifica apertura al mondo. La 'nostra' etica della responsabilità, insomma, vuole essere un concreto tentativo per risvegliare nell'*Homo sapiens* la presenza della costitutiva dimensione relazionale che abbraccia l'intero cammino della vita umana e che deve, quindi, essere responsabilmente posta come compito"[14].

1. Giorgio Tintino, *Tra Umano e Post-umano. Disintegrazione e riscatto della persona. Dalla questione della tecnica alla tecnica come questione*, Franco Angeli, Milano 2015.
2. Donna Haraway, *Manifesto Cyborg. Donne, tecnologie e biopolitiche del corpo*, Feltrinelli, Milano, 1995, p. 25.
3. Antonio Caronia, *Il Cyborg. Saggio sull'uomo artificiale*, ShaKe edizioni, Milano 2008.
4. Ibidem, p. 70.
5. Ibidem.
6. Bruce Sterling, *Mirrorshades. L'antologia della fantascienza cyberpunk*, trad. it. a cura di D. Brolli e A. Caronia, Bompiani, Milano 1994, pp. 19-20.
7. Pietro Barcellona, *L'epoca del Post-umano. Lezione magistrale per il compleanno di Pietro Ingrao*, Città Aperta Edizioni, Troina 2007, pp. 12-13.
8. Pierre Lévy, *Il virtuale*, Raffaello Cortina, Milano 1997.
9. Giuseppe O. Longo, *Homo technologicus* , Meltemi, Roma 2001, p. 40-41.
10. Ibidem.
11. Hans Jonas, *Il principio responsabilità. Un'etica per la civiltà tecnologica*, trad. it. P.P. Portinaro, Einaudi, Torino 2002, p. 226.
12. Ibidem, p. 112.
13. Luigi Alici, *Il «noi» come origine e come compito*, in AA.VV., *Forme della reciprocità. Comunità, istituzioni, ethos*, Il Mulino, Bologna 2004, p. 51.
14. Giorgio Tintino, op. cit.

1

Osservazione, percezione e partecipazione

Nel saggio *La Storia dell'arte come disciplina umanistica*, Erwin Panofsky evidenzia una serie di differenze tra posizione assunta dall'Umanesimo circa gli ambiti delle discipline umanistiche e quelli delle scienze naturali riscontrando una diversità di metodo tra le due. La principale differenza consiste nel fatto che la scienza lavora essenzialmente sui "processi" delle cose, rivolgendo una costante attenzione alla funzione, al fine pratico e ai mezzi di espressione di cui si servono. Al contrario, il lavoro delle discipline umanistiche si concentra sulle "idee", separate dai processi, separate dalla specifica funzione, estrapolate dallo scorrere del tempo. Tuttavia, tra il metodo dello scienziato e quello dell'umanista esistono punti di contatto perché per entrambi la fase di avvio è quella dell'*osservazione*. In tutto ciò viene definito il ruolo dello storico dell'arte, la cui sfera è afferente all'ambito di ricerca e ai metodi dell'umanista più che dello scienziato. Questa posizione assicura l'entrata di diritto della storia dell'arte tra le discipline umanistiche, come uno degli strumenti ermeneutici di cui l'uomo dispone per capire se stesso nelle opere di cui è l'artefice.

Lo storico dell'arte è un umanista il cui "materiale primario" è costituito dalle opere d'arte: oggetti speciali che, al di là del fatto che abbiano uno scopo pratico, sono gli unici che richiedono di essere "esperiti esteticamente", al di fuori di una funzione d'uso diretta.

Come aveva già osservato Gadamer, oltre all'*osservazione* e all'*interpretazione*, è necessaria un'ulteriore operazione affinché l'opera d'arte assuma un senso per il fruitore e gli parli a un livello più profondo. Si tratta dell'*applicatio / rifigurazione*[1], cioè una comprensione che significa anche proiezione di sé dentro l'opera stessa. Perciò, come afferma l'ermeneutica, anche nel caso di un'opera molto tradizionale, un'opera in cui la distinzione tra autore e fruitore è molto netta, si può affermare senza timore che il testo diviene opera solo nell'interazione tra opera e ricevente.

Un testo si costituisce, esiste, solo in virtù di una collaborazione tra autore e fruitore. Possiamo dire che un testo è costruito dal lettore su indicazione dell'autore. Le indicazioni possono essere più o meno vincolanti, ma non possono mai essere del tutto esaustive.

Un atteggiamento, questo, che diventa sempre più attuale oggi nel momento in cui lo spettatore si dispone non più e non solo come *osservatore* o *contemplatore* dell'opera d'arte, ma come *protagonista attivo della fruizione*, ponendosi nelle condizioni sia dello scienziato che in quelle dell'umanista, esperendo esteticamente l'opera d'arte sia dal punto di vista dell'osservazione dei processi e della ricognizione tecnico-scientifica dei mezzi che della comprensione e approfondimento delle idee e dei contenuti in essa veicolati. L'osservazione non sembra dunque condizione sufficiente per arrivare alla comprensione dell'opera d'arte ma è necessario entrare in una condizione di fruizione estetica che è quella che caratterizza lo Spettatore o Fruitore.

1.1. Osservatore e spettatore

Nel corso del Novecento viene ridefinito il ruolo dell'osservazione, viene rimesso in discussione il rapporto tra il soggetto e la realtà, tra il corpo e le macchine della tecnologia. Fondamentale, a tal proposito, il saggio di Jonathan Crary, *Le tecniche dell'osservatore*, che prefigura la rottura modernista della pittura, e delle modalità di intendere e vedere le opere d'arte, proprio a partire dal mutamento del paradigma della visione e dalla ridefinizione dello statuto del soggetto osservatore.

Crary sceglie innanzitutto di utilizzare il termine "osservatore", anziché "spettatore" per ragioni etimologiche: rispetto alla definizione di spettatore, dalla radice latina di *spectare*, cioè letteralmente "guardare a" – che, secondo Crary, porta con sé delle connotazioni specifiche di un soggetto (corpo) che guarda passivamente uno spettacolo, in una galleria o a teatro –, egli preferisce la parola osservare, *observare* in latino, che significa letteralmente "adeguarsi a", "conformarsi a" regole e norme più o meno esplicite: "un osservatore è soprattutto un individuo che compie tale azione all'interno di una determinata serie di possibilità, un soggetto che è inquadrato in un sistema di convenzioni e limitazioni"[2].

Crary allude a una vera e propria categoria, quella dell' "osservatore del XIX secolo", che si definisce in rapporto alle trasformazioni di un'ampia gamma di pratiche sociali e di ambiti di conoscenza, dove gli strumenti ottici e le tecniche meccaniche si intersecano con discorsi filosofici, scientifici ed estetici. Anche Crary, insomma, rifiuta il cosiddetto determinismo tecnologico post-umanista secondo cui ciascuna invenzione o perfezionamento tecnico si impone anche in campo sociale ed etico, al contrario è fermamente convinto che la tecnologia agisca in concomitanza con altre forze sociali, economiche e politiche, e l'ordine della conoscenza si intreccia con la pratica delle scienze.

Allo stesso tempo Walter Benjamin, nei suoi scritti, teorizza la presenza di un osservatore mobile e itinerante, modellato dalla convergenza di nuovi spazi e nuove tecnologie. Per Benjamin la percezione è eminentemente temporale e cinetica, mentre la modernità ha sovvertito la possibilità di un "osservatore contemplativo".

Con la modernità si passa dall'osservatore incorporeo cartesiano, soggetto della camera oscura, all'osservatore dotato di un apparato sensoriale, quella che Crary chiama "la soggettività corporea dell'osservatore"[3], in quanto il corpo umano è generatore dello spettro di un colore e dunque produttore attivo e autonomo della propria esperienza visiva. Questa visione soggettiva, teorizzata dalle posizioni di Goethe, Blake e Schopenhauer[4], munisce l'osservatore di una nuova autonomia percettiva, che si trova a coincidere con la trasformazione dell'osservatore in un soggetto di nuove conoscenze in ambito fisiologico e di nuove tecniche di potere. Anche l'opera artistica di autori come Goethe, Ruskin, Turner, costituisce un sintomo del fatto che a partire dal 1849 il processo della percezione è diventato, in modi diversi, un oggetto fondamentale della visione. Viene annullata qualsiasi distanza tra l'osservatore e il luogo o l'oggetto dell'esperienza ottica e viene concepita l'idea di un'esperienza ottica astratta, che sarà fondamentale anche per le successive elaborazioni avanguardiste dell'espressionismo, dell'astrattismo e del cubismo.

In queste considerazioni sulla produzione e ricezione delle immagini si può preconizzare un antecedente teorico del problema della percezione visiva e della necessità di attivazione dell'osservatore di fronte all'opera d'arte. Il modernismo è ossessionato dal valore della percezione, che media tra oggetto e idea e li include entrambi nella fruizione. Una volta che l'opera d'arte viene inclusa nell'arco percettivo, vengono chiamati in causa i sensi, e poiché sono questi ultimi a raccogliere i dati che confermano l'identità, essa diventa problematica, come afferma Brian O'Doherty nel suo saggio *Inside the White Cube*[5].

Ritorniamo al senso di quella dicotomia, ipotizzata inizialmente da Crary, tra occhio e spettatore, "osservatore" e "spettatore", che viene di nuovo tirata in causa in riferimento al ruolo di quest'ultimo. Con O'Doherty la parola "spettatore" si arricchisce di sfumature diverse. Se nella modernità occhio e spettatore collaborano e "l'Occhio guarda l'oggetto e lo concettualizza e il corpo dello Spettatore lo percepisce sensorialmente, attualizzandolo, [...] con il tempo, lo Spettatore oscilla tra ruoli ambigui: è un fascio di riflessi motori, un vagabondo che sa muoversi al buio, l'elemento *vivant* di un *tableau*, un attore mancato, perfino l'innesto di suono e luce nello spazio minato dell'arte. È anche possibile che qualcuno gli dica che è un artista, convincendolo che il suo contributo a ciò che osserva o su cui inciampa sia una sorta di firma d'autenticazione" [6].

L'abbandono dell'unicità del quadro e l'affermarsi delle avanguardie che hanno luogo nell'esperienza del concetto, del corpo, dello spazio, minano la purezza della visione *gestaltica* e né l'occhio né l'osservatore sembrano più condizioni sufficienti per la fruizione, che necessita di essere esperita dallo Spettatore attraverso la molteplicità dei sensi e dei meccanismi percettivi che la rendono "attiva". Il fruitore non è più imprigionato nel suo Occhio, ma gli è restituito un corpo con cui può toccare, desiderare, demistificare gli oggetti.

"Si prega di toccare" era il lavoro ideato da Marcel Duchamp (*Prier de toucher*) per la copertina del catalogo dell'Exposition Internationale *Le surréalisme en 1947*, la prima mostra post-bellica organizzata alla Galerie Maeght di Parigi. Si trattava di un seno in caucciù adagiato su un piano in velluto nero che, attraverso la sensualità maliziosa del simbolo femminile, invitava lo spettatore a provare la plasticità del lavoro e a palpeggiare il seno artificiale prima di accedere alle pagine del catalogo. Contro qualsiasi convenzionalità a mantenere una distanza di sicurezza tra oggetto ed osservatore, i Surrealisti auspicano che il pubblico interagisca attivamente con le opere d'arte presentate nelle sale d'esposizione.

1.2. Arte e percezione visiva

Con l'inizio del Novecento si afferma sempre di più una branca della psicologia chiamata *Gestaltpsychologie*, incentrata sui temi della percezione e dell'esperienza, che ha tentato un avvicinamento tra le interpretazioni filosofiche e poetiche della mente e le investigazioni sperimentali sul corpo, dunque, ancora una volta, tra studi umanistici e scientifici.

Tra i maggiori rappresentanti della *Gestaltpsychologie*, Rudolf Arnheim si occupò approfonditamente del rapporto tra percezione e arte e sottolineò il carattere strutturante, formativo e creativo dell'atto del vedere che si compone simultaneamente di percezione e di giudizio intellettivo. Con il suo volume *Arte e percezione visiva* Arnheim intende teorizzare come si comportano la mente e i processi cognitivi in rapporto alla produzione e fruizione delle arti, in relazione al soggetto che li produce e al soggetto che li esperisce. Il fine dichiarato è quello di applicare, o, meglio, di utilizzare i principi della *Gestalt* per l'analisi dell'arte visiva. L'arte di *Arte e percezione visiva* è, più precisamente, la pittura e, contemporaneamente, l'arte in generale, non solo perché le altre arti, quelle visive e quelle non visive, sia pure in misura minore, sono egualmente presenti, ma perché le problematiche, relative ai processi cognitivi del fare e fruire arte, sono comuni a tutte le discipline. I vari media presentano tuttavia caratteristiche differenti, e le rappresentazioni, dal punto di vista della fruizione, impongono restrizioni sensoriali che non si danno nell'esperienza diretta, così, ad esempio, l'assolutezza dell'occhio per l'arte visiva, è un artificio culturale dal momento che "i nostri occhi non sono un meccanismo che funziona indipendentemente dal resto del corpo; ma lavorano in costante collaborazione con gli altri organi sensori"[7]. Arnheim si dichiara addirittura sensista e salta al di là del problema della mimesi e dell'interpretazione, annullando ogni separazione netta tra percezione e concetto: "Ogni percezione è anche pensiero, ogni ragionamento è anche intuizione, ogni osservazione è anche invenzione"[8].

Un punto importante riguarda l'attitudine di Arnheim verso l'arte contemporanea, in particolare quella non figurativa o astratta. Gombrich diceva che l'arte astratta rappresenta una rottura con la tradizione mimetica (in effetti sembra che questo tipo di arte possa segnare un momento di sconfitta per la sua idea portante della tradizione come continuità stilistica e ragione stessa di creazione artistica): le immagini dell'arte astratta infatti non hanno alcuna funzione mimetica, ma sono accettabili solo per spettatori che, nella loro aspettativa di forma rappresentativa, ne completino assenze, vuoti, tutto ciò che percettivamente risulta perduto, ma che è giudicato essenziale dall'immaginazione dello spettatore.

La risposta di Arnheim all'idea di Gombrich che il Cubismo sia il primo momento di sconvolgimento e rifiuto della forma prodotta dalla mimesi, attraverso un disordine imposto alle forme che esprimono la realtà, in modo che nessuna interpretazione sia più possibile, ma tutto riconduca all'incertezza e al caos[9], è invece che tali forme, sviluppate nelle macchie di colore di Cézanne e Van Gogh, rispondano a fenomeni percettivi. È quindi più pertinente dire che "la forma diventa invisibile nonostante lo spettatore continui a vedere oggetti"· L'opera prende vita nella percezione da parte dello spettatore di forze contrapposte ricondotte a un equilibrio, a un'unità nella molteplicità.

Scrive Arnheim, verso le ultime pagine del capitolo *Espressione* di *Arte e percezione visiva:*

> Le forze che caratterizzano il significato della vicenda diventano attive nello stesso osservatore e producono quel genere di stimolante partecipazione che distingue l'esperienza artistica da una distaccata accettazione di un'informazione. [...] Il contenuto finale di un'opera d'arte non è costituito né dallo schema finale né dal 'soggetto': entrambi sono strumenti della forma artistica; servono a dar corpo all'universo invisibile. [...] Ogni opera valida presenta uno scheletro di forze il cui significato si può leggere altrettanto direttamente quanto quello inerente alla storia michelangiolesca del primo uomo[10].

E ancora, secondo Arnheim la forma visiva è descritta come il risultato dell'interazione tra "l'oggetto fisico, il medium della luce che agisce come trasmittente di informazioni, e le condizioni prevalenti nel sistema nervoso dell'osservatore"[11]. La forma percettiva, elemento centrale dell'interesse di Arnheim, si identifica quindi con la relazione esperienziale quale incontro di soggetto e oggetto: non opposizione tra soggettività e oggettività, ma unione dei fattori soggettivi con quelli oggettivi. Al di fuori dei consueti schemi oppositivi, che dettano ruoli quasi meccanici alla componente "ricettiva" e "retinica" dell'esperienza, si profila la necessità di passare dal mitizzato occhio innocente al concreto occhio creativo di cui occorre tentare una lettura psicologica, come indica il sottotitolo di *Arte e percezione visiva*.

> Il processo ottico, quale viene descritto dai fisici, è ben noto [...] Ma come dovremo inquadrare l'esperienza psicologica corrispondente a tali eventi? [...] Il mondo delle immagini non s'accontenta di imprimersi semplicemente sopra un organo fedelmente sensibile; anzi, guardando ad un oggetto, noi piuttosto 'tendiamo una mano' verso di esso: con un dito invisibile ci muoviamo entro lo spazio che ci circonda, ci trasportiamo nei posti lontani dove stanno gli oggetti, li 'tocchiamo', li afferriamo, ne palpiamo le superfici, ne percorriamo i contorni, ne indaghiamo la struttura. Si tratta in realtà di un'occupazione quanto mai attiva[12].

Questa chiara e persuasiva descrizione di Arnheim dell'esperienza psicologica, corrispondente all'attività percettiva, secondo Roberto Diodato[13] denota il valore à*ptico*[14] della visione e risulta essere, nei limiti di una teoria della percezione visiva, un punto di approfondimento per comprendere le condizioni di possibilità della percezione interattiva anche nello spazio virtuale dell'attualità.

1.3 Attivazione del dispositivo della visione

Accanto allo studio fisiologico del funzionamento della visione, accanto all'analisi fenomenologica della coscienza d'immagine e accanto all'analisi della serie di elementi percettivi, memoriali e connotativi che costituiscono il ruolo attivo e costruttivo dello spettatore (la *beholder's share* di cui parla Gombrich)[15] il processo del vedere si struttura mediante una riflessione sulla molteplicità dei fattori culturali, sociali e tecnologici.

Marcel Duchamp è una figura cardine per comprendere le dinamiche profonde della contemporaneità rispetto alla riflessione sulla condizione "medianica"[16] dell'artista, sullo statuto di cosa sia arte e sull'importanza del ruolo dello spettatore. In un'intervista a Pierre Cabanne, Duchamp risponde:

> Credo molto al lato medium dell'artista. L'artista decide di fare qualcosa, un giorno, ed è riconosciuto grazie all'intervento del pubblico, dello spettatore; grazie a tutto ciò passa poi alla posterità. È qualcosa che non si può sopprimere, insomma, perché si tratta di un prodotto a due poli: c'è il polo di colui che realizza un'opera e il polo di chi la vede. Dò la stessa importanza a chi guarda l'opera come a colui che la fa[17].

Secondo l'interpretazione di Riccardo Caldura, la parola "medium" va intesa in senso letterale come "stare nel mezzo", "stare fra" la realizzazione, il fare manuale dell'opera d'arte e l'indeterminatezza e imprevedibilità della ricezione e valutazione. Rispetto all'interazione dello spettatore con l'opera è fondamentale l'esegesi di *Étant donnés: 1° la chute d'eau, 2° le gaz d'éclairage*, sviluppata da Duchamp tra il 1946 e il 1966 ed esposta nel Philadelphia Museum of Art nel 1969, dopo la sua morte. Una fila di visitatori attende pazientemente il proprio turno per vedere cosa c'è oltre quella porta vecchia sbarrata, corrosa dai tarli. Bisogna attendere il proprio turno, accostarsi e guardare attraverso i due fori praticati nel legno, più o meno ad altezza di sguardo, o sbirciare piuttosto, furtivamente, qualcosa che non si dovrebbe vedere, perché, chi guarda, scorge al di là della stanza un manichino molto realistico di donna con le gambe aperte e il pube rasato, che regge una lampada a gas. Duchamp sembra proprio aver calcolato, costruito e vincolato il percorso di fruizione dello spettatore, perché l'interazione è stata meticolosamente prevista dall'artista sia nei modi che nelle forme. L'artista ha preparato un vero e proprio dispositivo pubblico per attivare la visione dello spettatore che, oltre a sottolineare la funzione relazionale dello sguardo, crea delle condizioni precise per rendere possibile la scoperta solo nel momento in cui lo sguardo si attiva adeguandosi a quel dispositivo; di conseguenza anche l'installazione che è dall'altra parte "esiste solo nel momento in cui si incontra con lo sguardo del fruitore"[16]. Si potrebbe affermare, paradossalmente, che l'opera non esiste fino a quando la curiosità voyeuristica del pubblico non utilizza il meccanismo predisposto dall'autore.

Duchamp, con questo dispositivo di costrizione, presuppone una separazione della visione tra la luminosità del paesaggio con nudo e l'opacità del mondo esterno. La porta chiusa consacra la separazione, il limite, il confine fra un fuori e un dentro, che solo l'attivazione dello sguardo dello spettatore può oltrepassare. La fruizione interviene a modificare il significato dell'opera non solo attraverso l'interazione fisica del vedere (che è normale), ma anche attraverso la partecipazione emotiva e psichica all'effetto, che supera la meditazione sul significato. Duchamp parla anche di "coefficiente dell'arte" come di uno iato tra le intenzioni dell'autore e la realizzazione dell'opera, che richiede il coinvolgimento attivo del pubblico per essere interpretato e per dare completamento all'atto creativo.

Oltre a *Étant donnés* Duchamp ha costruito altri dispositivi della visione, come per esempio i *Testimoni oculisti (Rotorelief*, 1925), macchine ottiche che costituiscono delle sperimentazioni nella parte inferiore del *Grande Vetro* dove compaiono tre cerchi ottici e una lente Kodak. Sono dispositivi della illusione percettiva che richiedono esplicitamente l'interattività dello spettatore. Una interattività che è però limitata e guidata da prescrizioni precise rispetto al comportamento che si deve tenere.

Duchamp richiede allo spettatore una disponibilità al vedere, che si trasforma in una forma di ipnosi o immobilità dello sguardo dello spettatore di fronte all'incanto di una ruota di bicicletta che gira rovesciata su uno sgabello da bar, piedistallo di un meccanismo ottico che attraverso il movimento cinetico rende percepibile una forma circolare vuota, con un centro e una circonferenza.

La ruota di bicicletta, come gli altri *ready-made*, sono meccanismi della visione che allontanano lo sguardo dall'opacità delle cose quotidiane verso una profondità di visione che permette il compimento del processo creativo.

Il lavoro di Duchamp si allontana dalla modalità di vedere "retinica" e percettiva. Egli si allontana anche dalla seduzione reificata dell'opera d'arte, in quanto il *ready-made* è ciò che c'è di più lontano dal senso di esteticità e piacevolezza visiva. Il ready-made vive del giudizio del pubblico che, interpellato, tramuta la materia inerte in opera d'arte. Queste opere di Duchamp assumono un valore importante rispetto alla riflessione dell'opera in rapporto all'avvento del pubblico.

1.4 Sperimentazioni sul teatro totale

Tra le prime sperimentazioni teatrali che contemplano la necessità di rompere i modi convenzionali della spettatorialità per raggiungere un pubblico vasto, vanno ricordate le serate futuriste che comprendevano declamazioni di manifesti artistici e performance musicali e pittoriche. Tra le più celebri, quella al Politeama Rossetti di Trieste (12 gennaio 1910), quella al Chiarella di Torino (8 marzo 1910), la serata futurista a Perugia (2 giugno 1914) di cui rimane un inchiostro su carta di Gerardo Dottori a dimostrazione del caos completo tra cavalletti montati sul palco e oggetti lanciati dal pubblico.

Nel *Manifesto del teatro futurista sintetico* (1915)[19], scritto a più mani da Marinetti e altri, si inizia a evidenziare quella dicotomia tra pubblico attivo e passivo: mentre il teatro tradizionale produce passività, la performance futurista induce a una spettatorialità attiva e dinamica. Ancora secondo i pittori futuristi lo spettatore deve essere messo al centro del quadro, e non deve essere solo presente, ma deve partecipare all'azione.

I primi esperimenti intenzionali in direzione di un coinvolgimento sempre più attivo dello spettatore si situano all'interno delle riflessioni culturali del Bauhaus, la scuola d'architettura e d'arte applicata creata da Walter Gropius nel 1919 e diretta fino al 1928.

Significativa l'attenta rilettura di Giulio Carlo Argan del punto di vista di Gropius in merito alla concezione del processo evolutivo della società, che si differenzia da quella del passato quando la ragione era stata rivolta alla "contemplazione" e alla costruzione di grandi sistemi. "Ma questo Umanesimo, sempre preoccupato (anche nell'arte) dell'insopprimibile dualismo della teoria e della pratica, implicava l'idea di una umanità gerarchicamente divisa in una classe superiore e direttiva, partecipe per investitura divina (il 'genio'), e in una classe inferiore e servile il cui compito è il fare secondo il cenno d'illuminati rettori" [20]. Se quelle classi interverranno direttamente nel processo produttivo e nella prassi, "la vera, autentica vita non sarà più quella che

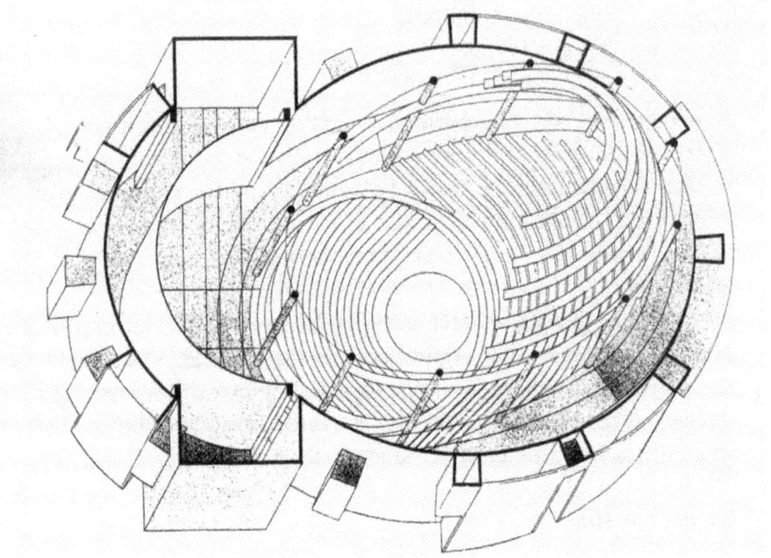

Walter Gropius, *Totaltheater*, 1926 progetto mai realizzato

si attua nella contemplazione ma quella che si attua nell'azione"[21] e l'attivo "produrre" non sarà più separato da un passivo "godere" l'arte: "ogni atto che rientri nel circolo della fruizione sociale, dunque anche l'usare il prodotto artistico, sarà per ciò stesso creativo e parteciperà del divenire o progredire della società"[22].Viene, dunque, affermato il carattere democratico dell'arte il cui fine si compie interamente nella sfera sociale e nel contesto delle mutate condizioni di una produttività diffusa, di massa.

Su una posizione parallela si attesta il pensiero del regista teatrale Erwin Piscator che sottolinea la necessità di sviluppare un teatro politico, che matura successivamente con la direzione del "Teatro Proletario" di Berlino negli anni Venti del Novecento. Il suo teatro deve essere un teatro del proletariato stesso, elaborato, agito e fruito da rappresentanti della classe operaia e da artisti in un rapporto organico: deve offrirsi a strumento propagandistico ed educativo della lotta di classe, avendo l'intenzione di risvegliare la coscienza politica dello spettatore.

All'interno del Bauhaus e del suo metodo progettuale di rifondazione culturale e didattico-pedagogica prende avvio il contributo critico e ideativo di Laszlo Moholy-Nagy sul tema del teatro. Attivo in vari settori e con una formazione tecnica che combina i principi del Costruttivismo all'ascendenza futurista, nel 1935 crea un *Modulatore di spazio-luce* formato da una superficie in zinco perforata in cui i buchi sono otturati da spilli che gli stessi spettatori possono spostare, creando nuovi effetti da loro stessi scelti. Nell'ottica di coinvolgere sempre più attivamente lo spettatore, Moholy-Nagy si mostra sensibile alla sperimentazione di nuove soluzioni sceniche che tengano conto del modello di teatro "sintetico, atecnico, alogico, irreale"[23] teorizzato dal Futurismo italiano. Egli concepisce un teatro astratto fondato sul dinamismo di suoni, luci, colori, forme geometriche, inserti cinematografici per giocare sull'effetto della sorpresa. Consapevole della trasformazione del pubblico in pubblico di massa, Moholy-Nagy propone di attingere liberamente al repertorio del circo, dell'avanspettacolo, delle clownerie, per assecondare le inclinazioni degli spettatori. Lo spettacolo deve essere affrontato a livello delle comunicazioni di massa, attingendo largamente a tutti i nuovi mezzi messi a disposizione dalla tecnica moderna per divenire un evento totale che coinvolga gli spettatori e li spinga a partecipare. Tutto questo avrebbe comportato di conseguenza la modificazione dell'edificio teatrale con piattaforme mobili e ponti levatoi per evidenziare i momenti salienti dell'azione scenica[24].

I mutati scopi sociali e politici della pratica teatrale provocano la conseguente trasformazione della struttura architettonica del teatro. Uno dei progetti più rivoluzionari nasce nell'ambito del Bauhaus di Walter Gropius: si tratta del *Total Theatre* progettato nel 1927 dallo stesso Gropius per Erwin Piscator e mai realizzato. "Quando Erwin Piscator mi affidò la progettazione del suo nuovo teatro, avanzò – con l'audace naturalezza del suo fiero temperamento – una grande quantità di richieste apparentemente utopiche, miranti a creare uno strumento teatrale flessibile e di alto livello tecnico, che potesse soddisfare registi diversi e offrisse in alto grado la possibilità di far partecipare attivamente gli spettatoti all'evento scenico. Un problema, questo, che aveva impegnato già da tempo me e i miei amici del Bauhaus"[25].

La concezione del *Teatro totale* si fonda su mutate premesse sociali che denotano l'ormai irreparabile rottura del rapporto di frontalità attore-pubblico e l'esigenza di una maggiore flessibilità degli spazi. La struttura del teatro aveva rispecchiato nel tempo una differente concezione della società: dal palcoscenico circolare dell'arena agonistica si era passati al semicircolare del teatro greco e poi al teatro di corte del Settecento in cui la scena è separata dagli spettatori che assistono, con una distinzione netta tra palchi e platea. L'idea concepita da Piscator e progettata da Gropius è quella di predisporre uno strumento teatrale variabile per consentire un maggiore coinvolgimento possibile dello spettatore nell'evento scenico, unendo le tre forme storiche del palcoscenico per far sconfinare la vicenda tra gli spettatori stessi.

Il *teatro totale* di Gropius prevedeva un teatro per duecento persone e un uso multiplo dello spazio in grado di attirare lo spettatore nel mezzo degli avvenimenti scenici. L'interno a pianta ellittica era costituito da una gradinata inclinata, una platea circolare piana e più tipologie di palcoscenici: uno tradizionale e uno circolare che durante lo spettacolo poteva girare e arrivare al centro della sala alterando il rapporto tra il pubblico e l'azione nel corso della stessa rappresentazione.

Poiché gli stessi spettatori sono attori e la loro emozione è un elemento essenziale dell'azione, cade il distacco tra platea e palcoscenico; la praticabilità scenica si estende a tutto il teatro; la mobilità degli impianti permette di mutare spesso e rapidamente il rapporto spaziale tra pubblico e attori.

Il *teatro totale* fonde tutti i tipi di spettacolo, coinvolge lo spettatore nell'azione, lo sottopone a una scarica violenta di emozioni, ne libera le energie interiori e, almeno secondo le intenzioni, intensifica la sua capacità di percezione, la sua gioia di vivere. Personaggi, movimento, musica, luci, colori hanno la stessa importanza e si integrano in un organismo vivente, in uno spazio animato, colorato, sonoro. Oscar Schlemmer è l'ideatore di una scenotecnica che assume lo spazio scenico come il prodotto del movimento e del ritmo, come una "costruzione" che si attua e nella quale gli stessi spettatori partecipano; anche i personaggi diventano "forme spaziali", la luce si proietta in forme successive e incalzanti, ogni designazione formale colpisce una sensibilità scoperta e determina reazioni immediate.

1.5 La dimensione ambientale e spaziale

Punto di riferimento per le pratiche di tipo percettivo e mediale degli anni Cinquanta e Sessanta che mettono in relazione artista-opera-spettatore è la riflessione di Lucio Fontana scaturita dalla stesura dei *Manifesti Spazialisti* che, a partire dal *Manifesto Blanco* (1946), chiariscono la nuova concezione dello spazio e del fruitore. Nel *Secondo Manifesto dello Spazialismo* Fontana dichiara l'uscita dell'arte dalla cornice tradizionale ("vogliamo che il quadro esca dalla sua cornice e la scultura dalla sua campana di vetro")[26], il superamento del rapporto di distanza contemplativa tra spettatore e opera d'arte e lo sfondamento del muro ("se, dapprima, chiuso nelle sue torri, l'artista rappresentò se stesso e il suo stupore e il paesaggio lo vide attraverso i vetri, e

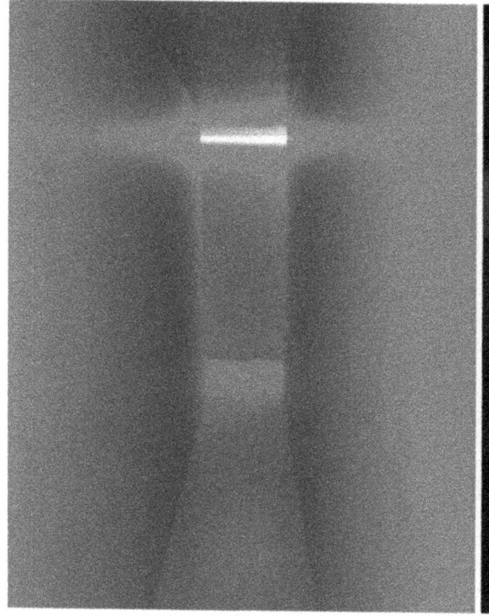
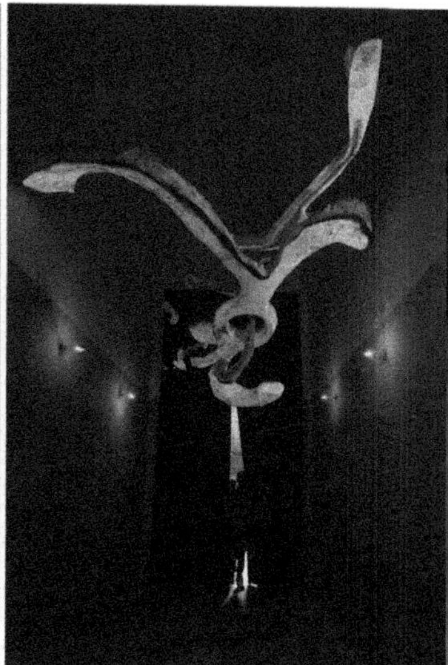

Veduta della mostra Lucio Fontana, *Ambienti/Environments*, Hangar Bicocca, Milano 2017

poi, disceso dai castelli nelle città, abbattendo le mura e mescolandosi agli altri uomini vide da vicino gli alberi e gli oggetti, oggi, noi, artisti spaziali siamo evasi dalle nostre città, abbiamo spezzato il nostro involucro, la nostra corteccia fisica e ci siamo guardati dall'alto")[27], in un rapporto di continuità tra le due dimensioni dello spazio, attraverso un varco fisico creato nella materia che consenta di arrivare allo spazio ambiente in cui lo spettatore entra nell'opera d'arte e vive con tutta l'esperienza psicosensoriale.

Nel 1949 Fontana realizza l'*Ambiente spaziale con forme spaziali e illuminazione a luce nera* che viene esposto per sei giorni a Milano alla Galleria del Naviglio: in un ambiente quasi completamente buio, illuminato soltanto da una luce di Wood a raggi ultravioletti, galleggiavano, appese al soffitto, grandi forme astratte vagamente biomorfe, di cartapesta, colorate a piccoli punti con tinte fosforescenti, creando particolari dimensioni spaziali e dinamiche. Fontana ricordò più tardi l'*Ambiente spaziale* come il suo primo tentativo di liberazione della forma plastica dalla staticità, rievocando le suggestioni del mutamento dell'oggetto nello spazio e dell'immersione fisica e psichica dello spettatore nell'ambiente-opera: "l'ambiente era completamente nero,

MILANO , 2 aprile 1950

PROPOSTA DI UN REGOLAMENTO

Movimento SPAZIALE

PREMESSA
Nel 1946 LUCIO FONTANA, residente a Buenos Ayres, fonda il MOVIMENTO SPAZIALE, firmando con un gruppo di suoi allievi il primo manifesto detto MANIFIESTO BLANCO, in lingua spagnole. Rientrato in Italia, nell'aprile del 1947 Fontana invita artisti, letterati ed architetti ad iniziare uno scambio di idee, in riunioni tenute a Milano nello studio degli arch. Rogers, Peressuti e Belgioioso, alla Galleria del Naviglio e nello studio dé Giampiero Giani. Nel maggio di quello stesso anno viene compilato il I° Manifesto italiano e nel marzo del 1948 il secondo Manifesto italiano. Il 5 febbraio 1949 Lucio Fontana allestisce per la prima volta in Italia e nel mondo un AMBIENTE SPAZIALE CON FORME SPAZIALI ED ILLUMINAZIONE A LUCE NERA, alla Galleria del Naviglio.

La seguente proposta di Regolamento precisa quanto segue:

1°) Si riconosce Lucio Fontana iniziatore e fondatore del Movimento Spaziale nel mondo.
2°) Il Movimento Spaziale si propone di raggiungere una forma d'arte con mezzi nuovi che la tecnica mette a disposizione degli artisti.
3°) Aderiscono al Movimento Spaziale artisti e letterati che sentono l'evoluzione del mezzo nell'arte, per il bisogno di esprimersi in un modo diverso da quello usato sino ad oggi.
4°) La grande rivoluzione degli Spaziali sta nell'evoluzione del mezzo nell'arte.
5°) Pittori, scultori, letterati aderenti al Movimento Spaziale si chiamano "Artisti Spaziali".
6°) Gli Artisti Spaziali hanno a disposizione i mezzi nuovi, come la radio, la televisione, la luce nera, il radar e tutti quei mezzi che l'intelligenza umana potrà ancora scoprire.
7°) L'invenzione concepita dall'Artista Spaziale viene proiettata nello SPAZIO.
8°) L'Artista Spaziale non impone più allo spettatore un tema figurativo, ma lo pone nella condizione di crearselo da sè, attraverso la sua fantasia e le emozioni che riceve.
9°) Nell'umanità è in formazione una nuova coscienza, tanto che non occorre più rappresentare un uomo, una casa, o la natura, ma creare con la propria fantasia le sensazioni spaziali.

firmato: LUCIO FONTANA
Milena Milani
Giampiero Giani
Beniamino Joppolo
Roberto Crippa
Carlo Cardazzo

La presente proposta sarà distribuita a tutti gli Artisti Spaziali che attualmente fanno parte del Movimento.

Lucio Fontana, *Proposta di un regolamento*, 1950

con luce nera di Wood, entravi trovandoti completamente isolato con te stesso, ogni spettatore reagiva col suo stato d'animo del momento, precisamente, non influenzavi l'uomo con oggetti, o forme impostegli come merce in vendita, l'uomo era con se stesso, colla sua coscienza, colla sua ignoranza, colla sua materia, etc. etc. L'importante era non fare la solita mostra di quadri e sculture, ed entrare nella polemica spaziale - subito dopo feci i 'buchi' la rottura di una dimensione! Il vuoto etc. etc."[28].

Con l'*Ambiente spaziale a luce nera,* e i successivi ambienti, Fontana abolisce il confine della cornice tra l'oggetto-quadro e lo spettatore, configurando una dimensione spaziale originaria in cui emerge la realtà immediata dell'esperienza.

Tre anni dopo, nel 1951, Fontana darà vita al sinuoso groviglio di duecento metri di luci al neon sullo scalone d'ingresso della IX Triennale di Milano, in un ambiente progettato dall'architetto Baldessari; dopo la luce nera (magica e paradossale nella sua stessa definizione) è il tubo fluorescente il mezzo tecnologico che ridisegna magicamente lo spazio; e di nuovo il neon è utilizzato nel 1953 nell'ambientazione spaziale di segmenti rettilinei di luce su un soffitto a buchi, nella sala cinematografica nella XXXI Fiera di Milano. In occasione della Triennale, al *Congresso Internazionale delle Proporzioni*, Fontana legge il *Manifesto tecnico dello Spazialismo*, in cui proietta le sue problematiche in una prospettiva storica e ribadisce ancora la relazione tra le scoperte scientifiche, i cambiamenti del modo di vivere e le trasformazioni del modo di pensare l'uomo, e in particolare di concepire l'arte.

Queste suggestioni, queste tendenze erano già state anticipate nel documento del 1950, *Proposta di un Regolamento del Movimento Spaziale*:

> L'Artista Spaziale non impone più allo spettatore un tema figurativo, ma lo pone nella condizione di crearselo da sé, attraverso la sua fantasia e le emozioni che riceve. Nell'umanità è in formazione una nuova coscienza, tanto che non occorre più rappresentare un uomo, una casa, o la natura, ma creare con la propria fantasia le sensazioni spaziali[29].

Gli *Ambienti spaziali* di Fontana influenzeranno tutti i successivi sviluppi dell'arte ambientale degli anni Settanta, in particolare, in ambito milanese le creazioni del *Gruppo T* e in ambito francese quelle del G.R.A.V., così come le successive ricerche sulla luce di Dan Flavin, Bruce Nauman e James Turrell[30].

Sull'onda di questi progetti spaziali si colloca anche il *Placentarium*, progetto di "un teatro pneumatico, per balletti di luce, di gas"[31], pensato da Piero Manzoni nel 1960 per i *light ballet* teorizzati da Otto Piene. La forma del *Placentarium,* che si ricollega alle sculture pneumatiche (*Corpo d'aria n.06*) richiama il rapporto simbiotico tra madre e figlio "mantenendo la situazione fetale dello spettatore"[32]. Gli spettatori devono infatti stare seduti in alcove o alveoli. Nell'involucro di diciotto metri di diametro, di forma sferica, retto da aria compressa, possono trovare posto settantatre spettatori ognuno dei quali non vede gli altri, è circondato dallo schermo di proiezione e vive anche sensazioni acustiche e tattili. Così Manzoni descrive lo spettatore: "Il 'soggetto' è lo spettatore stesso (la sua struttura psichica). Secondo le sue reazioni verrà indirizzato autonomamente piuttosto verso un itinerario che un altro, itinerario che solleciterà in lui differenti sensazioni, secondo la scelta inconscia che egli stesso farà"[33]. In questo progetto Manzoni riflette sul rapporto tra opera e spettatore in una dimensione architettonica, ambientale e immersiva che diventa totalizzante per l'esperienza estetica.

Un precedente di questo progetto si può ravvisare nello spazio virtuale del *Poeme électronique*[34] commissionato nel 1958 a Le Corbusier dalla Philips Corporation per il suo padiglione all'esposizione universale in Belgio, un esempio paradigmatico dei primi tentativi di creare una esperienza spaziale e virtuale per lo spettatore.

Lo spazio multimediale del *Poeme électronique* è studiato per innescare riflessi fenomenologici visivi e uditivi: le componenti visive sono costituite da immagini di film, luci colorate, proiezioni di forme geometriche e illuminazioni di strutture tridimensionali; quelle audio sono parte di una composizione musicale di rumori di macchine, musiche di organo, campane, percussioni e suoni elettronici, emanati da speakers che pendono dai muri ricurvi. Ai visitatori il padiglione si mostra come un ambiente virtuale dalla forma di uno stomaco umano, invaso di effetti visuali, sonori, luminosi, che enfatizza con il suo aspetto le modificazioni fisiche ed emozionali dello spettatore. Le Corbusier stesso lo descrive come "uno stomaco che assimilava cinquecento ascoltatori-spettatori e li evacuava automaticamente alla fine della performance"[35].

La "sinfonia di sensazione" architettata da Le Corbusier nel 1958, in fin dei conti, sembra essere più ragionevolmente un prototipo per gli ambienti tecnologici e immersivi dell'attualità rispetto alle pratiche artistiche sperimentali degli anni Sessanta, più spontanee nella fruizione e non gerarchicamente costruite. Nei risultati, lo spettacolo del *Poeme électronique* di Le Corbusier è completamente differente dalle esperienze artistiche multimediali di quel periodo, ma non può essere spiegato senza un raffronto con le coeve pratiche artistiche sperimentali che vedremo nei successivi paragrafi.

1.6 I meccanismi dell'Arte Programmata e Cinetica

L'idea che l'arte possa essere completata dall'azione-interazione dello spettatore si concretizza grazie alla sperimentazione di gruppi di artisti che, in modo pionieristico, introdussero nel processo di realizzazione dei loro progetti l'uso della tecnologia e l'applicazione di un approccio algoritmico. In Germania nel 1958 nasce il *Gruppo Zero*, fondato a Dusseldorf dagli artisti Otto Piene, Franz Mack e Günther Uecker – a cui si unirono successivamente Klein, Fontana, Manzoni, Castellani – con la volontà di azzerare il linguaggio dell'arte per ripartire da nuove basi. Il gruppo presta particolare attenzione ai problemi della percezione dello spazio e della luce con la realizzazione di opere cinetico-visuali. L'ambiguità percettiva che ne scaturisce coinvolge lo spettatore in una lettura allargata, come espansa nel tempo.

In parallelo a questo tipo di sperimentazione, il panorama italiano è caratterizzato dalla nascita delle opere degli artisti del *Gruppo T*, nato nel 1959 a Milano e fondato da Davide Boriani e Gabriele De Vecchi a cui si aggiunsero Giovanni Anceschi, Gianni Colombo e Grazia Varisco, che rappresentano un punto di riferimento utile per interpretare un tipo di arte che fu definita *Arte Programmata*[36] (e anche *gestaltica* da Giulio Carlo Argan) che in seguito gettò le basi per lo sviluppo dell'arte interattiva. Insieme al Gruppo T si costituisce a Padova, sempre nel 1959, il *Gruppo N* con gli artisti Alberto Biasi, Ennio Chiggio, Toni Costa, Edoardo Landi, Manfredo Massironi. Il Gruppo N entra completamente nel campo dell'*Arte Programmata* sia con opere bidimensionali, che esplorano le variazioni ottiche della superficie, sia nel campo dell'oggetto valutato nella sua spazialità.

Il termine *Programmata* nasce poco dopo, nel 1962, da una felice intuizione lessicale di Umberto Eco, in occasione della celebre mostra, curata da Bruno Munari e Giorgio Soavi, al Negozio Olivetti situato nella Galleria Vittorio Emanuele a Milano, cui seguirono le esposizioni sempre nella Olivetti, a Venezia e a Trieste. Nel testo in catalogo Eco introduce il concetto di "opera aperta" come "forma costituita da una 'costellazione' di elementi in modo che l'osservatore possa individuarvi, con una 'scelta' interpretativa, vari collegamenti possibili, e quindi varie possibilità di configurazioni diverse; al limite intervenendo di fatto per modificare la posizione reciproca degli elementi"[37].

L'obiettivo di questi artisti è la creazione di un nuovo rapporto con l'osservatore, che diventa fruitore dell'opera e parte attiva alla sua determinazione visiva. Questo processo creativo deve essere controllato per poter garantire imparzialità di esecuzione e universalità di messaggio. Tale principio sta alla base di tutta l'elaborazione teorica nell'ambito delle ricerche cine-visuali. Il controllo del processo implica nella maggior parte dei casi la messa a punto di un "programma", che può variare solo all'interno di una logica scelta operativa[38]. Ciò determina la selezione di materiali diversi da quelli tradizionali, prediligendo i nuovi prodotti dell'industria e le tecnologie avanzate utilizzate per i cinetismi e le elettrificazioni: motori e meccanismi elettrici, dispositivi meccanici, lampade, superfici trasparenti, graficizzate e sovrapposte o riflettenti.

Tra le opere più significative di questa interazione: i *Percorsi fluidi* di Giovanni Anceschi, costruiti con rigorosità, che sollecitano una partecipazione quasi subliminale attraverso l'aspetto manuale delle rotazioni e degli spostamenti; le *Superfici magnetiche* di Davide Boriani, progettati con precisione scientifica, che con il loro movimento circolare costituiscono un'attrattiva sensoriale per lo spettatore; gli *Schemi luminosi variabili* di Grazia Varisco, capaci di sollecitare stimoli ottici e psicologici interni e profondi; le *Strutturazioni pulsanti* di Gianni Colombo, che si rivolgono a materiali nuovi come il polistirolo e a una rivisitazione integrale dei campi luministico-spaziali, esplorando il comportamento della luce nel plexiglass e sulle superfici riflettenti. *Oggetto a composizione autocondotta* di Enzo Mari richiede agli spettatori di spostarsi, facendo variare così la disposizione di forme geometriche racchiuse dentro un contenitore di vetro. L'opera d'arte, insomma, assume vita propria e la sua esistenza si fonde con quella del fruitore che è invitato a collaborare: per avere una visione prospettica ottimale dell'opera, lo spettatore è indotto a spostarsi di fronte al quadro; per attivare il movimento o l'effetto luminoso dell'opera, deve accendere il lavoro o spostare una leva.

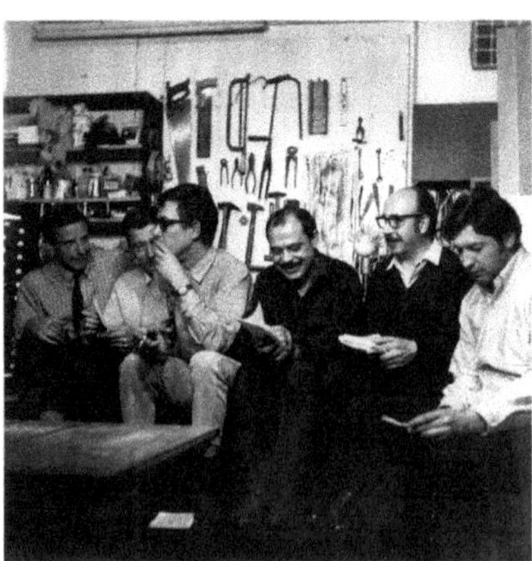

Riunione del G.R.A.V. nel laboratorio di Rue Beautreillis, Parigi 1960. Courtesy: Julio Le Parc

In Francia nel 1960, con a capo Julio Le Parc (argentino e compagno di studi di Lucio Fontana) nasce il gruppo G.R.A.V. (Groupe de Recherche d'Art Visuel), che comprende un numero di artisti internazionali che lavorano con l'Arte Cinetica e *Optical*. La loro attenzione viene posta sugli ambienti polisensoriali e sulla scultura cinetica come meccanismo in grado di stimolare effetti sulla percezione dell'osservatore, e sulla costituzione di "nuovi strumenti per il contatto diretto tra il pubblico e i lavori prodotti"[39]. Le opere create da questi artisti consistono in installazioni ottiche e cinetiche bidimensionali e tridimensionali che richiedono risposte psichiche e fisiche al movimento, al colore, alla luce, assieme ad opere che coinvolgono direttamente il pubblico generico e i passanti attraverso questionari o giochi.

In occasione della Terza Biennale di Parigi del 1963 viene realizzata l'opera *Labirinto*, che comprende una serie di esperienze ambientali, da installazioni luminose a elementi mobili, per stimolare nove diverse categorie di spettatorialità, tra cui la "percezione corrente", l' "attivazione visuale", la "partecipazione attiva involontaria", la "partecipazione volontaria", la "spettatorialità attiva". L'installazione è accompagnata dal manifesto *Assez de mistification* in cui si ribadisce l'importanza della co-partecipazione all'opera d'arte da parte dello spettatore:

> Noi vogliamo coinvolgere lo spettatore, liberarlo dalle inibizioni, rilassarlo.
> Noi vogliamo farlo partecipare.
> Noi vogliamo porlo al centro d'una situazione che possa far funzionare e trasformare.
> Noi vogliamo che egli sia consapevole della sua partecipazione.
> Noi vogliamo che egli si orienti verso un'interazione con altri spettatori.
> Noi vogliamo sviluppare nello spettatore una forte capacità di percezione e di azione.
> Uno spettatore cosciente del suo potere d'azione [...] potrà compiere da sé la vera «rivoluzione nell'arte».
> Egli metterà in pratica le seguenti regole:
> VIETATO NON PARTECIPARE
> VIETATO NON TOCCARE
> VIETATO NON ROMPERE[40].

Il secondo comandamento declamato dal G.R.A.V. sembra richiamare il "Si prega di toccare" che avevamo visto essere stato invocato da Duchamp in accompagnamento alla copertina del catalogo della mostra *Le surréalisme en 1947*, organizzata alla Galerie Maeght di Parigi.

La manifestazione *Nouvelle tendance* a Parigi (1964) segna il passaggio del *Gruppo T* dalla progettazione di oggetti alla realizzazione di ambienti immersivi e interattivi, come *Strutturazione cine-visuale abitabile* o *Spazio elastico* di Colombo, *Spazio+linee-luce+Spettatore* di Boriani e *Ambienti Stroboscopici* del Gruppo MID, in cui lo spettatore vive una spiazzante esperienza spaziale muovendosi tra percorsi mutabili e strutture inclinate.

Gli ambienti del *Gruppo T* possono essere definiti, prendendo a prestito le parole del lessico contemporaneo, immersivi e interattivi: immersivi perché il fruitore li abita, li percorre con tutto il suo corpo, vi si immerge, accettandone le regole del gioco che vigono in uno spazio in cui ogni gesto produce una reazione; interattivi perché richiedono l'attraversamento, e scattano o si accendono solo quando li oltrepassa lo spettatore[41]. Questi accadimenti, programmati per avvenire nello spazio, hanno un effetto sulla percezione dell'utente, innescando reazioni previste dal programma, ma imprevedibili nelle modalità perché legate alla sensibilità estetica individuale.

Giovanni Anceschi ha riflettuto a lungo sulla vicinanza tra le opere d'arte programmata e le strutture ipertestuali dell'era delle tecnologie: "Il cibernauta non è uno spettatore passivo ma un utente interattivo, un cooperante, spesso un co-autore. Le transizioni sono sempre transizioni 'aperte': cliccando, sai come parti ma non sai come si configura il terreno di atterraggio [...] Ogni sito è un 'luogo in costante attesa', 'trappola pronta a scattare se stimolata dall'interazione'"[42].

Lavorando alla creazione di ambienti e artefatti interattivi tramite meccanismi cinetici ed effetti ottici e combinando design, arte e tecnologia, il *Gruppo T* propone nuovi codici di lettura dell'arte in cui gli spettatori diventano utenti e co-autori dell'opera partecipando, attraverso il dispositivo-corpo, all'atto creativo e al funzionamento dell'opera.

Le ricerche del *Gruppo T* ed *N* nascono nel clima delle sperimentazioni degli anni Cinquanta: tra i precursori si possono sicuramente annoverare le strutture ad animazione elettromeccanica di Bruno Munari che nel 1952 pubblica i manifesti sul *Macchinismo*, il *Dis-int-egr-ismo*, l'Arte totale e inizia le proiezioni a luce polarizzata (*Polariscop*); le ricerche sulla simultaneità dell'israeliano Yaacov Agam e i lavori che egli denomina "strutture trasformabili" e "oggetti trasformabili" (1953-54), dove lo spettatore è obbligato ad assumere differenti posizioni di fronte alle opere per scoprire le sequenze delle linee variabili, delle forme, dei colori e delle strutture che gli si offrono da differenti angolazioni. Se all'inizio le mutazioni percettive sono connesse soltanto all'angolo di veduta, le opere denominate "trasformabili" sono composizioni effettivamente modificabili nella sostanza pittorico-visiva sia con un meccanismo di rotazione sia con uno spostamento libero e regolato di elementi, agito dall'osservatore, che interviene così nel processo creativo. Con gli oggetti e le sculture manipolabili, la partecipazione attiva è ancor più messa in gioco, fino a introdurre non solo la vista ma anche il tatto e l'udito.

Negli anni successivi si concretizzano altre esperienze come quelle di Jean Tinguely che richiedono un'operazione attivante dello spettatore per far vivere le sue imponenti sculture meccaniche e motorizzate (*Reliefs méta-mécaniques* e *Sculptures automobiles*, 1954), radicalizzando le premesse dell'Arte Cinetica e rinnovando la dialettica tra opera e apertura, teorizzata da Umberto Eco. Le macchine di Tinguely sono state infatti incluse nell'elenco di sperimentazioni artistiche riconducibili alla poetica dell' "opera aperta" di Eco in quanto dispositivo comunicativo, e l'apertura è "garanzia di un tipo di fruizione particolarmente ricca" [43]. Nelle opere di Tinguely è esplicito il coinvolgimento del pubblico: le sculture di esperienza sono state progettate per venire attraversate dal pubblico, le macchine disegnatrici permettono al fruitore di produrre automaticamente dipinti astratti.

Apoteosi di questa pratica è l'opera *Retable de l'abondance occidentale et du mercantilisme totalitaire*, un'imponente scultura motorizzata dell'ultimo Tinguely. Il motore del *Retable*, che avvia le rotazioni a velocità

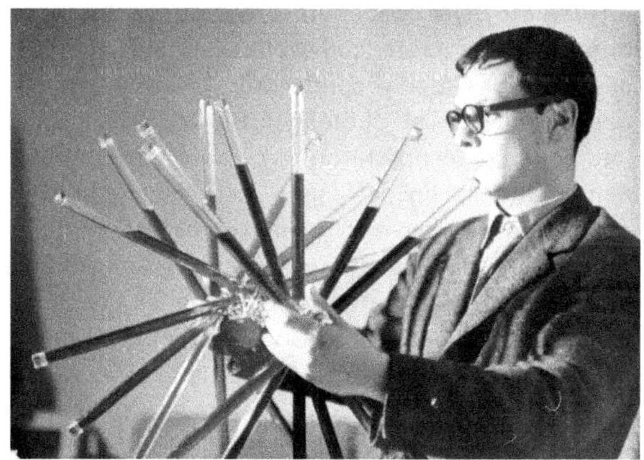

Giovanni Anceschi, *Percorsi fluidi*, 1961

differenziate, i battiti e le vibrazioni della costruzione spaziale, è azionato dallo spettatore con un pulsante. Pur mantenendo la dimensione della performance automatica, il *Retable* ha abbandonato la ribellione anti-museale degli happening degli anni Sessanta, la poetica della macchina-suicida. La matrice dadaista di questo ready-made cinetico, come ricorda Federico Luisetti, è facilmente riconoscibile negli *objects trouvés* che ne costituiscono il corpo, nella titolatura ironica, nell'aspetto di perturbante giocattolone[44]. Il *Retable* di Tinguely, composto di materiali riciclati e invasivi nello spazio – certamente influenzato dalle opere d'arte totale di Kurt Schwitters – risucchia lo spettatore e lo coinvolge nello spazio espositivo e nel suo meccanismo meccanico e cigolante. "Lo spettatore è coinvolto e disturbato, distratto dal cigolio delle pulegge e confuso dal disordine della macchina. Fino all'arrivo del suo spettatore, che il *Retable* interpella a livello senso-motorio, inducendolo ad azionare la scultura per scongiurare la sua morta apparenza allegorica, il *Retable* resta un bricolage di rifiuti e neon spenti, un funereo collage tridimensionale. È l'azione del pubblico, supplemento dell'artista, ad animare l'oggetto, a liberarlo nella sua vita meccanica di opera"[45].

L'assorbimento dello spazio dello spettatore e il suo coinvolgimento si ripeteranno poi nella realizzazione di un'opera totale, *Tête*, una gigantesca scultura labirintica che ricorda la testa di un ciclope, un'architettura gigante che racchiude uno scivolo per bambini (la lingua del ciclope), terrazze, balconi, scale, un teatro, una piscina e aree espositive con opere di altri artisti.

Tinguely abbatte la distinzione tra opera, museo e spettatore e rivendica la mancanza di distanza estetica delle sue macchine inutili nei confronti del contesto sociale e tecnologico.

Secondo Luisetti il *Retable* stigmatizza la scissione fra i due vettori privilegiati della modernità artistica: occhio e corpo e la necessità di una loro forzata convivenza al fine di assicurare pieno senso alla fruizione dello spettatore: "Allestendosi teatralmente su un palcoscenico e al contempo ritirandosi in un'allegoria metafisica, interpellando lo spettatore e poi irretendolo in una barocca allegoria della vanitas, decostruendo con blasfema irrisione l'idealità del contesto espositivo e offrendosi come opera totale, inscenando il vuoto di una mobilità insensata e il pieno di una retorica macabra, Tinguely dichiara non pertinente l'opposizione fra l'occhio e il corpo, sospende la rilevanza dell'alternativa fra la specificità modernista del medium e la politicizzazione avanguardista della ricezione, fra l'autosufficienza estetica dell'opera e la contestualità sociale della ricezione"[46].

1.7 Situazionismo. Gestualità. Process

Con l'Arte programmata e Cinetica abbiamo parlato di interattività e di immersività mentre sembra esser venuta meno l'accezione sociale e politica della partecipazione (che è invece rimessa in gioco da Tinguely).

Secondo Claire Bishop l'origine della cosiddetta "arte partecipativa" è da ricondursi al teatro e alla performance e quindi va strettamente collegata ai movimenti d'avanguardia, in particolare al Futurismo e al movimento Dada. Le serate futuriste, come abbiamo visto, consistevano in veri e propri spettacoli con declamazioni accompagnate da musica, il cui fine era suscitare, attraverso forti provocazioni, una reazione del pubblico tanto violenta da terminare con una rissa. Invece il più importante evento precursore dell'arte partecipativa nello spazio pubblico è la Stagione Dada con le sue *Escursioni e Visite* che hanno luogo a Parigi nel 1921. L'operazione dadaista permetteva agli artisti di liberarsi dalle convenzioni del cabaret e del teatro per creare situazioni dove il pubblico si poteva confrontare direttamente con un nuovo tipo di azione artistica e di spettatorialità[47]. Gli esponenti di queste correnti artistiche hanno iniziato a porsi il problema di veicolare forme di esperienza partecipativa del pubblico con un ruolo sempre più attivo.

In questa direzione si muove anche il movimento situazionista che ha tentato di opporsi allo *status quo* per tornare ad agire nella realtà quotidiana - e urbana - attraverso i concetti della psicogeografia e della deriva urbana, definite come "il modo di comportamento sperimentale legato alle condizioni della società urbana", "la tecnica del passaggio rapido attraverso vari ambienti"[48], modalità diverse dal viaggio e dalla passeggiata perché tendono a far riconoscere all'individuo gli effetti psichici e le reazioni del contesto urbano. Per riassumere questa condizione, nel *Rapport sur la construction des situations et sur les conditions de l'organisation et de l'action de la tendence situationniste internationale*, pubblicato da Guy Débord nello stesso anno di nascita dell'Internazionale Situazionista (1957), si leggeva che "le più valide ricerche rivoluzionarie nella cultura hanno cercato di spezzare l'identificazione psicologica dello spettatore con l'eroe, per trascinare questo spettatore all'attività [...]" e diminuire il ruolo passivo del pubblico[49].

Per i situazionisti, dunque, il problema rimane quello di coinvolgere lo spettatore, renderlo partecipe delle azioni e delle attività, fargli vivere delle esperienze e trasformarlo in attore.

L'interesse per l'arte e per i laboratori sperimentali, che stavano già a cuore al *Movimento Internazionale per una Bauhaus Immaginista* fondato da Asper Jorn nel 1953, confluiranno tra i motivi di interesse del movimento situazionista, e la pittura fa il suo ingresso in qualità di *détournement*, insieme alla volontà di coinvolgimento dello spettatore. Gli spettatori diventano dunque un tassello fondamentale all'interno dell'installazione ambientale *La Caverna dell'Antimateria* dell'artista Pinot Gallizio – inventore della "pittura industriale", vero e proprio *détournement* artistico che con la sua vendita in rotoli inflaziona il concetto di valore artistico – allestita per la prima volta a Parigi alla Galleria Drouin (1958-59). Nell'invito all'inaugurazione, l'artista così descrive l'opera: "Il muro di destra, di sinistra e il fondo della galleria rappresentano le reazioni che avvengono fra l'antimateria, sul soffitto, e la materia, sul suolo. Queste forze si incontrano e si fondono in una realtà provvisoria, rappresentata dalla modella vestita di tela dipinta"[50]. Con i suoi 145 metri di tela destinati a rivestire l'intera galleria, accompagnati da elementi olfattivi e sonori, la Caverna è un ambiente autenticamente immersivo in cui il visitatore è invitato a interagire con la pittura semplicemente camminando su di essa e si ritrova poi catapultato in una situazione ambientale in cui è coinvolto non soltanto visivamente.

> Nella mia caverna basterà uno specchio, piano concavo o convesso per creare un labirinto, un gioco di luce creerà nuove immagini fantastiche, con luce ultravioletta, normale, infrarossa calda, alta, bassa o riflessa con una superfice metallica esterna o portata dagli spettatori a mò di torcia [...]. Dobbiamo far giocare i fruitori con dei gesti semplici, basterà che uno di noi si avvicini in un determinato punto della sala, affinché un urlo magico, del mio apparecchio elettronico, lo svegli e lo impaurisca (pittura parlata)[51].

Spostandosi da un punto all'altro della Galleria Drouin, infatti, lo spettatore viene investito da odori, giochi di luci, suoni improvvisi, all'interno di una dimensione teatrale e performativa.

Come già per gli ambienti di Fontana e del Gruppo T, l'interesse dell'artista è nella volontà di creare un ambiente artificiale che, attraverso un gioco magico di elementi, sollecita il fruitore a diversi livelli percettivi e psicosensoriali, mediante la sinestesia dei vari elementi che interagiscono fra loro al fine di garantire un'esperienza di fruizione unica e coinvolgente.

I visitatori costituiscono gli interlocutori privilegiati dell'artista; senza la loro presenza e il conseguente movimento sonoro nello spazio, infatti, il significato del progetto verrebbe meno e la galleria si presenterebbe come un contenitore inerte. L'installazione di Gallizio, infatti, appare potenzialmente relazionale perché in grado di instaurare un dialogo con il pubblico che non è solo il frutto insapore della loro compresenza, ma il risultato di uno scambio concreto.

Dopo una prima fase (1957-1962) in cui il gruppo dell'Internazionale Situazionista è più aperto e bendisposto nei confronti dell'arte, segue una fase in cui si assiste a una chiusura: Pinot Gallizio viene espulso dal movimento e Asper Jorn si ritira.

Nel *Manifesto* del 17 maggio 1960, la cultura situazionista introduce, contro lo spettacolo e in rapporto all'arte del passato, il concetto della "partecipazione sociale"[52]. All'"arte conservata" viene contrapposta "l'organizzazione del momento vissuto, direttamente"; all' "arte parcellare" "una pratica globale", "una produzione collettiva e senza dubbio anonima"; "contro l'arte unilaterale, la cultura situazionista sarà un'arte del dialogo, un'arte dell'interazione". "Poiché tutti diventeranno artisti ad uno stadio superiore, cioè in modo inseparabile produttori-consumatori di una creazione culturale totale"[53]. Viene dunque consapevolmente sottoscritta la decisione di assumere il pubblico come interlocutore privilegiato del gesto artistico in direzione di una partecipazione estetica votata al sociale. In queste affermazioni si legge la tendenza dell'IS di integrare l'arte con la vita, in opposizione ai tentativi di incoraggiamento della partecipazione dell'osservatore da parte di movimenti artistici, come il già citato G.R.A.V., che l'IS riteneva banali e una replica delle forme di controllo già riscontrate all'interno della società dello spettacolo.

Nella seconda metà degli anni Sessanta, nella Parigi post-situazionista, Braco Dimitrijević inizia i suoi interventi nell'ambiente urbano con la partecipazione di persone della strada. Nelle opere *Accidental Sculpture* (1968), *Accidental Drawing* (1968) e *Sculpture by Tihomir Simcic* (1968) l'artista imposta delle situazioni iniziali che sarebbero poi state completate da un'azione casuale di passanti. Con il suo spirito idiomatico, Dimitrijević pone i risultati di queste dinamiche urbane, che capitano tutti i giorni, sotto la categoria dell' "opera d'arte".

In un caso l'artista sparge un mucchio di gesso sulla strada, attendendo con una macchina fotografica. Quando un'auto passa, la nube che si solleva viene fotografata e intitolata *Accidental Sculpture* (1968). In *Painting by Krešimir Klika* (1969) Dimitrijević posiziona un cartone di latte su strada, in attesa che una macchina lo calpesti. Nel 1969 Braco Dimitrijević scrive: "In questa serie di opere l'artista organizza solo la situazione iniziale, il cui sviluppo dipende dal caso, la comprensione e l'approvazione di altre persone. Quando si entra in una galleria un visitatore è disposto a vedere le opere d'arte. Ho cercato di scegliere persone a caso, senza sapere se hanno un'affinità per l'arte e renderli non solo spettatori, ma persone che cooperano con l' '*arranger*', vale a dire la creazione"[54].

Nel 1969 alla Kunstalle di Berna, il giovane curatore Harald Szeemann intitola una mostra con una frase che coglie questo cambio di prospettiva: *Live in Your Head. When Attitudes Become Form. Works, Concepts, Processes, Situations, Information*[55]. Con questa mostra il pubblico è chiamato in causa e non può più limitarsi a una contemplazione passiva. È infatti il destinatario di opere basate sulla presentazione (e non più rappresentazione) di processi, di idee e di materiali, in cui gli artisti tendono a trasferire nel pensiero di un'altra persona la dinamica delle loro intuizioni. Sono utilizzate le parole *process* e *work in progress*: se l'artista è colui che propone il lavoro, il visitatore non è più soltanto colui che visita. L'attività del vedere non è più esclusiva. Il pubblico è chiamato a leggere testi, decifrare formule, scorrere numeri, compilare questionari, muoversi nello spazio, compiere un'azione, diventando parte attiva e necessaria di un'opera. Le grandi dimensioni delle sculture geometriche, realizzate con i materiali industriali dagli artisti minimalisti come Judd e Morris, presuppongono una partecipazione fisica dello spettatore che entra in rapporto con lo spazio in termini attivi e non solo contemplativi. Nel 1971 alla Tate Gallery di Londra Robert Morris chiede ai visitatori che le sue sculture siano manipolate, infrangendo nuovamente il classico divieto di toccare gli oggetti esposti in un museo[56].

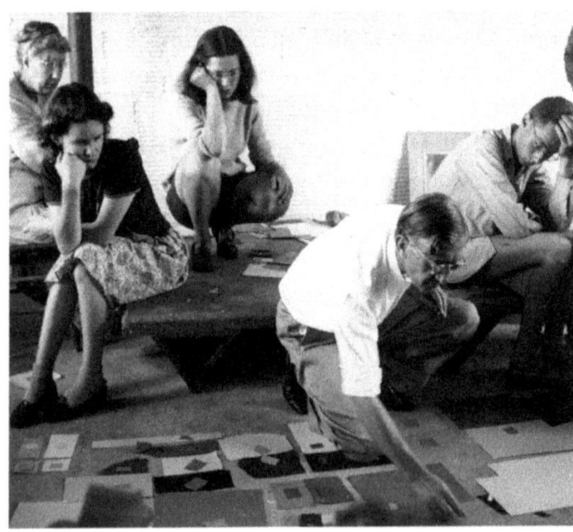

Albers con gli studenti al Black Mountain College, 1946

1.8 Happening e performance

In America, una realtà innovativa e in fermento è costituita dal Black Mountain College, nel North Carolina, dove si sviluppano alcune delle più importanti sperimentazioni poetiche e visuali dell'arte americana. Il dipartimento di arti visive è diretto da Josef Albers, con la presenza di docenti quali Gropius (emigrato negli USA dalla Germania a causa del nazismo), Willem De Kooning e Franz Kline. Nel 1952 proprio al Black Mountain College il compositore John Cage organizza con Merce Cunningham (coreografo), Olsen e Mary Caroline Richards (poeti), David Tudor (musicista) e Robert Rauschenberg (artista) la composizione *Theater Piece No.1*, una "azione concertata" che coinvolge differenti forme d'arte multimediale che si sviluppano simultaneamente e successivamente, secondo la casualità. È la prima forma di *happening* che passa alla storia (anche se la parola viene poi coniata da Allan Kaprow nel 1958), intesa come un incrocio tra la mostra d'arte e la performance teatrale che diventa un evento nel quale l'artista funge da regista e il pubblico viene spesso coinvolto per stabilire un rapporto di immediatezza tra l'interprete-autore e i presenti. Gli *happening* propongono azioni che investono gli spazi non convenzionali, gli interstizi sociali o socializzabili, utilizzando elementi multimediali per produrre il massimo coinvolgimento del pubblico.

Le origini storiche dell'happening si possono rintracciare da un lato nelle avanguardie storiche, in particolare nelle operazione di Duchamp o del Dadaismo, dall'altro nelle ricerche condotte presso il Bauhaus (in particolar modo da Laszló Moholy-Nagy e Walter Gropius) e, infine, nelle teorie dei surrealisti (di Antonin Artaud in modo particolare). John Cage afferma di essersi ispirato ad Artaud per l'urgenza di collegare il teatro a tutto ciò che rientra nei domini di gesti, rumori, colori, movimenti, ecc.

Sempre in America, tra il 1956 e 1957, l'*Independent Group* orchestra una serie di mostre multimediali. Tra il 1958 e il 1959 John Cage tiene le sue lezioni alla New School for Social Research e tra le tante personalità a venire segnate da quest'esperienza figurerà proprio Allan Kaprow, già aperto ad accogliere il suo insegnamento e a intravedere in quelle pratiche estetiche la necessità di coinvolgere il pubblico. Dal 1958 al 1962 Kaprow dà inizio agli *happening*; a partire dalla fine degli anni Sessanta Robert Rauschenberg sviluppa una serie di ambienti in forma di *assemblage* che inglobano oggetti quotidiani come radio o tv con le rispettive programmazioni. A differenza del *Poeme électronique* o dell'Arte Programmata e Cinetica, questi eventi artistici sono per la maggior parte non gerarchici, ma collaborativi, e sia gli *happening* che la corrente *Fluxus* sono influenzati dalle operazioni casuali di John Cage, atte a dissolvere le barriere tra l'arte e la vita.

Un'eccezione particolare è costituita alcuni happening partecipativi come quelli dei *18 Happenings in 6 Parts* (1959) di Allan Kaprow. Se Kaprow condivide la predilezione di Cage per gli effetti imprevedibili e casuali e per gli elementi visivi, sonori e olfattivi in sovrapposizione, il suo evento del 1959 è pianificato e prevede che i membri del pubblico interagiscano in modi ben precisi, in accordo alla sua visione d'artista. Allo spettatore, invenuto alla performance, viene consegnata una borsa di plastica contenente piccoli collage di carta, fotografie, frammenti di dipinti e figure ritagliate e un invito in cui c'è scritto: "You will become a part of the happening; you will simultaneously experience them" [57].

All'inizio degli anni Sessanta il movimento *Fluxus* riunisce un vasto numero di artisti interessati alla ricerca non oggettuale e alle pratiche performative. "Fluxus – afferma Giorgio Bonomi – sviluppa fino al paradosso gli elementi Dada, accentuandone l'aspetto di sperimentazione, quello del gioco, quello di contestazione, di unione e commistione di arte e vita e delle varie discipline (musica, danza, pittura, ecc.), con un uso intenso di tutti i materiali dell'happening e della performance, e, nello stesso tempo, assumendo quelle novità comunicazionali che la società contemporanea offriva, cioè i nuovi media, in particolare la telecamera e la nascente elettronica" [58]. Secondo Bonomi, Fluxus può considerarsi una sorta di articolazione di fine Dada che sposta in avanti il discorso sul terreno dell'interattività e della partecipazione attiva, come nel caso dell'uovo fritto di Philip Corner, cucinato e mangiato dallo spettatore/partecipante dell'evento.

L'estetica di Fluxus è legata alla consapevolezza di una condizione di contiguità tra la sfera della vita e il contesto dell'arte e trova il suo compimento attraverso dei *concept events* (secondo l'accezione data da George Brecht e quindi in ambito teatrale) che intendono incorporare lo spettatore nelle proprie performance.

Nel 1961 Nam June Paik pensa di far muovere il pubblico mentre interviene a visitare questa o quella mostra di suoni. Compone la sua *Symphony for Twenty Rooms* (Sinfonia per venti camere) e il suo *Omnibus Music N. 1* in cui i suoni "stanno seduti" e il pubblico li visita[59].

La celebre *Cut Piece*, eseguita da Yoko Ono nel 1964 al Yamaichi Concert Hall in Kyoto e poi nel 1965 al Carniegie Hall a New York, testimonia quanto il performer diventi allo stesso tempo soggetto e oggetto e il ruolo attivo assunto dall'*audience* nei confronti dell'azione stessa. L'artista si trova seduta nel mezzo di un palco e gli spettatori si avvicinano a uno a uno per tagliarle un pezzo dell'abito, lasciandola quasi nuda alla fine della performance. L'atto del tagliare permette allo spettatore di rompere il proprio stato di passività e di irrompere in uno stato di attivo scambio con l'artista, che scopre se stessa come un soggetto/oggetto "vulnerabile".

L'opera d'arte si rivolge al pubblico per un coinvolgimento e una partecipazione volte a liberare, in chi la vive, "un flusso di energie contro i vecchi schemi di comportamento, in un clima ludico e libertario"[60]. In nome della partecipazione, tutte le tecniche e i materiali sono accettati, chiunque può prendere il posto dell'artista e acquista sempre più spazio l'utilizzo delle tecnologie elettroniche.

La *Mail Art* è un'altra delle esperienze nate in seno al gruppo Fluxus, ideata dalla New Correspondence School of Art di Ray Johnson (1962). La *Mail Art* crea relazioni e le mantiene attraverso il circuito postale per creare un network, un movimento artistico che diventa protagonista di innumerevoli progetti interattivi e stimolo propulsore di movimenti libertari e controculturali legati a tematiche ecologiste e pacifiste. Anche per la *Mail Art* l'obiettivo è proporre un'arte accessibile a tutti, un'arte diffusa e fuori dagli schemi, che più che prodotti e manufatti possa offrire processi mentali e creativi e scambi di idee.

Nella seconda metà degli anni '80 si assiste alla crescente integrazione tra apparecchi terminali e reti di telecomunicazione che modifica radicalmente i modi di accesso all'informazione aprendo la strada a nuove modalità di trasmissione del sapere attraverso un'arte di relazione, multiculturale e transculturale, che consente l'interattività tra artisti e fruitori e la condivisione dell'opera tra utenti partecipi, in una sorta di grande e collettivo work in progress. Questo movimento, noto a livello internazionale sin dagli anni settanta come *Arte Telematica*, ha operato sul concetto di network sfruttando forme di messaggistica telematica, il telefono, la radio, il telefax e slow scan.

In Italia, nel 1986, in occasione della XLII Biennale di Venezia, all'interno della sezione "Tecnologia e Informatica", a cura di Roy Ascott, Don Foresta, Tom Sherman e Tomasso Trini, viene presentato *Planetary Network and Laboratory Ubiqua,* coordinato dallo stesso Ascott, il primo network planetario dell'arte dove per due settimane gli artisti presenti dialogano in trasmissione telefacsimile con altri disseminati in luoghi vari, sotto la direzione di Maria Grazia Mattei. In questo progetto più di 100 artisti in tre continenti interagiscono in tempo reale attraverso computer, fax, videotex, slow-scan televisivi. Queste ricerche confluiranno successivamente nell'esposizione *Artefax* presso la Galleria Comunale d'Arte Moderna di Bologna, curata nel 1990 dal critico d'arte Claudio

Cerritelli. Il testo introduttivo, dedicato all'arte telematica, è scritto dagli artisti Gualtiero e Roberto Carraro del Gruppo Mida, che definiscono una nuova condizione di opera d'arte come fatto puramente linguistico, un atto di comunicazione che nel mondo telematico da individuale diventa collettiva, attivando nuove forme di socialità. "Artefax rappresenta una nuova esperienza di interazione artistica mediante strumenti telematici. In questo caso si è scelto il telefax, mezzo di comunicazione che sta rivoluzionando il mondo del lavoro, e che in rapporto all'arte evidenzia il valore di scrittura dei segni pittorici contemporanei, ridisegnandoli nell'estrema sintesi del bianco e del nero. [...] La comunicazione a distanza, l'interattività, l'opera collettiva, la ricerca di segni comuni sono i topos dell'arte telematica" [61].

1.9 Videoinstallazioni a circuito chiuso

Nel vivace contesto degli anni Sessanta e Settanta nascono anche le videoinstallazioni, strutture particolari che richiedono al fruitore di mettersi in gioco e di partecipare al farsi stesso dell'opera in una condizione di reciprocità creativa. In generale, comunque, a differenza delle installazioni tradizionali, il video determina un particolare sistema percettivo, che accentua l'esperienza totalizzante dell'opera tipica degli ambienti e degli *environments*. L'alterazione della percezione del proprio essere nello spazio e nel tempo, assieme a una molteplicità di sollecitazioni sensoriali, si ritrova nella dimensione indotta dalle installazioni a "circuito chiuso", basate sulla capacità del sistema della videocamera di riprendere e mostrare in diretta l'immagine degli stessi osservatori, e di mostrarne simultaneamente i momenti successivi, in un presente continuo.

Strutturando insieme oggetti, monitor e telecamere, in una pluralità di tipologie, le videoinstallazioni "configurano spazi e tempi percorribili, situazioni che l'osservatore esperisce fisicamente, dall'interno, divenendone parte"[62].

Numerose opere hanno adottato una serie di varianti sul tema dello spiazzamento dell'osservatore, tra le più celebri ricordiamo i *Corridor* di Bruce Nauman. Tra il 1969 e il 1974 Nauman

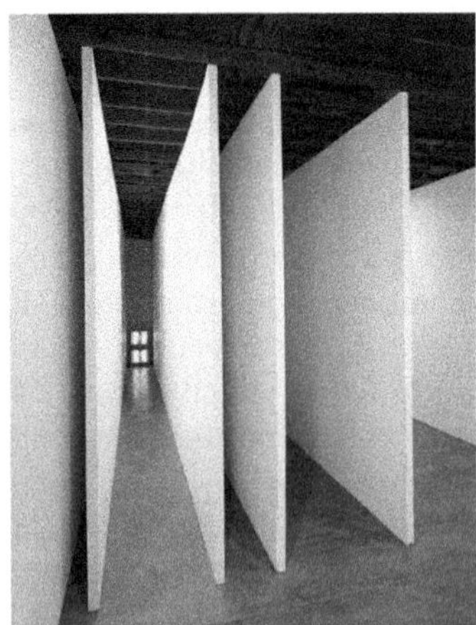

Bruce Nauman, *Corridor Installation*, 1970.
Courtesy: Hamburger Bahnhof, Berlin

realizza una serie di ibride installazioni scultoree che mettono in gioco il corpo, i sensi e la mente dello spettatore. In queste installazioni l'elemento scultoreo incontra quello architettonico in un'accezione ambientale nella quale il ruolo dello spettatore non è più quello di passivo testimone. Al contrario il visitatore è direttamente e fisicamente coinvolto, performa anziché osservare, e il completamento dell'opera si ottiene grazie a questa interazione. Il precedente di queste pratiche, come abbiamo visto, risiede nelle avanguardie che hanno investigato i metodi della produzione artistica e li hanno trasformati in strumenti di analisi del rapporto tra opera d'arte e pubblico, oltre il modello contemplativo della tradizione.

Negli ambienti di Nauman la partecipazione dello spettatore è prevista come un incontro straniante e decontestualizzante[63]: il visitatore è assalito da suoni, spaventato da passaggi stretti, circondato da videocamere che registrano ogni mossa. Le immagini registrate sono istantaneamente tramesse alle spalle del visitatore, il cui corpo è ridotto a frammento di un'ombra. Fisicamente e psicologicamente, lo spettatore si confronta di continuo con una mancanza di identificazione tra la sua esperienza come corpo/soggetto e la sua immagine e rappresentazione, divenendo quasi un oggetto scultoreo, mentre lo spazio esterno sembra sovrastarlo. In questo caso l'esperienza dello spettatore è fortemente predeterminata, controllata e condizionata dalle intenzioni dell'artista che arrangia la sua performance in modo da limitare le possibilità di interazione a degli schemi precisi. Nauman disdegna la creazione di situazioni "aperte" che, secondo lui, riducono l'arte a una forma di "gioco".

Esemplare della produzione di Nauman è il *Live Taped Video Corridor* del 1970, il primo della serie di sculture ambientali *Performance Corridor*. In quest'opera l'artista utilizza la semplice struttura di un corridoio di compensato con un ingresso aperto a una estremità e due monitor piazzati uno sull'altro in alto, alla fine del corridoio: in sostanza, un passaggio morto che non conduce da nessuna parte. Il monitor più basso ha come soggetto una registrazione del corridoio. Il monitor più alto mostra

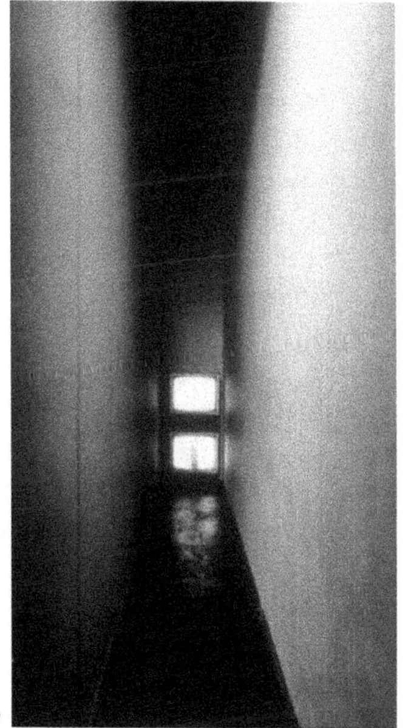
Bruce Nauman, *Live Taped Video Corridor*, 1970

una registrazione a circuito chiuso di una videocamera posizionata all'entrata del corridoio. Più ci si avvicina al monitor, più il corpo recede dalla videocamera, con il risultato che l'immagine sul video appare più piccola. Le due forme di informazione sensoriale non sono coordinate ma piuttosto si contraddicono a vicenda. Tale stranezza è spiazzante perché l'interazione dipende dallo spettatore che rimane un "partecipante desiderante"[64].

Se le sculture di Nauman potrebbero sembrare, a questo riguardo, le più sistematiche, dagli anni Sessanta e Settanta sono state ideate numerose opere d'arte di partecipazione caratterizzate ugualmente da una natura decisamente conflittuale, in cui il pubblico è sottoposto a varie forme di manipolazione o di aggressione, con esperienze spesso inquietanti o ambigue, dove l'obiettivo della partecipazione non è del tutto chiaro. Per esempio nella *Cut Piece* (1964) di Yoko Ono e nel *Rhythm 0* (1974) di Marina Abramovic il gesto prende la forma di una sfida e il pubblico si confronta con l'onere di "come" agire, con conseguenze potenzialmente gravi e violente per la artista.

Dalla fine degli anni Sessanta il tema della partecipazione è soprattutto caratterizzato dall'emergere della società delle tecnologie, non solo dal punto di vista del moltiplicarsi di mezzi tecnologici (computer, televisione, media in generale) ma anche in riferimento a un ordine amministrativo che accompagna questi sviluppi, che implicano conflitti sociali e politici. Emergono teorie come quella della tecnocrazia, della cibernetica, della "programmed society" e della "dependent participation" in riferimento a una società sempre più diretta e controllata dai mezzi di comunicazione. Secondo Janet Kraynak, per quanto Nauman disdegni la parola "gioco", i suoi ambienti scultorei si integrano alla logica della "game theory"[65] in quanto prevedono vari meccanismi di controllo sia fisico che psicologico, e allo stesso tempo anticipano e quindi circoscrivono la risposta umana. Nel processo l'incertezza e la deviazione interpretativa sono ridotte al minimo, per quanto possibile. Le installazioni di Nauman costituiscono degli spazi performativi definiti da una "interazione efficiente". In altre parole, l'installazione non si relaziona semplicemente con lo spettatore che vive e crea la performance ma assume, in rapporto alla teoria cibernetica, un significato molto diverso, che riguarda la formazione di un ordine sociale più razionalista. Questo, forse, spiega perché l'artista descrive spesso tutti gli aspetti della sua opera scultorea (sia visivi, che concettuali o percettivi) come "modalità di informazione": un termine diretto che sembra in contrasto con le qualità altamente esperienziali o materiali delle opere stesse.

Come abbiamo mostrato, dunque, molte delle premesse di una partecipazione attiva dello spettatore vanno ricondotte ad alcuni movimenti degli anni Sessanta e Settanta che, pur nella loro diversità, si sono mossi in direzione di un rifiuto della dimensione statica, unica e immodificabile dell'opera d'arte, privilegiando processualità artistiche sotto forma di happening, performance e installazioni che hanno portato a nuove situazioni di incontro del fruitore con l'opera "principalmente attraverso una riscoperta della partecipazione fisica e lo sviluppo di occasioni di interazione che lo hanno reso consapevole della propria attività percettiva e del proprio ruolo"[66].

1. Sui concetti di "applicatio" e "rifigurazione", cfr. H.G. Gadamer in *Verità e metodo*, Bompiani, Milano 1983, pp. 358 ss. e P. Ricoeur, *Tempo e Racconto*, Vol. 1, Jaca Book, Milano 2001, pp. 117 ss., nella interpretazione di Martino Feyles in *La parte dell'osservatore: tra psicologia dell'arte e fenomenologia della percezione*, in www.giornaledifilosofia.net, Aprile 2013.
2. Jonathan Crary, *Le tecniche dell'osservatore. Visione e modernità nel XIX secolo*, Einaudi, Torino 2013, p. 8.
3. Ibidem, p. 72.
4. A tal proposito si vedano gli scritti di J.W. Goethe, *Teoria dei colori*, Il Saggiatore, Milano 1989; W. Blake, Complete Writings, Keynes, Oxford, 1972; A. Schopenhauer, *La vista e i colori*, Se, Milano 1988; A. Schopenhauer, *Il mondo come volontà di rappresentazione*, Mondadori, Milano 1995.
5. Brian O'Doherty, *Inside the White Cube*, Johan & Levi Editore, Milano 2012.
6. Ibidem.
7. Rudolf Arnheim, *Film come arte*, Il Saggiatore, Milano, 1963, p. 63.
8. Rudolf Arnheim, *Arte e percezione visiva*, Feltrinelli, Milano 1984, p. 27.
9. Ernst H. Gombrich, *Arte e illusione. Studi sulla psicologia della rappresentazione pittorica*, Einaudi, Torino 1965
10. Ibidem, pp. 374-75
11. Ibidem, p. 60.
12. Ibidem, p. 56.
13. Roberto Diodato, *Visual thinking as Virtual thinking*, in *Rudolf Arnheim Arte e percezione visiva* a cura di Lucia Pizzo Russo, Centro Internazionale Studi di Estetica, Aesthetica Preprint Supplementa, Palermo 2005
14. "L'aptica studia il tatto come forma di conoscenza e comunicazione. Il tatto può essere attivo (il toccare) e passivo (l'essere toccati). Nella cultura occidentale esiste una sorta di pudore culturale verso entrambe le modalità" (Chiara Giaccardi, *La comunicazione interculturale*, Il Mulino, Bologna 2005, p. 95).
15. Ernst H. Gombrich, *La parte dell'osservatore* in Gombrich, *Arte e illusione*, op. cit.
16. Riccardo Caldura, *Produzione e recezione nel processo artistico in Marcel Duchamp*, in Antonio Somaini, *Il luogo dello spettatore: forme dello sguardo nella cultura delle immagini*, V&P, Milano 2005, p. 144-161.
17. Marcel Duchamp, *Ingegnere del tempo perduto. Conversazione con Pierre Cabanne*, trad. it. Di W. Marchetti, Multhipla, Milano 1979, p. 100.
18. Franco Speroni, *Sotto il nostro sguardo. Per una lettura mediale dell'opera d'arte*, Costa & Nolan, Genova 1995.

19. Filippo Tommaso Marinetti, *Teoria e invenzione futurista*, Mondadori, Meridiani, Milano 2010, p. 110-113.
20. Giulio Carlo Argan, *Walter Gropius e la Bauhaus*, Reprints Einaudi, Torino 1974, pp. 23-24.
21. Ibidem, pp. 23-24.
22. Ibidem, p. 32.
23. Ibidem, pp. 72-73.
24. Silvana Sinisi, Isabella Innamorati, *Storia del teatro. Lo spazio scenico dai greci alle avanguardie storiche*, Bruno Mondadori, Milano 2003.
25. Fritz Bornemann, *Spettacolo e pubblico,* in *Erwin Piscator 1893-1966*, a cura di Paolo Chiarini, catalogo della mostra *Erwin Piscator 1893-1966,* Palazzo delle Esposizioni, Roma, Officina Edizioni, Roma 1978.
26. Lucio Fontana et al., *Secondo Manifesto dello Spazialismo*, Milano, 18 marzo 1948, in *Arte in Italia 1945-1960*, a cura di Luciano Caramel, Vita e Pensiero, Milano 1994, pp. 131-132.
27. Ibidem.
28. *Lettera di Lucio Fontana a Enrico Crispolti*, 16 marzo del 1961, in Enrico Crispolti, *Fontana: catalogo generale*, Electa, Milano 1986.
29. Lucio Fontana, *Proposta di un regolamento del Movimento Spaziale*, Milano, 2 aprile 1950, in *Arte in Italia 1945-1960*, op. cit., p. 124.
30. Nel settembre 2017, l'Hangar Bicocca di Milano apre una mostra d'importanza storica intitolata *Ambienti/Environments* che ricostruisce per la prima volta nove *Ambienti spaziali* e due interventi ambientali, realizzati da Lucio Fontana tra il 1949 e il 1968 per gallerie e musei italiani e internazionali e, per la loro natura effimera, sempre smantellati distrutti al termine delle esposizioni.
31. *Lettera di Manzoni a Otto Piene*, Agosto 1960.
32. Ibidem.
33. *Placentarium* in Germano Celant, *Piero Manzoni. Catalogo generale*, Prearo Edizioni, Milano 1975, p. 78.
34. Katie Mondloch, *A Symphony of Sensations in the Spectator: Le Corbusier's "Poème électronique" and the Historicization of New Media Arts*, in Leonardo, Vol. 37, No. 1 (2004), pp. 57-61, The MIT Press, Cambridge, Massachusetts 2004.
35. Ibidem.
36. Marco Meneguzzo, *Arte programmata cinquant'anni dopo*, Johan & Levi, Monza 2012.
37. Umberto Eco, in *Arte Cinetica Arte Programmata. Opere moltiplicate opere aperte*, Milano, Galleria Vittorio Emanuele, Maggio 1962;Venezia, Piazza S. Marco, Luglio-Agosto 1962; Roma, Piazza Barberini, Ottobre 1962
38. Mariastella Margozzi, *Arte Programmata, Arte Cinetica. Categorie e declinazioni attraverso le poetiche*, in *Arte Programmata e Cinetica. Da Munari a Biasi a Colombo e...*, a cura di Giovanni Granzotto e Mariastella Margozzi, catalogo della mostra, Gnam, Roma, Il Cigno Edizioni, Roma 2012.
39. Luciano Caramel (a cura di), *Groupe de Recherche d'Art Visuel 1960-1968*, Electa, Milano 1965, p. 25.
40. *GRAV, Assez de mistification* in Luciano Caramel, *Groupe de Recherche d'Art Visuel 1960-1968*, op. cit, pag. 36. Manifesto integrale disponibile sul sito di Julio Le Parc, uno dei membri del gruppo, all'indirizzo www.julioleparc.org.
41. Alice Devecchi, *Il gesto dell'inter-attore. Spazio corpo movimento. Gli ambienti del Gruppo T al Museo del Novecento di Milano*, in "Senzacornice", rivista online di arte contemporanea e critica, n. 8, Ottobre/Dicembre 2013.
42. Giovanni Anceschi, "La fatica del web", *Il Verri*, n. 16, maggio 2001, pp. 31-32.
43. Umberto Eco, *Opera aperta. Forma e indeterminazione nelle poetiche contemporanee*, Bompiani, Milano 1967.
44. Federico Luisetti, *Il dentro, il fuori, il 'parergon'*, in *Il luogo dello spettatore. Forme dello sguardo nella cultura delle immagini*, a cura di Antonio Somaini, Vita e Pensiero, Milano 2005, pp. 177-181.
45. Ibidem.
46. Ibidem.
47. Claire Bishop, *Inferni Artificiali. La politica della spettatorialità nell'arte partecipativa*, edizione italiana a cura di Cecilia Guida, Luca Sossella Editore, Bologna 2015, p. 81.
48. Mario Perniola, *I situazionisti. Il movimento che ha profetizzato la "Società dello spettacolo"*, Castelvecchi, Roma 2005, pp. 16-17.
49. Guy Débord, Œuvres, Gallimand, Parigi 2006, p. 325.
50. M. T. Roberto, *Momenti* 4. *Pinot Gallizio.*

L'uomo, l'artista e la città (1902-1964), catalogo della mostra, Fondazione Ferrero, Alba, 2000, Edizioni Gabriele Mazzotta, Milano 2000.

51. Lettera di Pinot Gallizio a Renè Drouin in preparazione della mostra. Riportata in G. Albert, *Sound installations e Sound sculptures*, in "Acoustical Arts and Artifacts. Technology, Aesthetics, Communication. An International Journal" , n. 7, a cura dell'Istituto per la Musica, Fabrizio Serra Editore, Pisa - Roma 2010, p 60.

52. Manifesto del 17 maggio 1960, in *Internazionale Situazionista*, fascicolo n° 4, Bernard, Parigi 1960, pp. 37-38.

53. Ibidem.

54. Antun Maracic, Nena Dimitrijevic, *Braco Dimitrijevic – Dubrovnik Retrospective*, catalogo della mostra, Museum of Modern Art, Dubrovnik, 2004, Art Studio Azinovic, Dubrovnik 2004.

55. Harald Szeeman, *Live in Your Head: When Attitudes Become Form: Works, Concepts, Processes, Situations, Information*, catalogo della mostra, Kunsthalle Bern, 22.3-27.4 1969, Philip Morris Europe, Kunsthalle Bern 1969.

56. David Sylvester, Michael Compton, Robert Morris, *Robert Morris: The Tate Gallery, 28 April-6 June 1971*, Millbank, London 1971.

57. Lea Vergine, *L'arte in trincea. Lessico delle tendenze artistiche 1960-1990*, Skira, Milano 1996, pp. 39-46.

58. Giorgio Bonomi, *Nel flusso dei materiali anomali, Appunti per una storia dell'arte*, in Giorgio Bonomi, Enrico Mascelloni, (a cura di), *Promuovere l'alluvione. Fluxus nella sua Epoca 1958-1978*, catalogo della mostra, Centro per l'arte contemporanea, Umbertide (PG) 1997, Adriano Parise, Verona 1997, p. 126.

59. Dick Higgings, *Postface*, in Giorgio Bonomi, Enrico Mascelloni, (a cura di), *Promuovere l'alluvione. Fluxus nella sua Epoca 1958-1978*, op. cit., p. 235.

60. Silvia Bodini, *Videoarte e arte. Tracce per una storia*, Lithos, Roma 1995.

61. Gualtiero e Roberto Carraro, *Arte e telematica*, in *Artefax. Ricerche contemporanee in telefacsimile*, a cura di Claudio Cerritelli, catalogo della mostra, Galleria Comunale d'Arte Moderna di Bologna, novembre – dicembre 1990, Grafis Edizioni, Bologna 1990, p. 12.

62. Silvia Bordini, *Più che un'immagine. Considerazioni sull'arte interattiva*, in *Tra "azione" e "contemplazione". I molteplici spazi possibili per le arti interattive*, a cura di Silvana Vassallo e Andreina Di Brino, Edizioni ETS, Pisa 2003, p. 54.

63. Janet Kraynak, *Dependent Participation: Bruce Nauman's Environments*, in "Grey Room", n. 10, Winter, The MIT Press, Cambridge, Massachusetts 2003, pp. 22-45.

64. Ibidem.

65. Ibidem.

66. Simonetta Cargioli, *L'arte del visitatore. Spunti di riflessione su installazioni e ambienti interattivi*, in *Arte tra azione e contemplazione. L'interattività nelle ricerche artistiche*, a cura di Silvana Vassallo e Andreina Di Brino, Edizioni ETS, Pisa 2003, p. 65.

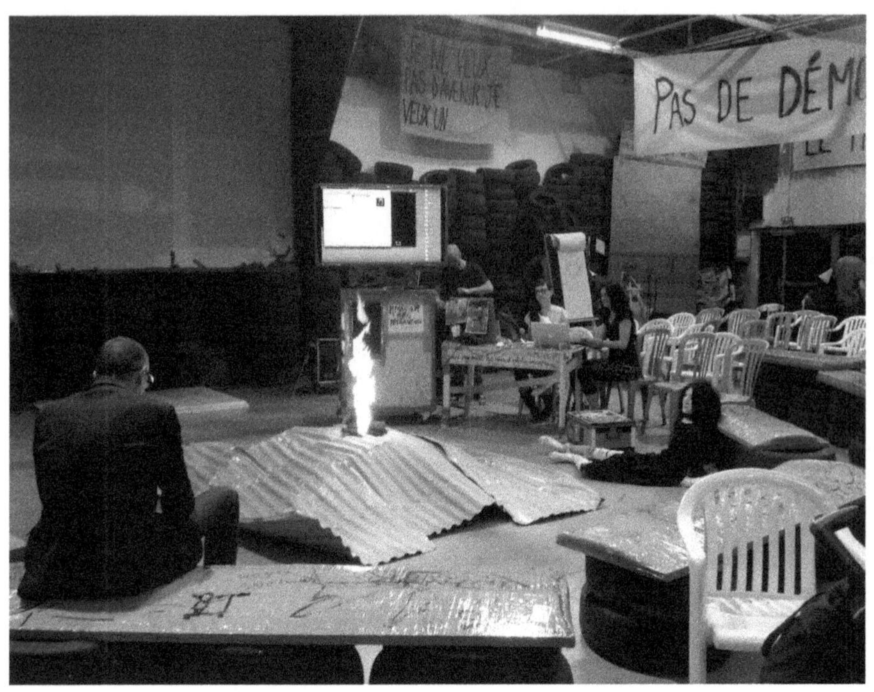

Thomas Hirschhorn, *Flamme Éternelle*, particolare dell'installazione al Palais De Tokyo (dal 23 aprile 2014 al 22 giugno 2014) Parigi

2

Partecipazione sociale e relazionale

La parola "partecipazione", termine mutuato dal linguaggio politico, definisce appunto un'apertura dell'opera all'intervento attivo di uno spettatore che diventa fruitore passando dalla contemplazione passiva dell'opera all'utilizzazione della stessa. Al pubblico viene chiesto di agire per sperimentare il suo rapporto con l'arte e dunque con il vivere sociale. Lo spettatore (*spectare*) diviene fruitore perché dall'uso dell'opera trae frutto (fruire da *fruitus* o *fructus*). Negli ambienti del *Gruppo T* così come nelle videoinstallazioni di Bruce Nauman la partecipazione è declinata nel prendere parte all'opera, usando il corpo in movimento come strumento di esplorazione attiva e costruttiva, istanza conoscitiva privilegiata.

Negli anni Sessanta e Settanta "partecipazione" diventa la parola d'ordine come contributo attivo alla trasformazione in senso democratico della società. L'artista sente l'urgenza di mettere da parte la sua posizione elitaria all'interno di una torre d'avorio per diventare un facilitatore di progetti destinati ad essere usati e completati dal fruitore. Il gesto creatore dell'artista, consolidato da una lunga tradizione, lascia il posto al gesto di un pubblico attivamente partecipante.

2.1 Pratiche di partecipazione in Italia negli anni Settanta

Il rapporto tra l'artista e il pubblico, la ricerca di forme diversificate di coinvolgimento dello spettatore, il principio della collaborazione creativa, l'azione teatrale sono elementi cardine nel lavoro di Michelangelo Pistoletto negli anni tra il 1966 e il 1970, pur senza un esplicito riferimento alla matrice dell'happening americano.

I quadri specchianti dei primi anni Sessanta sono un manifesto d'intenti chiaro che preludono alla volontà di includere lo spettatore nell'opera – "i quadri specchianti non potevano vivere senza pubblico" – e si propongono non solo come immagini, ma come luogo dell'accadimento di situazioni[1].

"Qual è la funzione dello specchio? Riflettere ciò che ha di fronte. Se nessuno sta osservando lo specchio, lo specchio esiste? La risposta è no, perché lo specchio esiste solo nello sguardo e nel pensiero di chi lo osserva"[2]. Il quadro specchiante mette letteralmente, oltre che psicologicamente, lo spettatore all'interno del quadro.

È in occasione della prima personale alla Galleria dell'Attico di Roma, nel febbraio del 1968, a cura di Giulio Carlo Argan, che Pistoletto non presenta oggetti, ma prende in prestito costumi di scena e materiali scenografici di Cinecittà che, durante l'inaugurazione, possono essere liberamente indossati dai visitatori nello spazio della galleria trasformato in backstage teatrale. Nello stesso periodo, nell'ambito di una mostra a Torino, e successivamente in altre sedi, Pistoletto chiede a un gruppo di amici, familiari, artisti, critici e bambini del luogo di trascinare la sua *Sfera di Giornali* (1966-68), una palla di circa mezzo diametro formata da pagine di giornali pressati e bagnati. L'opera fa parte della serie *Oggetti in meno* (1965-66) nati per essere esposti in modo da intralciare il pubblico o spingerlo a interagire con essi.

Sempre nel 1968, in occasione dell'invito alla Biennale di Venezia, Pistoletto pubblica un *Manifesto della collaborazione*, che prevede l'intervento del pubblico per trasformare la pratica della collaborazione in libero scambio.

> Con questo manifesto invito le persone che lo desiderano a collaborare con me alla XXXIV Biennale di Venezia. Io per collaborazione intendo un rapporto umano non competitivo ma di intesa sensibile e percettiva. Cedere una parte di me stesso a chi desidera cedere una parte di se stesso è l'opera che mi interessa. (Michelangelo Pistoletto, via Carlo Reymond 13, 10126 Torino. Tel. 635105. Torino, 2 Aprile 1968).

Ma il progetto non avrà poi luogo a causa del sorgere della contestazione politica e dell'occupazione dei padiglioni che, secondo l'artista, avrebbero reso equivoca la natura della manifestazione.

L'8 maggio 1968, in occasione di una serata al Piper[3] che ospita la cerimonia collettiva *Cocapicco e vestitorio*, viene sancita la nascita di *Zoo*, con il sottotitolo "coloro che stanno dietro le sbarre", una piccola comunità di individui provenienti da differenti esperienze artistiche con cui Pistoletto realizza degli spettacoli presentati in gallerie, teatri, strade, per opporsi alla élite culturale dominante e sovvertire la tradizionale divisione tra attori e spettatori, fabbricanti e consumatori. Con la sua attività performativa in seno al Gruppo Zoo incomincia a organizzare eventi teatrali di strada che si relazionano in lontananza con la commedia dell'arte[4]: "Lo Zoo – ha dichiarato di recente Pistoletto – nasceva dall'idea della collaborazione creativa ed è stata, forse, una delle prime esperienze di passaggio dall'oggetto a un'estetica della relazione"[5] (da notare l'utilizzo dello stesso termine che riconduce alle teoria di Nicolas Bourriaud sull'*Esthétique relationnelle* che vedremo nello specifico più avanti).

Negli anni compresi tra il 1975 e il 1977, conclusasi definitivamente l'esperienza di Zoo, si assiste alla ripresa di eventi che instaurano una forte relazione tra artista e spettatori, con una serie di situazioni collocabili all'incrocio tra mostre ed azioni, in direzione della accentuazione di un legame tra artista e spettatore, che è sempre stato fondante dell'arte di Pistoletto fin dagli inizi. In alcuni spettacoli teatrali come *La Conferenza, Raggi di Persone* e *Gli Spettatori* viene esibita una "rete di relazioni, un dialogo serrato, un incontro di sguardi tra attore (non necessariamente l'artista) e spettatore-visitatore-ascoltatore, tra spettatore e opera o tra gli spettatori stessi"[6].

Questo periodo di intenso coinvolgimento delle dinamiche teatrali nell'ambito della vita sociale, che prelude alle pratiche a venire della *community art*, si chiude con l'esperienza de *I Trombonauti, Opera Ah, Anno Uno*, che mette in contatto la comunità degli artisti che hanno scelto di vivere lontani dai luoghi dell'arte e quella degli abitanti di varie generazioni del villaggio agricolo di Corniglia, insediato nei terrazzamenti liguri.

Anche Vito Acconci fin dagli inizi ha concepito il suo lavoro come momento di relazionalità rivolta all'altro. L'azione dell'artista sollecita le reazioni altrui attraverso il suono, la voce, la gestualità del corpo, fino ai lavori in cui l'osservatore trova posto nell'opera. Con *Pier Piece* del 1971 Acconci crea il primo rapporto diretto con l'osservatore, invitando degli estranei a recarsi sul molo, di notte, ad ascoltare i suoi segreti. Su questa linea si situa anche la celebre performance *Seedbed* del 1972 alla galleria Sonnanbed di New York dove Acconci, nascosto sotto una piattaforma sopraelevata, continua a masturbarsi per tutta la durata della rappresentazione mentre gli spettatori assistono come spie a un'attività privata. Se nelle sue prime opere lo spettatore si configura come un testimone, un voyeur, una spia, con le sculture praticabili e con i progetti di *Public Art* l'artista sparisce dentro l'opera e l'osservatore può agire le forme in totale autonomia, all'interno di rinnovati luoghi di incontro fra le persone.

Tra gli anni Sessanta e Settanta viene evidenziato un passaggio emblematico nel rapporto tra arte e spazio urbano, attraverso radicali interventi partecipativi che coinvolgono la collettività proprio negli spazi in cui quotidianamente vive: *Arte povera + azioni povere* (Amalfi, 1968, a cura di Germano Celant), *Campo Urbano* (Como, 1969, a cura di Luciano Caramel), *Festival del Nouveau Réalisme* (Milano, 1970). Diverse per modalità di interventi, scelte curatoriali e ricezione dei cittadini, quelle mostre rappresentano perfette esemplificazioni del nuovo rapporto tra artisti e spettatori e della tensione partecipativa, e risultano imprescindibili modelli di riferimento per la vicenda dell'arte pubblica in Italia.

Altra esperienza fondamentale per ripensare il concetto di partecipazione è da ricondursi a *Volterra 73*, una delle più significative manifestazioni artistico-ambientale che si tenne nella cittadina Toscana nell'estate del 1973. *Volterra 73* fu un'esperienza singolare, secondo diversi punti di vista: artistico, sociale e politico. Voluta fortemente dallo scultore volterrano Mino Trafeli e dal critico Enrico Crispolti, si distinse per la forza propulsiva con cui sviluppò un discorso di apertura dell'arte negli spazi urbani e di maggiore democratizzazione del processo artistico, per allargare il rapporto opera-fruitore in un'azione processuale partecipata da un pubblico più ampio.

Di qui la necessità di ridefinire la relazione tra soggetto e oggetto nelle pratiche artistiche, di qui il ripensamento dei ruoli dell'artista e dello spettatore. Tutti elementi presenti nella manifestazione *Volterra 73*, dove gli artisti furono chiamati a partecipare seguendo una specifica direttiva: prendere consapevolezza dello spazio urbano e discutere il luogo del proprio intervento attraverso un'esperienza collettiva di progettazione. Così rilegge Enrico Crispolti quelle esperienze nel volume edito a posteriori: "Tuttavia, anziché la solita operazione di usare la città (altrui) come vetrina di (propri) prodotti culturali, si è suggerito una sorta di gioco collettivo, lasciando che ciascuno in certo modo corresse il rischio dell'incontro: l'operatore con un dialogo pubblico a tutti i livelli, comprese le strutture e le istituzioni cittadine; il pubblico con la realtà del determinarsi e caratterizzarsi degli interventi stessi, non più caduti dal cielo, ma studiati, adattati, in qualche senso realizzati interamente sul luogo, e in relazione quindi anche a una situazione locale di maestranze artigianali (non soltanto per quanto riguarda l'alabastro che è un capitolo a sé, comunque, della manifestazione)"[7]. *Volterra 73* non è dunque una mostra di sculture all'aperto e nemmeno il campo per lo svolgimento di happening effimeri, bensì è la volontà di costituire un rapporto culturale aperto e libero, basato sul dialogo e sulla paritetica partecipazione collettiva. Conclude Crispolti: "Del resto la partecipazione ad azioni ed interventi collettivi, come d'altra parte la partecipazione creativa anche di giovanissimi di scuole d'arte o accademie può confermare ulteriormente che l'intenzione è quella dell'esperienza collettiva"[8].

Lo spazio urbano, considerato per le sue potenzialità di impegno politico e sociale, viene individuato come il luogo più congeniale affinché il "fruitore" possa esperire un reale coinvolgimento. Si delinea la necessità di una nuova dimensione di "fruizione", intimamente "attiva", e cioè direttamente "partecipante", con una propria responsabilità sociale e con un proprio margine di protagonismo.

In questo clima si sviluppano anche le ricerche del collettivo artistico *Laboratorio di Comunicazione Militante* (1975-1979), presente nella mostra curata da Crispolti alla Biennale di Venezia del 1976, formato da Tullio Brunone, Giovanni Columbu, Ettore Pasculli e Paolo Rosa (che successivamente fonderà Studio Azzurro). La metodologia del gruppo è quella di organizzare dei workshop con gli studenti durante i quali, con l'aiuto di materiali audio-visivi, gli artisti indagano assieme ai partecipanti i procedimenti di manipolazione della realtà ad opera dei media. L'interesse nei confronti dello scambio comunicativo e della partecipazione collettiva dimostra un'attitudine alla relazionalità che verrà sviluppata ulteriormente nella *Fabbrica di Comunicazione* fondata a Brera sempre nel 1976 dove si indagherà anche l'uso sociale della tecnologia e verrà stimolata una processualità partecipativa da parte dell' "operatore-fruitore".

Significativa anche la mostra *Sistina Società per l'arte* curata da Tommaso Trini per Arte Fiera di Bologna (1979) che si interroga sul rapporto dell'arte con la committenza pubblica e riconduce la pratica dell'arte all'interno della pratica sociale. La mostra, che riunisce un grande numero di artisti italiani, è ricordata dal critico Giorgio Bonomi come tappa fondamentale nell'evoluzione dell'arte italiana perché, inconsapevolmente, anticipa il tema della disseminazione e della frammentazione dell'opera d'arte nell'ambiente espositivo, riconfigurando il rapporto tra artista e spazio e, dunque, opera e spettatore[9].

Altra mostra fondamentale, che chiude questo denso periodo italiano, è il grande progetto a cura di Lara-Vinca Masini, intitolato *Umanesimo, DisUmanesimo nell'arte europea 1890-1980*[10] che si sviluppa a Firenze attraverso una sezione storica di opere dal Simbolismo al Nouveau Réalisme, allestita nelle sale di Palagio di Parte Guelfa e un itinerario urbano con dieci installazioni di artisti europei disseminate in un percorso storico per ripensare la città di Firenze. La mostra, nata – afferma la Masini – come alternativa agli eccessi celebrativi delle manifestazioni medicee del periodo, assume il termine "Umanesimo" nel suo significato di "categoria atemporale, trasposta dal suo riferimento storico, nel quale si è voluto riconoscere uno dei momenti più inquieti, problematici e ambigui"[11]. L'assunzione di questo tema, dal forte valore concettuale, è a dimostrazione di come "l'arte si manifesta come espressione della cultura del contropotere, come negazione di una sua concezione elitaria (anche se, in definitiva, ne è ancora il frutto, seppure 'avvelenato'), come manifestazione dell'angoscia e della crisi individuale"[12].

Quello che interessa sottolineare, rispetto a questo contesto, oltre la significativa presenza nel catalogo di una antologia di trenta pagine con testi di filosofi sul tema, è la volontà di consegnare una nuova e diversa lettura della città, che emerge dall'itinerario urbano della mostra, in rapporto a una nuova tipologia di fruitore più critico e consapevole.

Nella proposta del gruppo Haus-Rucker-Co di Dusseldorf si parla di "architettura provvisoria" come strumento di sperimentazione per la trasformazione delle città, in mano non solo ai politici e ai progettisti, ma anche ai cittadini: "significa uscire dalla passività, dal rifiuto di partecipare ai problemi pubblici"[13]. "E sia l'attiva partecipazione al processo decisionale che l'iniziativa singola, in ambiti più ristretti, dovranno essere motivati. L'architettura provvisoria è didattica"[14].

Come esemplificazione di questi concetti sono riportati in catalogo alcuni esempi di opere quali *Rahmen-Bau*, esposta a Kassel per Documenta 6 (1977), costituita da una sorta di grande cornice in rete metallica che racchiude una parte precisa del paesaggio, di fronte al quale è posizionato un ballatoio, percorribile dall'osservatore, che termina con un'asta alla cui punta è appesa una cornice metallica ridotta di scala, in modo da restringere e guidare lo sguardo dello spettatore verso una più piccola frazione di paesaggio e stimolare la percezione di un contesto diverso.

Tra gli ulteriori artisti invitati a questo progetto – attenti alle problematiche di coinvolgimento e assunzione di responsabilità dello spettatore – figurano Pier Paolo Calzolari, Fabio Mauri, Rebecca Horn, Hermann Nitsch e Wolf Vostell.

2.2 Arte di comunità e New Genre Public Art

Gli anni Settanta e Ottanta segnano un vero e proprio sviluppo di interventi nella sfera pubblica e sociale, volti alla ridefinizione dei concetti di partecipazione e di pubblico, che diventa sempre più attore e interlocutore di ogni singola azione.

Come abbiamo visto nei precedenti paragrafi, nel corso del tempo sono state improntate varie pratiche di partecipazione a opera dei dadaisti, dei situazionisti, degli artisti di happening, dei gruppi teatrali e indipendenti, fino ai fautori dei progetti pubblici nel contesto urbano come nel caso di *Volterra 73*.

Il fine ultimo di questa partecipazione è stato quello di "to restore and realize a communal, collective space of shared social engagement" (ripristinare e realizzare uno spazio comunitario e collettivo di impegno sociale condiviso), come afferma Claire Bishop, una delle più autorevoli critiche dell'arte partecipativa[15].

Negli anni Settanta si diffondono sempre di più le pratiche della *community art* o quello che l'artista americana Suzanne Lacy teorizza con il termine *New Genre Public Art* un nuovo tipo di arte pubblica che viene definita come "arte visiva che utilizza sia i mezzi tradizionali, che non, per comunicare e interagire con un vasto e diversificato pubblico rispetto a temi direttamente connessi con le loro vite e che si basa sul coinvolgimento"[16].

In riferimento alla stessa accezione del termine, *New Genre* si riferisce, nello specifico, a quelle pratiche che si sono sviluppate dalla fine degli anni Sessanta che ai modelli tradizionali del fare arte uniscono diversi media espressivi, sperimentando nelle forme e nei contenuti, per dare luogo a installazioni, performance, arte concettuale. Esso viene invece distinto dalle forme di esclusiva *Public Art* perché, nonostante si ricolleghi alle modalità di intervento artistico nella sfera pubblica che sono diventate sempre più frequenti a partire dalle avanguardie, l'interesse è quello di dialogare con il pubblico in generale e con i gruppi locali, indirizzando la propria azione verso lo sviluppo di progetti partecipativi e collaborativi che affrontino temi di natura sociale. Quello che interessa ora, in particolare, è l'attenzione per l'*audience*, il pubblico, la cui natura viene rigorosamente studiata in teoria e in pratica.

Queste pratiche artistiche si basano sull'attivazione di un processo comunicativo, richiedendo la partecipazione attiva delle persone nella fase ideativa e produttiva, attraverso metodi e modalità dell'attività politica.

Con il *New Genre Public Art* il fine ultimo dell'arte non è la produzione di oggetti, ma l'attivazione di processi relazionali tra artista e pubblico, dove l'arte acquisisce una responsabilità sociale. Il suo ruolo è dunque quello di far emergere gli aspetti incongruenti della vita e di esaminare lo spazio pubblico come terreno di conflitti o di stimoli per la comunità, secondo una linea di pensiero che Joseph Beuys ha sintetizzato con l'espressione *scultura sociale*, come capacità di operare nel solco di una solidarietà collettiva. Paradigmatico l'esempio del lavoro *7.000 Oaks* (7000 Querce), presentato a Documenta Kassel nel 1982, con cui Beuys diventa precursore di una forma di sensibilità ecologica. L'opera, posta davanti al Museo Federiciano, era composto da settemila pietre di basalto, ognuna delle quali poteva essere "adottata" da un potenziale acquirente. Il ricavato della vendita di ogni pietra è servito nel corso degli anni a piantumare una quercia. A proposito della sua opera, l'artista afferma:

> L'intervento dell'arte è stato avviato sul sistema stesso. Perché la natura come l'organismo sociale della comunità umana grida unificata a tutti gli esseri viventi (...), chiede liberazione, liberazione tramite lo spirito umano: che egli inizi a creare nuove relazioni, con il suo pensare, che generi concetti vitali lì dove i concetti di morte hanno preso possesso diffondendosi su tutto, che traduca ciò che di ampliato ha compreso in azione, e questo tramite un'impresa dell'arte[17].

Beuys rimane oggi il punto di riferimento più conosciuto rispetto a un'arte socialmente impegnata che intreccia obiettivi artistici con interessi sociali, politici e pedagogici. In particolare è stato molto attento a sviluppare una forma di pedagogia sperimentale, inclusiva e aperta al pubblico, che abbraccia studi umanistici e sociali, come nel caso del progetto-laboratorio *100 Days of the Free International University* organizzato nel 1977 per Documenta 6. Con il passare degli anni Settanta, le lavagne che portano tracce di questi dibattiti-performance diventano delle installazioni che restano *in situ* anche successivamente come traccia dell'avvenuto scambio intellettuale e sociale[18].

Quest'arte socialmente impegnata è stata anche definita, in ambito britannico, *community art* in quanto si tratta di un approccio alla creazione che tiene conto della collaborazione degli artisti con le comunità locali, a livello di attivismo comunitario dal basso. Con la *community art* l'artista deve essere in grado di creare strutture che permettano al maggior numero possibile di persone di relazionarsi con le dinamiche del fare arte e fare cultura, emancipandosi attraverso una pratica creativa di tipo partecipativo e ripensando il ruolo stesso dell'artista in vista di una possibile scomparsa della sua autorialità.

Come afferma Claire Bishop, le caratteristiche ricorrenti del movimento sono le seguenti: prendere posizione contro le gerarchie del mondo dell'arte internazionale e i suoi criteri di valore basati su qualità, abilità tecnica e virtuosismo; sostenere la partecipazione e la co-autorialità delle opere d'arte; proporsi di dare forma alla creatività di tutti i settori della società, ma soprattutto delle persone che vivono in aree degradate dal punto di vista sociale, culturale e finanziario; essere anche un potente medium di trasformazione sociale e politica per fornire il modello di una democrazia partecipativa[19].

Negli "artisti di comunità" l'accento è posto principalmente sulla creazione di un *processo* più che di un prodotto finito e sull'atteggiamento nei confronti del contesto sociale e della relazione con la comunità più che sulla realizzazione. Un indicatore di valutazione viene riconosciuto nell'importanza della specificità del luogo (*site-specific*) che diventerà un elemento fondante di alcuni progetti europei degli anni Novanta come "Project Unité", "Sonsbeek 93" e dell'americano "Culture in Action" a cui partecipò anche Suzanne Lacy.

La mostra "Culture in Action", realizzata a Chicago nel 1993, sposta deliberatamente gli spazi in cui commissionare agli artisti le opere dall'area del centro città a quartieri marginali, prevalentemente abitati da persone con basso reddito. Ne risultano progetti di un vasto gruppo di artisti che lavorano con le comunità locali per diversi mesi o addirittura anni. Questa nuova modalità di approccio espositivo non soltanto modifica il rapporto degli artisti con l'opera d'arte (trasformandosi in un insieme di relazioni con gli abitanti del contesto più che un oggetto finito e visibile) ma cambia anche le modalità attraverso cui il pubblico degli osservatori guarda l'arte. Le mostre *site-specific* trasformano l'osservatore in *flâneur* o in turista: "La mostra tradizionale lascia il posto all'esperienza del viaggio. Così la mappa sostituisce l'immagine, la città prende il posto del museo"[20].

In Italia questo approccio verrà fatto proprio all'inizio del Duemila dal progetto *Going Public*, a cura di Marco Scotini e Claudia Zanfi, un progetto avviato nel 2003 a Modena e Sassuolo, in occasione del Festival della Filosofia, che si interroga sui cambiamenti territoriali e sociali in rapporto alla sfera pubblica e sviluppa delle azioni insieme alla gente del territorio e alle comunità locali, coinvolgendo il pubblico, le scuole, la realtà produttiva modenese. Come racconta nel testo introduttivo al progetto la curatrice Claudia Zanfi: "Nell'esperienza della nuova città, nel momento in cui la vita è stata così radicalmente mutata dal nuovo punto di osservazione del contemporaneo, fondamentale è configurare non una mostra o un evento, bensì un 'teatro di eventi', in cui la condizione umana torni ad essere protagonista della vita e della città. Un teatro di eventi come veicolo di comunicazione e di coinvolgimento: non più soltanto quadri ben incorniciati alle pareti, bensì un'*arte partecipata*, un rito collettivo reale, una quotidianità urbana vissuta e condivisa. Nasce così MAST - Museo di Arte Sociale e Territoriale, nuovo modello progettuale che getta le basi per elaborazioni e ricerche altre"[21].

2.3 Arte relazionale degli anni Novanta

Una illuminante teoria artistica, forse per certi versi precorritrice di tendenze che stanno emergendo in maniera più compiuta nel terzo millennio, è stata quella dell'*Estetica relazionale* coniata nel 1998 dal critico francese Nicolas Bourriaud, ex direttore del Palais de Tokyo, con un testo dal titolo *Esthétique relationnelle*. Nel glossario del suo volume, egli ne dà questa definizione: "Relazionale (arte): Insieme di pratiche artistiche che prendono come punto di partenza teorico e pratico l'insieme delle relazioni umane e il loro contesto sociale, piuttosto che uno spazio autonomo e restrittivo. Relazionale (estetica): Teoria estetica che consiste nel giudicare le opere d'arte in funzione delle relazioni interpersonali che raffigurano, producono o suscitano"[22].

L'idea di un'arte relazionale si prefigge di attivare una piattaforma di pratiche artistiche che assume, come punto di partenza, la sfera delle interazioni umane e il suo contesto sociale, piuttosto che l'affermazione di uno spazio simbolico autonomo e privato. I lavori degli artisti si dovrebbero perciò basare sull'interattività, la convivialità, la condivisione e la collaborazione, implicando la partecipazione attiva del pubblico a cui l'opera è destinata. A seconda del grado di partecipazione richiesto dall'artista allo spettatore e della natura delle opere, variano i modelli di partecipazione sociale proposti o rappresentati e la tipologia dell' "ambito degli scambi".

È interessante notare come Bourriaud rifletta sulla natura della forma, che si consegna nella sua consistenza ontologica quando mette in gioco delle interazioni umane e avvia un dialogo tra artista e soggetti. In questa intersoggettività, rileggendo il pensiero di Lévinas, viene recuperato da un lato il senso di responsabilità dell'artista dall'altro il concetto di un Umanismo che si risolve in una reciprocità e che permette il compimento dell'opera stessa.

Essenziale è la relazione con il fruitore in virtù delle reciproche influenze, dialoghi e confronti che portano alla nascita di una sorta di creatività collettiva: "Il processo artistico, piuttosto che essere solamente un incontro tra uno spettatore e un oggetto – dice Bourriaud – con l'arte relazionale produce incontri intersoggettivi. Attraverso questi incontri, il significato è elaborato collettivamente, piuttosto che nella forma di un consumo individuale"[23].

Questa nuova concezione di arte che, come abbiamo visto, elabora abbondantemente in chiave teorica i presupposti provenienti da Dadaismo, Happening, Performance, o aggiorna forme di arte politicizzata degli anni Settanta, in questa particolare veste intende raggruppare le

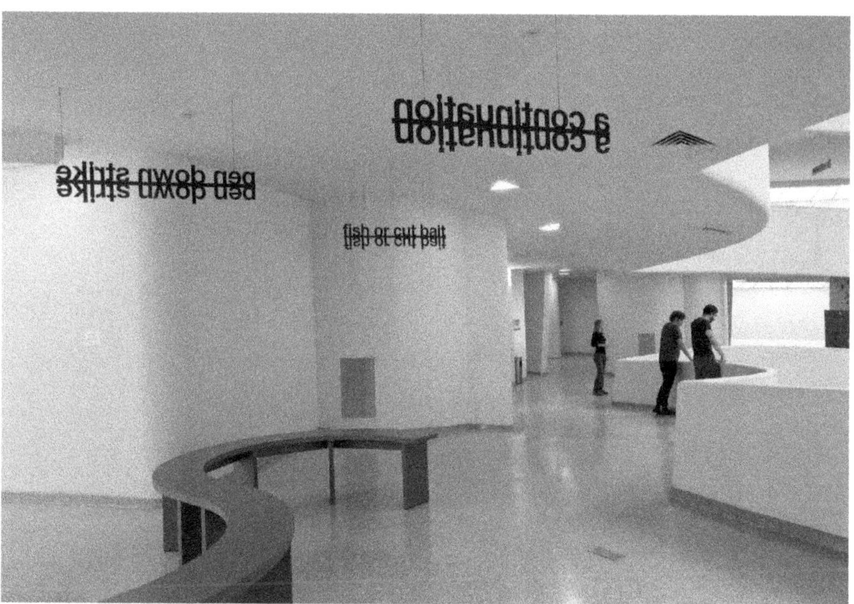

Liam Gillick, *theanyspacewhatever signage system,* Solomon R. Guggenheim Museum 2008

pratiche artistiche in corso dall'inizio degli anni Novanta di un gruppo di artisti – Rirkrit Tiravanija, Felix Gonzalez-Torres, Douglas Gordon, Liam Gillick, Philippe Parreno, Pierre Huyghe, Carsten Höller e Jorge Pardo – che si concentrano sul rapporto tra lavoro e pubblico e sull'invenzione di modelli di partecipazione sociale.

Lo stesso Bourriaud, tuttavia, ci tiene a sottolineare la distanza di questi lavori da quelli delle generazioni precedenti. La differenza principale consiste nel diverso atteggiamento nei confronti della visione teleologica e idealista del cambiamento: invece di rivolgersi a visioni "utopiche", gli artisti di oggi cercano di trovare soluzioni provvisorie per il "qui ed ora"; invece di provare a cambiare la società, gli artisti di oggi sono semplicemente chiamati a "apprendere ad abitare meglio il mondo"; invece di guardare a un futuro utopico, quest'arte imposta la risoluzione di "microutopie" quotidiane. Bourriaud riassume questo nuovo atteggiamento in una frase: "Sembra più pressante trovare possibili relazioni con i nostri vicini nel presente piuttosto che scommettere su un domani più felice"[24].

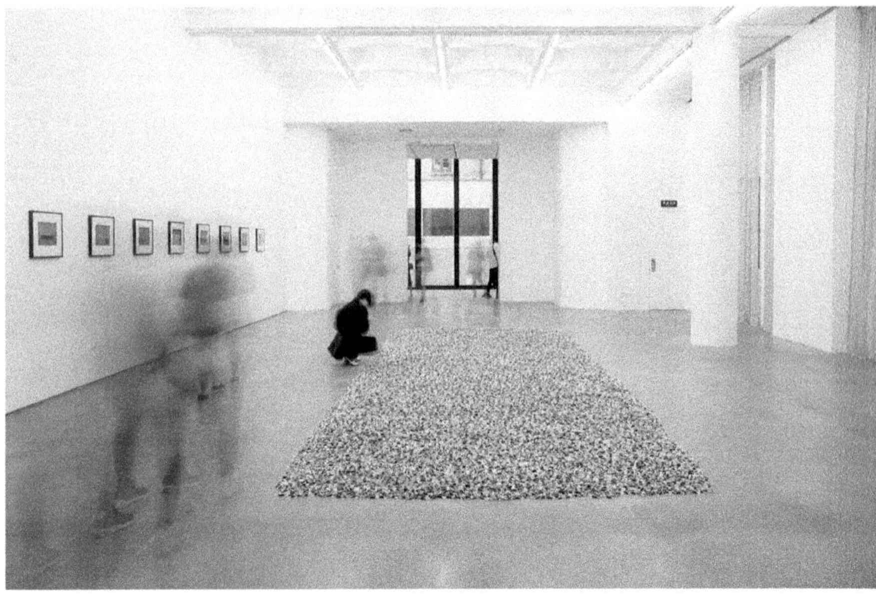

Felix Gonzalez-Torres, veduta della personale al Rockbund Art Museum (30 settembre - 25 dicembre 2016, Shanghai)

Tralascerei il piano più immediatamente ideologico o esistenziale insito nelle pratiche degli artisti sopra citati, per considerare invece l'aspetto linguistico e metodologico che presuppone questa nuova possibilità di concepire il rapporto tra il processo artistico e il fruitore. Se infatti abbiamo già verificato *in nuce* alle poetiche delle avanguardie del Novecento il germe di una partecipazione attiva e diretta all'arte, con questa intuizione cambiano le finalità stesse del fare arte, secondo cui non è più importante la dittatura dell'opera – oggettuale o concettuale che sia – ma l'assunzione dell'intersoggettività e dell'interazione con il pubblico come punti di partenza e di conclusione del processo artistico. "Il senso è il prodotto di un'interazione tra l'artista e l'osservatore, e non un fatto autoritario"[25].

Questo è quanto Bourriaud percepisce come fondante per l'estetica relazionale: opere come *Surfaces de Réparation* di Rirkrit Tiravanija o gli *Adattabili (Passtücke)* di Franz West, devono essere intese come strutture collettive e conviviali che spingono lo spettatore a prendere parte a un'esperienza viva per completarne il lavoro. Tiravanija, alla fine degli anni Novanta, si è concentrato sulla creazione di situazioni nelle quali il coinvolgimento del pubblico è l'obiettivo principale: il cibo

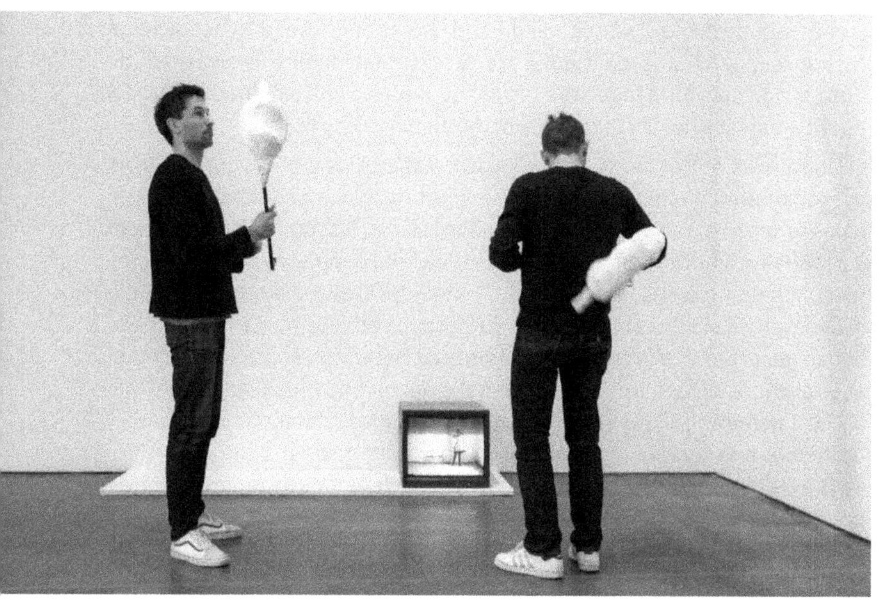

Franz West, *Passtücke (mit Video mit Verwendungstipps)*, 1996

rappresenta il mezzo attraverso cui viene a svilupparsi un rapporto conviviale tra pubblico e artista. Come nell'opera *Untitled (Still)* per la 303 Gallery di New York (1992) oppure nella versione *Untitled (Tomorrow is Another Day)* al Kunstverein Koelnischer (1996) dove il pubblico può utilizzare liberamente la cucina, lavarsi nel bagno e dormire nella camera da letto dell'artista.

La ricerca di uno di loro in particolare, Felix Gonzalez-Torres, considerata un precedente immediato della poetica dell'*Esthétique relationnelle*, ha mantenuto, anche negli anni successivi alla sua morte, un valore compiuto sul piano dello scambio, della condivisione relazionale e dell'offerta conviviale (nei suoi cumuli di caramelle o nelle pile di fogli di carta messe in comunione con il pubblico) e arriva a trasmettere contenuti di identificazione esistenziale, sociale ed emozionale. Nella mostra *Untitled (Arena)* del 1993 a Le Magasin di Grenoble e poi a Parigi alla galleria Jennifer Flay, Gonzales-Torres aveva ricostruito degli ambienti per il pubblico, disposto tavolini con mazzi di fiori, messo a disposizione dei walkman. L'artista incitava l'osservatore a prendere posto con il suo corpo in un dispositivo e a farlo vivere, completando il lavoro e partecipando così all'elaborazione completa del senso.

Nel suo articolo "Antagonism and Relational Aesthetics" Claire Bishop suggerisce la continuità tra artisti relazionali e le poetiche di Fluxus, della performance art o di Joseph Beuys e una similitudine con la poetica dell'opera aperta teorizzata da Umberto Eco[26].

Dopo aver sottolineato come l'arte relazionale non sia un rapporto personalistico e univoco tra opera e spettatore, ma si debba intendere come la costruzione di uno scambio all'interno di una comunità, la Bishop sottolinea come per Bourriaud l'estetica relazionale non vada intesa semplicemente come una teoria dell'arte interattiva, ma come un modo di spostare la pratica artistica contemporanea all'interno della cultura in senso generale. L'arte relazionale è vista da Bourriaud come una risposta alle relazioni virtuali tipiche di Internet e del mondo globalizzato, che da un lato generano il desiderio per un tipo di interazione più fisico e per un faccia-a-faccia tra le persone, mentre dall'altro ispirano gli artisti ad adottare un approccio fai-da-te e a modellare da sé i propri universi possibili[27]. Per Bourriaud, l'interattività dell'arte relazionale è quindi ritenuta superiore rispetto alla contemplazione ottica di un oggetto, che si presume possa essere passiva e disimpegnata, perché l'opera d'arte è all'interno di una dimensione sociale in grado di produrre rapporti umani positivi e, di conseguenza, possiede automaticamente implicazioni politiche ed effetti emancipatori. Tuttavia la critica anglosassone mette in discussione l'utilizzo delle parole "pubblico" e "comunità" perché oggi non è più sufficiente affermare che l'attivazione dello spettatore sia un atto democratico per ogni tipologia d'opera d'arte, anche la più "open-ended", senza badare al tipo di contenuto e alla profondità dell'impegno, ma va determinata in anticipo la profondità della partecipazione che lo spettatore può attivare.

Il modello opposto alla "relazione per la relazione", secondo la Bishop, è rappresentato dagli artisti Santiago Sierra e Thomas Hirschhorn che, invece di provare a creare delle comunità felici e dei rapporti armonici, sottolineano le differenze fra l'arte e la vita quotidiana, fra opera d'arte e visitatore, provocando invece lo spettatore a definire se stesso sempre e comunque diversamente, a seconda delle nuove situazioni artistiche che gli si presentano. Thomas Hirschhorn sosterrebbe che tali pretese a emancipare lo spettatore non sono più necessarie: tutta l'arte, sia essa immersiva o no, possiede una forza critica che le permette di riappropriarsi del significato e di riassegnare il valore all'opera. Il compito che ci aspetta oggi è di analizzare come l'arte contemporanea si rivolge allo spettatore e di valutare la qualità delle relazioni che il pubblico produce nei confronti di ciascuna opera d'arte.

La Bishop parla dunque di "antagonismo relazionale" in quanto le esperienze di Hirschhorn e Sierra forniscono un genere di esperienza artistica più adatto alla soggettività scissa e incompleta di oggi. Un antagonismo relazionale che si basa non più sull'idea di armonia sociale, ma sulla denuncia di ciò che viene represso, allo scopo di mantenere l'apparenza di tale armonia, fornendo così un modo più concreto e polemico per ripensare il nostro rapporto con il mondo e il prossimo.

2.4 Arte e intrattenimento radicale

La componente ludica, la spettacolarizzazione del divertimento, il fascino del pericolo e la partecipazione attiva del pubblico sono alcune caratteristiche che accomunano le ricerche di due artisti contemporanei Tomás Saraceno e Carsten Höller, i cui lavori, con alto tasso di componenti tecnologiche, vivono solo in rapporto con la fruizione dei visitatori.

Il percorso artistico di Saraceno è costituito prevalentemente da installazioni, oltre a video, fotografie e collage, che si relazionano direttamente con lo spazio architettonico e con il paesaggio per cui sono pensate. Il pubblico, attraverso il proprio comportamento, diviene un elemento fondamentale dell'opera stessa, generando effetti da cui l'artista parte per ideare i propri successivi progetti. *One Space Time Foam*, realizzata da Tomás Saraceno nel 2012 nello spazio dell'Hangar Bicocca di Milano, ha richiesto mesi di progettazione e sperimentazione coinvolgendo un team congiunto di architetti e ingegneri. Lo spazio si genera con l'ingresso delle persone, si moltiplica con il loro peso, su tre livelli diversi di pellicole trasparenti sospese e praticabili dal pubblico. Saraceno sembrerebbe ispirarsi alle teorie della meccanica quantistica sulle origini dell'universo e sui concetti di spazio-tempo: i movimenti dei visitatori nell'installazione rappresenterebbero la variabile temporale, introducendo il tema della quarta dimensione all'interno dello spazio tridimensionale. L'artista ha esposto il progetto anche per far riflettere il pubblico sui temi delle nuove emergenze globali, sulla crisi ambientale, sull'ecologia e sullo sviluppo sostenibile. Saraceno, con il suo gioco, mette in crisi la stabilità estetica ed emotiva dello spettatore.

Secondo i curatori della mostra, tuttavia, l'opera *On Space Time Foam* può essere letta secondo una molteplicità di livelli da interpretare secondo la propria personale sensibilità: dispositivo che mette in discussione le certezze percettive, elemento che modifica l'architettura che lo ospita, struttura che rende visibili le interrelazioni tra le persone e con lo spazio, utopico tentativo di superare le leggi della gravità.

Nel Museo d'Arte Contemporanea di Villa Croce è presente *Cosmic Jive: Tomás Saraceno. The Spider Sessions*, un progetto concepito appositamente per il museo da Tomás Saraceno e il Saraceno Studio in collaborazione con biologi, musicisti, architetti e ingegneri elettronici con l'obiettivo di esplorare il suono e le vibrazioni del mondo dei ragni. Il piano nobile del museo ospita un'installazione sonora interattiva: il movimento dei visitatori nelle sale, rilevato da sensori collocati in maniera strategica, determina una serie di situazioni acustiche per cui, in base alla sua posizione nel museo, il pubblico percepirà diverse composizioni sonore.

Le installazioni di Carsten Höller scardinano non solo lo statuto tradizionale di opera d'arte, ma anche l'idea stessa di fruizione sensuale e interattiva di una mostra o di un museo e il ruolo dello spettatore all'interno di esso. Con un approccio ludico e sperimentale, Höller attiva specifiche esperienze di alterazione che si manifestano solo se il visitatore si mette in relazione con le opere. Nei suoi progetti Höller sollecita l'interazione del visitatore e, nel farlo, mette in discussione l'idea stessa di oggetto artistico statico, immutabile o "finito", interrogandosi piuttosto sulla possibilità di creare opere che raggiungono il proprio compimento solo attraverso la presenza del pubblico. Attribuendo al visitatore un ruolo attivo nelle proprie opere, l'artista concepisce le mostre come un luogo pubblico e riflette su quale possa essere la funzione culturale e sociale degli spazi espositivi nel XXI secolo. In questo contesto, Höller ha coniato il termine di "intrattenimento radicale" che si interroga sia sull'arte intesa come intrattenimento, sia sul concetto di divertimento come forza dominante nelle nostre vite.

La sensazione ludica di spaesamento e incertezza che caratterizza le sue opere è presente nell'installazione *Test Site* allestita nella Turbine Hall del Tate Modern di Londra tra il 2006 e il 2007. Lo spazio è stato completamente trasformato da cinque scivoli di plexiglass e acciaio, il più lungo della misura di 60 metri, organizzati sui cinque livelli del museo. I visitatori potevano accedervi liberamente e gratuitamente, dopo aver firmato una serie di liberatorie. Per l'artista l'esperienza di scivolare è quella che concede un momento di fuga, fisico e mentale, dal luogo e dalla realtà, per raggiungere uno stato di euforia.

La combinazione di più opere che stimolano la percezione ottica del pubblico e invitano alla partecipazione attiva del visitatore è alla base della mostra *Doubt* allestita sempre presso l'Hangar Bicocca di Milano nel 2016. Tra i lavori presenti, che richiamano l'estetica dei parchi di divertimento: un corridoio biforcato che attrae il visitatore con le sue luci; delle sfere colorate concentriche che lampeggiano, una installazione di funghi giganteschi dall'aspetto psichedelico; pareti luminose composte di tubi al neon che si accendono e spengono; porte girevoli specchianti che formano un pentagono; una macchina del volo; giostre che ruotano lentamente in senso opposto. Inoltre è possibile indossare occhiali speciali che permettono una visione capovolta dell'ambiente circostante. L'effetto è quello di modificare la percezione visiva dello spazio, dando senso compiuto all'onirico, al sogno, alla catalizzazione delle esperienze e dei luoghi producendo quella "sensazione di gioia e smarrimento", come afferma l'artista.

Con Tomás Saraceno e Carsten Höller i visitatori sono, dunque, parte integrante dell'esposizione sia attraverso il loro coinvolgimento diretto nell'attivazione delle opere, sia nel ruolo di osservatori e osservati da parte del restante pubblico in movimento.

2.5 Arte socialmente utile

Tra le personalità artistiche che hanno manifestato una sensibilità sociale e politica, oltre che relazionale, nei confronti del processo artistico, oltre al già citato Beuys, si potrebbe richiamare la poetica di Alighiero Boetti, che anticipa la discussione sul tema dell'autorialità artistica, sperimentando la creazione di opere d'arte prodotte collettivamente. La variegata produzione artistica di Alighiero Boetti precorre molte delle tematiche che l'arte degli anni Novanta farà proprie. Tra le opere dell'artista torinese, quelle che maggiormente manifestano una sensibilità relazionale sono sicuramente le serie dei *Grandi Arazzi*, realizzati tra gli Settanta e gli anni Ottanta in Afghanistan.

Questi lavori nascono da una mescolanza di linguaggi e tradizioni che anticipano la vocazione attuale dell'arte contemporanea verso la contaminazione multiculturale. L'aspetto più significativo che caratterizza queste serie è la loro dimensione collettiva. L'artista si sottrae alla realizzazione dell'opera, lasciando alle tessitrici afghane il compito di produrre e scegliere, per esempio, gli abbinamenti cromatici del manufatto. Questo simbolicamente fa sì che l'opera diventi risultato di molte teste e fa acquisire all'arazzo valore relazionale e partecipativo. Lo stesso artista, commentando una sua opera del 1974 afferma: "Il lavoro della Mappa ricamata è per me il massimo della bellezza. Per quel lavoro io non ho fatto niente, non ho scelto niente, nel senso che: il mondo è fatto com'è e non l'ho disegnato io, le bandiere sono quelle che sono e non le ho disegnate io, insomma non ho fatto niente assolutamente; quando emerge l'idea base, il concetto, tutto il resto non è da scegliere"[28]. A testimoniare la valenza relazionale della opere afghane di Alighiero

Boetti ci sono le numerose collaborazioni che l'artista ha intrecciato con le persone del luogo. La prima comunità ad averlo accolto è quella delle giovani ricamatrici della scuola della signora Kandi, con le quali dà vita ad una fiorente factory afghana.

Un lavoro che si sviluppa nella comunità, a contatto con il territorio, è quello di Thomas Hirschhorn, il cui approccio è stato definito da Hal Foster secondo il paradigma dell' "artista come etnografo" [29]. Famoso al riguardo è il suo disegno *Spectre of Evaluation* che visualizza il sistema dell'arte come un rapporto di interconnessione tra tre diverse sfere: quella degli "addetti ai lavori" (istituzioni, critici, curatori, galleristi, storici, collezionisti) in collegamento con l'artista che a sua volta dirige il lavoro verso la sfera degli altri, "il pubblico non esclusivo" che giudica l'opera. Nell'ultimo decennio Hirschhorn ha organizzato progetti sociali su larga scala, in forma di "monumenti", dedicati spesso a filosofi e realizzati in collaborazione con gli abitanti che vivono vicino al luogo della loro costruzione, generalmente nei sobborghi delle città. Per esempio, nel Padiglione *Monumento a Bataille*, presentato a Documenta 11 a Kassel nel 2002, Hirschhorn nomina come protagonisti dell'opera gli abitanti della comunità turca, ridefinendo la nozione di arte alta e bassa, portando l'arte e la cultura al di fuori dei luoghi di esposizione, direttamente dove vivono i cittadini. Questo lavoro è un'azione artistica in senso politico perché intende colmare la distanza tra pubblico dell'arte e comunità. La cultura diventa, secondo Hirschhorn, un elemento di avvicinamento al pubblico, rendendo il filosofo Bataille presente, vicino. Nel Padiglione l'insieme di architettura, scultura, installazione, performance, letture, incontri e discussioni sono dispositivi usati per promuovere partecipazione. Claire Bishop, che ha assistito a una di queste performance in cui arte, teatro e formazione si incontrano, osserva che "la funzione della conferenza non era il trasferimento di informazioni ma la condivisione di un'esperienza in cui molti e differenti settori della società venivano riuniti" [30].

Come riporta nuovamente la Bishop in riferimento al progetto *The Bijlmer-Spinoza Festival*, che si tenne nel 2009 in un sobborgo di Amsterdam, a Hirschhorn non interessavano le etichette "partecipazione" o "arte di comunità" o "estetica relazionale" per descrivere il suo approccio allo spazio pubblico, bensì la frase "Presenza e produzione": "Non sono per l' 'arte partecipativa', è così stupida visto che tutti i dipinti del passato rendono più 'partecipanti' dell'attuale 'arte partecipativa', perché la partecipazione è prima di tutto la partecipazione del pensiero! Partecipazione è solo un'altra parola per dire 'Consumo'!" [31].

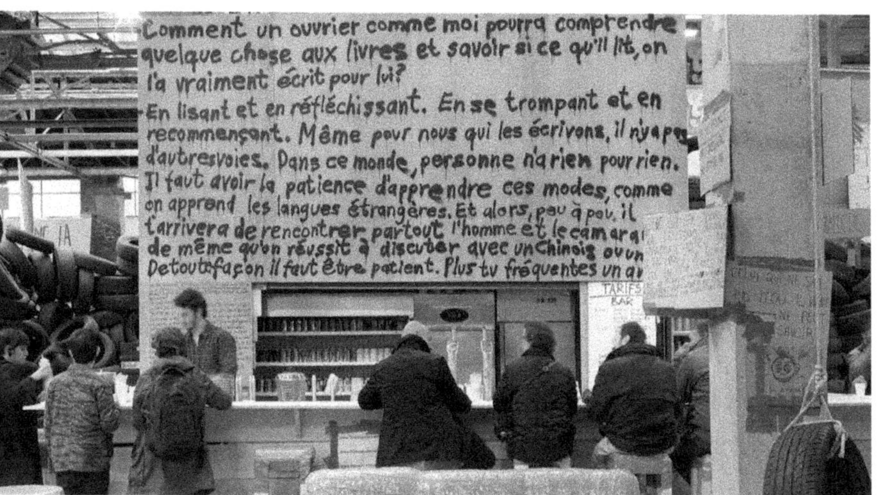

Thomas Hirschhorn, *Flamme Éternelle*, particolare dell'installazione al Palais De Tokyo (dal 23 aprile 2014 al 22 giugno 2014) Parigi

Il forte impegno morale e sociale sono riscontrabili nel lavoro di Ai WeiWei, da tempo figura pubblica impegnata nella polemica culturale e nell'attivismo politico dal basso, soprattutto da quando la sua attività di architetto lo ha spinto a intervenire direttamente sui problemi dell'habitat urbano. La dimensione della città e l'urbanistica, come elemento chiave nell'evoluzione del sistema sociale, hanno affiancato la produzione propriamente artistica di Ai WeiWei e spinto quest'ultima in direzione di una dimensione "relazionale", basata sull'apporto di altri soggetti al processo di creazione. L'esempio più importante è da questo punto di vista il progetto *Fairytale* ("fiaba") presentato a Documenta 12 a Kassel nel 2007, in cui 1001 cinesi, scelti in modo da rappresentare la grande varietà di culture, stili di vita, occupazioni e mentalità presenti in Cina, furono invitati nella cittadina tedesca in un viaggio di scoperta, di "possibilità e di immaginazione".

Tra il 2006 e il 2009 ha tenuto anche un vero e proprio blog in cui ha maturato riflessioni amare, invettive e osservazioni impietose nei confronti del governo cinese ma che va letto anche come una vera e propria opera d'arte *sui generis*. Come afferma Stefano Chiodi: "Da diario in cui annotare le contraddizioni dell'impetuosa trasformazione culturale e materiale del suo paese, esso ha assunto via via il valore di una sperimentazione *in vivo* della forza di resistenza dell'arte, che fa della partecipazione e della *cura* gli antidoti alla fascinazione feticistica e all'irrilevanza mondana che sembra essere oggi il destino coatto dell'esperienza artistica"[32]. In queste idee si può riscontrare un rimando alle concezioni di Joseph Beuys in merito alla *scultura sociale* – ovvero la conquista di una dimensione collettiva per l'atto creativo individuale, il ribaltamento della contemplazione estetica solitaria in una azione collettiva di trasformazione della vita. Una "scultura" viva, dunque lo stesso blog, un agente di trasformazione del mondo grazie al quale la moltitudine acquista autoconsapevolezza, scopre il valore della relazione e la possibilità di un tempo e di uno spazio diversi, a misura di un'umanità più completa, e più libera.

La partecipazione sociale (anche in termini di interazione, uso degli spazi pubblici e sensibilizzazione sociale) e il dialogo con l'ambiente naturale sono da sempre stati due tra i principali elementi che hanno caratterizzato le opere di Olafur Eliasson. Egli appartiene alla generazione di artisti emersi negli anni Novanta, il cui lavoro è stato associato all'estetica relazionale teorizzata da Bourriaud. Insieme a quelle di Rirkrit Tiravanija, Carsten Höller e Philippe Parreno, tra gli altri, le sue opere sono diventate rappresentative di un nuovo modo di utilizzare l'arte per sviluppare relazioni umane all'interno di spazi espositivi, con l'intenzione di "introdurre la valutazione come elemento attivo nella partecipazione", come ha dichiarato Hans-Ulrich Obrist in un'intervista del 2004. La sua attività artistica, come emerge chiaramente da un'opera come *Little Sun*, presentata alla Tate Modern di Londra durante i Giochi Olimpici del 2012, può diventare un invito all'impegno sociale e ambientale: un invito, in questo caso, a guardare al buio le opere d'arte esposte al museo, attraverso la sola luce di speciali lampade a energia solare fornite dall'artista. Il progetto ha inteso sensibilizzare e responsabilizzare il pubblico sull'uso dell'energia solare, sull'importanza della luce per la vita e sulle sfide che l'energia globale sta attualmente affrontando.

Alla 57° Biennale di Venezia del 2017, Eliasson ha presentato il progetto *Green light* che coinvolge 80 tra richiedenti asilo e rifugiati ospitati in piccole strutture nel Comune di Venezia. Il progetto, pensato dall'artista con due associazioni non governative - Emergency e la Georg Danzer House di Vienna - è il frutto di un protocollo d'intesa tra Prefettura e Comune di Venezia e la Biennale. Per tutta la durata dell'esposizione gli ottanta profughi hanno imparato a fare lampade che chiunque, in visita alla Biennale, ha potuto acquistare per almeno 250 euro. Come afferma la curatrice della 57° Biennale di Venezia, Christine Marcel, nell'introduzione al catalogo:

La nozione di collettivo al centro delle pratiche emerge in particolare nella proposta del progetto *Green light - An artistic workshop* di Olafur Eliasson. Studio artistico e luogo di apprendistato che propone la fabbricazione di lampade modulari, *Green light* consiste in un'opera collaborativa concepita innanzitutto per i migranti e i rifugiati che oggi vivono a Venezia o in Veneto, nonché per gli studenti e per il pubblico. Lo studio, in modo più generale, non è più per Eliasson soltanto una sfera di ricerca intimista, momento che ad ogni modo l'artista preserva, ma soprattutto una sorta di laboratorio che riunisce competenze diverse, al contempo interrogandosi sulla questione della gerarchia. Non più "factory", ma atelier fondato su una vita in comune, sulla somma delle qualifiche, in un'organizzazione orizzontale e interconnessa, al contempo nel lavoro ma anche a livello di vita quotidiana, come dimostrano i pasti consumati in comune in una cucina concepita come area per la riflessione dell'atelier. Il gruppo di una trentina di persone intorno a Olafur Eliasson è così coinvolto in un'impresa artistica, politica, etica ed estetica. Come un'agorà o un parlamento, secondo i termini dell'artista, l'atelier è già aperto alla sfera pubblica. L'artista è anche attivo sul piano rigorosamente socio-politico, attraverso numerose attività legate all'Africa, allo sviluppo sostenibile o ancora alle questioni dei migranti e della loro integrazione nel corpo sociale[33].

Ai WeiWei e Olafur Eliasson hanno collaborato assieme nel 2013 alla creazione di *Moon*, una piattaforma online, animata da una grande sfera bianca posta al centro, dove scambiare e condividere con tutto il mondo la propria creatività. "Creativity defies boundaries!" è lo slogan. "Trasforma il niente in qualcosa – fai un disegno, lascia un segno. Connettiti con gli altri attraverso questo spazio di immaginazione. Guarda i disegni delle altre persone e condividile con il mondo. Sii parte della comunità in crescita per celebrare come l'espressione creativa trascende i confini esterni e le restrizioni interne. Noi siamo in questo mondo assieme"[34]. Così si legge sulla home page del sito dove gli utenti sono invitati a lasciare una traccia del loro passaggio scrivendo o disegnando sulla sfera bianca, oppure guardando i disegni degli altri e condividendoli. Un foglio bianco (la luna), un luogo inospitale, inaccessibile che, attraverso un gesto artistico collettivo, può diventare uno spazio proprio, vivo. Un'arte che crea vita, che trasforma il pensiero in qualcosa di concreto, che dà forma al nulla, che supera ogni barriera e che permette di dare voce a tutti.

2.6 La Demopraxia

L'apertura alla partecipazione dello spettatore caratterizza, come abbiamo visto, il percorso artistico di Michelangelo Pistoletto fin dai quadri specchianti, dove l'osservatore è parte dell'opera e ne modifica l'immagine per il tempo che vi si pone di fronte. Questa pratica di apertura si consolida nel tempo in occasione della mostra *Cont-temp-l'azione* che richiede il coinvolgimento dei passanti per far rotolare la *Sfera di giornali*. Nel 1979, in occasione di una mostra ad Atlanta, Pistoletto diventa co-organizzatore di una serie di eventi diffusi dal titolo *Creative Collaboration*, a cui partecipano gli abitanti in prima persona. Qui, per la prima volta, si parla di "arte come strumento di utilità sociale", concetto che plasmerà tutta la poetica successiva e la fondazione di Cittadellarte - Fondazione Pistoletto a Biella, istituzione nata nel 1998 come attuazione concreta del *Manifesto Progetto Arte* (1994), con il quale si propone un nuovo ruolo per l'artista: quello di porre l'arte in diretta interazione con tutti gli ambiti dell'attività umana che formano la società.

Nel marzo del 2004, in occasione del conferimento della laurea *honoris causa* in Scienze Politiche da parte dell'Università di Torino, Pistoletto annuncia pubblicamente il *Terzo Paradiso* come prossima fase del suo lavoro. A partire da questa data, per Pistoletto e Cittadellarte, il *Terzo Paradiso* è la principale direttrice di un lavoro condotto intessendo una fitta rete di relazioni e collaborazioni con innumerevoli partner – singoli individui, associazioni, enti e istituzioni, attivi non solo in ambito artistico, ma nei più diversi ambiti della società – per arrivare a creare una grande opera collettiva e partecipata. "Con il mio lavoro – scrive Pistoletto – ho voluto trasferire l'autonomia artistica dall'impegno soggettivo e personale all'impegno collettivo. È così che l'Arte si apre alla comprensione, condivisione e compartecipazione di tutti"[35].

Il *Terzo Paradiso* è un simbolo ideato da Michelangelo Pistoletto per diffondere nel mondo un messaggio di rinascita e di condivisione, attraverso la promozione di attività artistiche orientate ad ottenere effetti tangibili con ricadute sociali nei luoghi in cui è realizzato.

Come afferma Michelangelo Pistoletto: "Il simbolo del Terzo Paradiso è una riformulazione del segno matematico dell'infinito. I due cerchi opposti significano natura e artificio, l'anello centrale è la congiunzione dei due e rappresenta il grembo della rinascita"[36].

Due temi affrontati con particolare impegno e frequenza nell'ambito del *Terzo Paradiso* sono stati il riciclo e la sostenibilità ambientale, a partire dai tanti laboratori organizzati dal 2005 ad oggi in collaborazione con diversi enti, in particolare con il Dipartimento Educazione del Castello

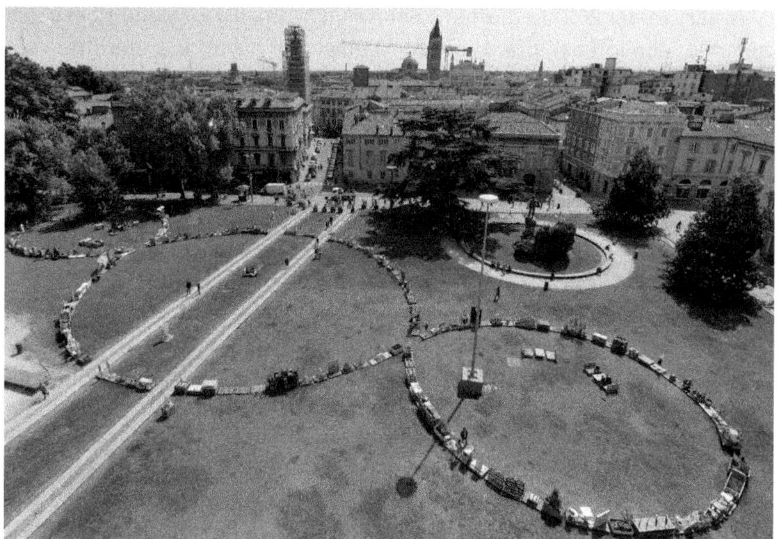

Michelangelo Pistoletto, *Terzo Paradiso*, Parma, 2016. Foto Marco Vasini

di Rivoli Museo di Arte Contemporanea. Nel corso di questi laboratori il simbolo del *Terzo Paradiso* è stato realizzato, in diverse sedi e occasioni, utilizzando materiali riciclabili come l'alluminio o le stoffe.

Il 21 dicembre del 2012 si svolge, simultaneamente in diverse sedi e nazioni, il *Rebirth-day*: prima giornata mondiale della rinascita, festa inaugurale del *Terzo Paradiso*. Attraverso una *call to participate*, pubblicata sul sito Internet delTerzo Paradiso e sulla pagina Facebook[37], sono stati invitati singoli o gruppi che aderiscono alla filosofia del *Rebirth-day* a partecipare alla giornata mondiale del cambiamento con una propria azione.

> Tutti possiamo partecipare, con iniziative individuali o di gruppo, proponendo idee, azioni e attività coerenti con il processo di trasformazione responsabile della società. Il progetto *Rebirth-Day* è a basso impatto, sostenibile e attento alle questioni ambientali; promuove un modello di sviluppo indirizzato alle pratiche del minor consumo di risorse ed è basato sulla libera collaborazione di individui e comunità in tutto il mondo. La partecipazione a *Rebirth-Day* rappresenta un impegno personale a contribuire al processo di cambiamento. Abbiamo la straordinaria opportunità di creare insieme con gioia ed entusiasmo il nostro futuro: partecipiamo, con qualsiasi forma espressiva (performance, musica, flash-mob, installazioni, incontri, eventi gastronomici...) alla creazione di una grande opera collettiva[38].

A partire dal 2012 la giornata del *Rebirth-Day* diventa una ricorrenza annuale, dando così vita a un gran numero di eventi e a una fitta rete di relazioni, da cui sorgono le *Ambasciate* e gli *Ambasciatori del Terzo Paradiso*, figure che rappresentano e promuovono sul territorio il *Terzo Paradiso*[39].

Una propagazione di attività partecipative che sembrano avere anche effetti tangibili sul corso della storia: il 16 dicembre del 2014 l'ambasciata di Cuba concepisce un evento di grande rilievo simbolico: alcune barche di pescatori, coordinate dall'artista Alexis Leiva Kcho e da Galleria Continua, formano sul mare di fronte all'Avana il simbolo del *Terzo Paradiso*. Il giorno successivo, con significativa coincidenza, viene annunciata ufficialmente l'intesa tra Cuba e Stati Uniti per una ripresa delle relazioni tra i due paesi. Il dialogo tra arte e politica promosso dal *Terzo Paradiso* prende forma anche in due eventi come l'installazione del simbolo del Terzo Paradiso presso il Palazzo del Consiglio Europeo a Bruxelles, in occasione del Semestre di Presidenza Italiana nel 2014, e la realizzazione nel 2015 di *Rebirth*, opera permanente collocata nel Parco del Palazzo delle Nazioni Unite a Ginevra, composta da 193 pietre, una per ciascun paese membro delle Nazioni Unite, disposte a formare il simbolo del *Terzo Paradiso*.

Dal 2005 a oggi il *Terzo Paradiso* è diventato sinonimo di una grande operazione collettiva che unisce le comunità umane. Di volta in volta, in molte città d'Italia, d'Europa e del mondo, il tema è stato declinato in happening che hanno visto la partecipazione di migliaia di persone, bambini e adulti, per proporre un messaggio di rispetto verso la natura e gli spazi urbani, attraverso un coinvolgimento creativo che pone l'arte al centro di una trasformazione sociale responsabile. Il vivere l'opera, dall'interno, dal di dentro, è quello che, nel corso degli ultimi anni, ha permesso al pubblico di immedesimarsi sempre di più con l'artista e con i suoi principi.

Nell'ambito della Biennale d'Arte Urbana di Bordeaux, dove ha curato, con Cittadellarte, la direzione artistica, Pistoletto ha potuto conoscere l'esperienza dei *Cantieri dei Saperi Condivisi*, organizzati da artisti invitati a ideare e realizzare luoghi di incontro per la partecipazione di realtà come associazioni, quartieri, scuole, centri sociali e culturali. Il programma dei Cantieri è stato pensato in modo da offrire a tutti i cittadini la possibilità di scoprirsi capaci di condividere i propri saperi e le proprie aspirazioni per una partecipazione civica comune. Cittadellarte continua questa pratica attraverso il progetto dei *Forum* che riuniscono membri di istituzioni pubbliche e private, imprenditori, docenti, ricercatori e soggetti attivi nella società civile. In ogni Forum si discutono ed elaborano temi e questioni che si tramutano in linee guida e programmi di azioni da svilupparsi in *Cantieri di Trasformazione Responsabile della Società*, operativi durante l'anno, al termine del quale i risultati conseguiti danno origine a un nuovo Forum.

Come afferma Michelangelo Pistoletto:

> Con la partecipazione diretta dei cittadini alla gestione della 'cosa pubblica', il concetto di 'potere' cambia radicalmente significato: anziché essere inteso come forza dominante, viene concepito come 'poter fare' da parte di ciascuno e di tutti. [...] Perciò, la parola potere, in greco 'cratòs', da cui viene il termine 'democrazia', non coincide con questo processo che si identifica con il 'poter fare'. Al sostantivo democrazia intendiamo, quindi, sostituire la parola demopraxia, dal greco 'praxis', che significa pratica. Questo al fine di costituire una politica realmente 'demopratica'. Sul progetto di demopraxia, pensiamo si debba improntare la formazione delle persone, partendo dalla scuola dell'infanzia fino all'università, perché questa attitudine demopratica sia integrata nei comportamenti quotidiani, in tutti gli ambiti della società[40].

2.7 *Io c'ero.* Partecipazione nell'era dei social

C'è un'opera del 1962 di Christo e Jeanne-Claude che, da un lato, si ricollega alle forme di *détournement* urbano di stampo situazionista, dall'altro dimostra già in nuce la volontà di mettere alla prova il pubblico, per farlo partecipare, in modo più o meno attivo, alle proprie opere e stimolare una reazione empatica. L'opera in questione si intitola *Progetto per un muro temporaneo di barili metallici*, realizzata in forma illegale a Rue Visconti (Parigi): nel tardo pomeriggio di una giornata del 1962 Christo costruisce una vera e propria barricata di barili, l'uno a fianco dell'altro, che provoca la completa chiusura al traffico della strada, destando una serie di reazioni del tutto diverse. Proprio osservando la reazione del pubblico si capisce la forza dirompente di un lavoro di questo tipo: da una parte, infatti, ci sono cittadini divertiti che incoraggiano Christo ad alzare il muro; dall'altra cittadini indignati perché devono svolgere le normali attività quotidiane.

Quel che è certo è che l'opera di Christo coinvolge tutti indistintamente e stimola reazioni diverse, come nel caso del suo ultimo progetto su scala ambientale, *The Floating Piers*, appositamente studiato per il Lago d'Iseo. 70.000 metri quadri di tessuto giallo cangiante, sostenuti da un sistema modulare di pontili galleggianti formato da 200.000 cubi in polietilene

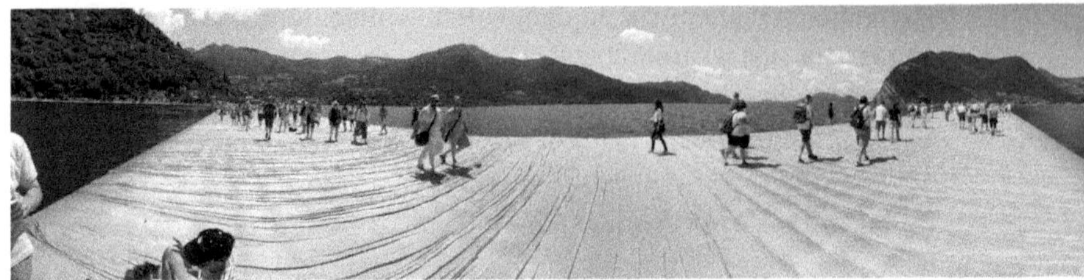

Christo and Jeanne-Claude, *Floating Piers*, Lago d'Iseo 2016

ad alta densità, hanno composto un'installazione che si è sviluppata a pelo d'acqua seguendo il movimento delle onde. I visitatori hanno potuto fruire del lavoro percorrendo la sua intera lunghezza, che si è sviluppata in circolo da Sulzano a Monte Isola e poi fino all'isola di San Paolo. Dalle montagne che circondano il lago si è potuto godere di uno sguardo "a volo d'uccello" su *The Floating Piers* osservandone angoli nascosti e prospettive inaspettate[41].

Il bilancio ufficiale della Regione Lombardia parla di 1.2 milioni di visitatori in meno di un mese, un numero straordinariamente alto se paragonato a qualsiasi mostra o progetto pubblico realizzato in Italia (più della metà del numero di visitatori registrati dalla Biennale di Venezia del 2015, durata per un periodo tre volte superiore). Inoltre si è trattato di un pubblico estremamente diversificato quanto a età, provenienza, estrazione sociale e culturale, che ha catalizzato tanto gli addetti ai lavori quanto strati sociali di popolazione non abituata a fruire l'arte e ancor meno quella contemporanea.

"*The Floating Piers* – scrive Lara Badioli – si è dimostrata una visione olistica del sentimento di partecipazione intorno all'opera"[42]. Quest'opera è esistita solo nel momento in cui il visitatore l'ha percorsa e completata con la sua presenza. "Il lato emozionale, tattile, arrivo a dire spirituale, - continua Massimo Mattioli - si attiva solo con la partecipazione. Questo aspetto destituisce tante delle critiche che si sono lette da gente che non c'è stata, o addirittura si rifiuta aprioristicamente di andarci. Trovo inutile tirare in ballo Debord, Bataille, Deleuze, standosene seduti dietro a una scrivania. L'operazione di Christo si completa soltanto con l'interazione diretta"[43]. Continua Daniele Capra: "Condivido il fatto che questa al Lago d'Iseo sia un'opera esperienziale. Il suo significato si avvera, si compie totalmente, nell'azione del cammino da parte del pubblico. Vi sono opere che hanno senso a prescindere dalla presenza del fruitore, che esistono anche se in quel momento non ci sono occhi che se ne prendono cura, sguardi che la scrutano. *The Floating Piers* invece è differente perché – nel suo essere intervento ascrivibile alla Land Art e, per gli effetti di condizionamento sulla vita quotidiana dei cittadine, all'arte pubblica – trova le sue ragioni solo nella pratica deambulatoria dei visitatori che la calpestano"[44].

Un'interazione che, tuttavia, si è rivolta non soltanto fisicamente nei confronti dell'opera stessa, ma anche nei riguardi degli altri partecipanti, per generare un'esperienza di socialità condivisa, come se tutti fossero gli spettatori/attori di una performance unica e irripetibile.

Negli ultimi tempi l'arte contemporanea va infatti considerata sotto una molteplicità di punti di vista, come quello della partecipazione vissuta dal pubblico in prima persona, ma anche quello della sua condivisione esperienziale in Rete (come vedremo più approfonditamente nei prossimi capitoli). Numerosi i dibattiti, le inchieste, gli articoli dedicati a questa operazione artistica, che ha superato qualsiasi più rosea attesa e, al tempo stesso, è diventata un vero e proprio fenomeno social, con milioni di foto e video postati sulle *timeline* di Facebook o Twitter e un numero altissimo di engagement da parte dei social network, che hanno creato un grande *tam tam* in rete. Il gruppo su Facebook chiamato "The Floating Piers in tempo reale", con tanto di collegamento alla *webcam* per controllare anche da casa la Piazza antistante la casa comunale di Sulzano, alla fine della kermesse è diventato "The Floating Piers: io c'ero" con la promessa di realizzazione di un libro con i *selfie* e le foto più belle delle persone che hanno visitato l'opera. Anche Google ha deciso di rendere eterna l'opera con la realizzazione di uno *street view* che abbraccia tutte le passerelle del progetto.

2.8 Street Art e Audience

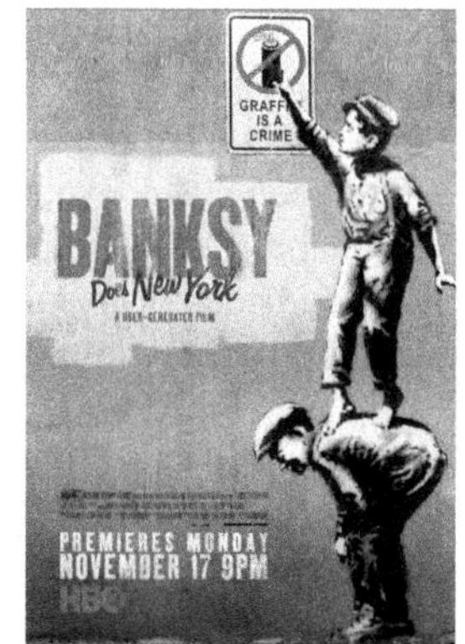

Tra i linguaggi maggiormente influenzati dai modi di diffusione e condivisione delle reti telematiche e dei social network, la Street Art è un caso particolare. Con lo sviluppo tecnologico di Internet, la Street Art è stata introdotta nella Rete web e si è diffusa a livello globale divenendo un fenomeno artistico di portata mondiale. La condivisione delle proprie opere tra gli street artist è qualcosa di fondamentale: mentre fino alla fine del secondo millennio erano i libri e gli *sketch*

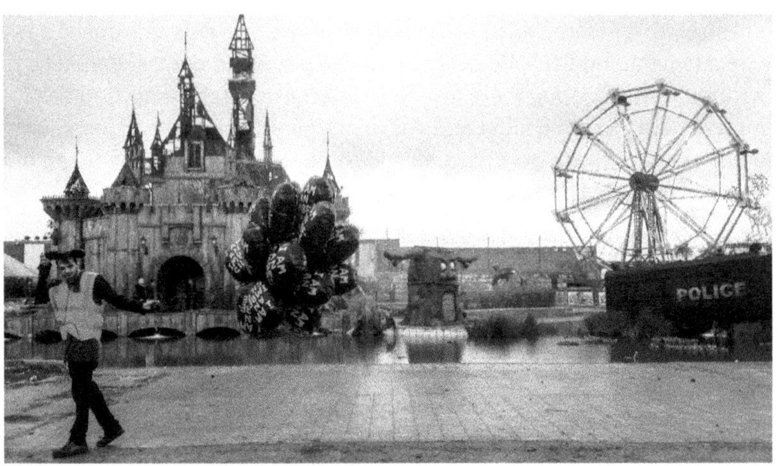

Una veduta di *Dismaland*, Weston-super-Mare in Somerset, England 2015

book a diffondere linguaggi e stili, ora Internet permette la conoscenza di lavori realizzati in continenti diversi, con una velocità prima impensabile. Immagini di pezzi e murales si diffondono rapidamente da un capo all'altro del mondo grazie all'ubiquità della Rete e ciò ha reso possibile l'ingresso di questo fenomeno subculturale tra i linguaggi mainstream dell'arte.

Tra le piattaforme più particolari, *The Street Art Project*[45] è il database creato dal Google Cultural Institute per far conoscere al pubblico un patrimonio spettacolare che svela il meglio della Street Art globale. Le immagini catturate da Google Street View, ma anche provenienti da musei e istituzioni culturali, forniscono uno straordinario repertorio per ammirare tecniche e tematiche dell'arte di strada. Al di là di queste piattaforme puramente istituzionali e conoscitive, gli stessi street artist hanno sempre di più sfruttato le potenzialità dei mezzi meccanici e digitali per incoraggiare la partecipazione del pubblico e promuovere l'interazione. Ad esempio progetti come *Graffiti Writer*, *Laser Tag* e *Grafedia* di John Geraci sono particolarmente interessati a stimolare la partecipazione di un vasto pubblico all'interno di un'attività interattiva e inclusiva nel contesto delle città.

Un altro progetto peculiare, che sfrutta in modo sorprendente le possibilità della Rete per innescare la partecipazione del pubblico, è l'operazione effettuata nel 2013 da uno dei più importanti street artist al mondo, Banksy, che nel mese di ottobre ha lanciato una vera e propria caccia al tesoro intitolata *Better out than in*: ogni notte egli avrebbe realizzato un nuovo lavoro e ne avrebbe postato degli indizi virtuali sul proprio website, invitando i suoi fan a rintracciarlo prima che fosse rimosso, distrutto o rubato. Di giorno, coloro che ne seguivano l'aggiornamento online, correvano a cercare le nuove sculture, installazioni, murales, e postavano le foto sui social network con la segnalazione del luogo, aumentando sempre di più l'aspettativa da parte del pubblico. Tra i progetti, dal semplice *Occupy Wall Street: The Musical* a Ronald McDonald che si fa lucidare la scarpa da un ragazzino del Bronx, dalla sfinge di sassi del Queens al camion-mattatoio *The Sirens of the Lambs*.

Tutta questa operazione è stata documentata nel film di Chris Moukarbel *Banksy Does New York,* che analizza le reazioni quotidiane del pubblico sui social network e ne mette in evidenza la grande diffusione e partecipazione. Per favorire la comprensione della prospettiva del film vorrei citare le parole introduttive dello stesso Moukarbel: "Questo film non è stato realizzato da Banksy. È una riflessione dell'esperienza di un mese dei newyorkesi. Le loro reazioni sono diventate parte del lavoro stesso dell'artista". Forse ancora più interessante delle opere d'arte in sé, ciò che colpisce è l'interazione con il pubblico. Anzi, come sottolinea Matt Goldberg[46] in un suo articolo, si potrebbe affermare che la risposta dei newyorkesi sia la vera opera d'arte. Essendo l'arte di strada nata spontaneamente, al di fuori dei luoghi istituzionali dell'arte, per essere fruita liberamente e segretamente dal pubblico, Banksy ne sfrutta questi meccanismi e, affascinato dalle reazioni del pubblico, ne esaspera proprio questi aspetti di coinvolgimento partecipativo all'interno di una performance artistica collettiva. Banksy sembra richiedere al suo pubblico di partecipare non solo nei termini dei mezzi di comunicazione social, ma nel diventare parte dell'opera, nell'attribuirle il giusto significato.

Altro progetto alternativo che esce dalla mente di Banksy è *Dismaland*, descritto dallo stesso artista come un "parco a tema per la famiglia, non adatto ai bambini". Si tratta di un "parco di divertimenti" *sui generis*, creato su una spiaggia abbandonata e solitamente deserta di Weston-super-Mare, una località balneare nel Somerset, in Gran Bretagna. Il nome *Dismaland* è un evidente riferimento al parco divertimento Disneyland: ma l'accezione inglese "dismal" (fosco), fa riferimento alla natura tetra di questo luogo, antitesi dei classici luna park, dove comunque è d'obbligo l'interazione da parte dello spettatore. "Molte opere", afferma Banksy nella brochure ufficiale, "richiedono la partecipazione del pubblico".

Un'enorme installazione-contenitore all'interno del quale l'artista ha messo in scena eventi, performance, mostre di opere e video d'artista, in un bombardamento di immagini, suoni, musiche. Il format è completamente nuovo, uno spazio alternativo, al di fuori delle gallerie e dei musei tradizionali, con installazioni in 2D, 3D e 4D dove usufruire e riflettere sull'arte in modo nuovo.

Il messaggio che vuole dare Bansky non è univoco, non una semplice e banale denuncia degli usi e dei costumi contemporanei, è un gioco continuo tra le parti, tra lo spettatore e gli artisti, dove vieni invitato a ripensare al modo in cui vivi, ma allo stesso tempo invogliato a continuare così, e in tutto questo sta il genio di Bansky[47].

1. Marco Farano, Maria Cristina Mundici, Maria Teresa Roberto, *Michelangelo Pistoletto: il varco dello specchio: azioni e collaborazioni*, Fondazione Torino Musei, Torino 2005, p. 63.
2. http://www.pistoletto.it/it/testi/ominiteismo_e_demopraxia.pdf
3. Piper Pluri Club è una famosa discoteca di Torino progettata nel 1966 dall'architetto Pietro Derossi che concepisce la discoteca come una nuova tipologia architettonica, molto più coinvolgente e liberatoria del linguaggio spaziale che esisteva prima, e molto più adatta a nuovi tipi di musica, di moda, di comportamenti e valori sociali degli anni sessanta. Da non confondersi con il Piper Club di Roma, o più semplicemente il Piper, famosa discoteca, simbolo della musica beat in Italia, inaugurato a Roma il 17 febbraio 1965 per iniziativa di G. Bornigia e di A. Crocetta. In poco tempo il Piper divenne un fenomeno di costume e l'icona di una generazione. Alla serata d'esordio suonarono nel locale The Rokes e l'Equipe 84. Successivamente si susseguirono i migliori gruppi della scena musicale beat italiana. Il Piper emerse subito come punto focale della bella vita romana, raccogliendo frequentazioni dal mondo dello spettacolo e dell'arte, oltre che da personaggi della scena mondana.
4. Marco Farano, Maria Cristina Mundici, Maria Teresa Roberto, *Michelangelo Pistoletto: il varco dello specchio: azioni e collaborazioni*, op. cit.
5. *Chi vuole fare parte dello Zoo*, (intervista a Michelangelo Pistoletto di Alessandra Pioselli), in *emPower ment. Cantiere Italia*, a cura di Marco Scotini, catalogo della mostra, Museo d'Arte Contemporanea di Villa Croce, Genova, Silvana Editoriale, Milano 2004, p. 98.
6. Maria Cristina Mundici, *Vuoto e pieno, individuo e società*, in *Michelangelo Pistoletto: il varco dello specchio: azioni e collaborazioni*, op. cit. p. 46.
7. Enrico Crispolti, *Arti visive e partecipazione sociale. Da «Volterra 73» alla Biennale 1976*, Atti, De Donato Editore, Bari 1977, p. 47-50.
8. Ibidem.
9. Giorgio Bonomi, *La disseminazione. Esplosione, frammentazione e dislocazione nell'arte contemporanea*, Rubettino Editore, Soveria Mannelli 2009, p. 48.
10. *Umanesimo, DisUmanesimo nell'arte europea 1890-1980*, catalogo della mostra, Palagio di Parte Guelfa e altri luoghi del centro storico, Firenze, 20 settembre – 30 novembre 1980, Silvana Editoriale, Milano 1980.
11. Lara-Vinca Masini, *La medaglia e il suo rovescio* in *Umanesimo, DisUmanesimo nell'arte europea 1890-1980*, op. cit., p. 13.
12. Ibidem, p. 14.
13. Haus-Rucker-Co, *Architettura provvisoria: uno strumento immediato*, in *Umanesimo, DisUmanesimo nell'arte europea 1890-1980*, op. cit., p. 143.

14. Ibidem, p.144.
15. C. Bishop, *Participation and Spectacle, where we are now?*, Conferenza per Creative time al seminario *Living as a form*, New York Maggio 2011.
16. *Mapping the terrain: New Genre Public art*, a cura di S. Lacy, Bay Press, Seattle, Washington 1995, p.19. Nella prefazione al suo volume viene specificato il significato di questo coinvolgimento: "Dealing with some of the most profound issues of our time ... a group of visual artists has developed distinct models for an art whose public strategies of engagement are an important part of its arsthetic language. The source of these artworks' structure is not exclusively visual or political information, but rather an internal necessity perceived by the artist in collaboration with his or her audience".
17. Lucrezia De Domizio Durini, *Il Cappello di Feltro. Joseph Beuys.Una vita raccontata*, Charta, Milano/ New York 1998.
18. Un caso esemplare è costituito dalla collezione "Joseph Beuys a Perugia", sequenza di sei grandi lavagne eseguite a Perugia presso la Rocca Paolina il 3 aprile 1980 durante un incontro pubblico di Joseph Beuys con Alberto Burri organizzato dal critico d'arte Italo Tomassoni.
19. Claire Bishop, *Inferni Artificiali. La politica della spettatorialità nell'arte partecipativa*, edizione italiana a cura di Cecilia Guida, op. cit, p. 185.
20. Ibidem, p. 210.
21. Claudia Zanfi, *La città mobile, la città per tutti*, in Claudia Zanfi, Marco Scotini, (a cura di), *Going Public. Politics, Subjects and Places*, catalogo della mostra, Modena/ Sassuolo, Network ferroviario, 19 settembre - 21 settembre 2003, Silvana Editoriale, Cinisello Balsamo 2003, p. 20.
22. Nicolas Bourriaud, *Estetica relazionale*, Postmedia Books, Milano 2010, p. 105.
23. Ibidem.
24. Ibidem.
25. Ibidem.
26. Claire Bishop, *Antagonism and Relational Aesthetics*, in October, Vol. 110 (Autumn, 2004), The MIT Press, Cambridge, Massachusetts 2004, pp. 51-79.
27. Nicolas Bourriaud, *Estetica relazionale*, op. cit., p. 13.
28. Alberto Boatto, Guido Natti, (a cura di), *Alighiero & Boetti*, Edizioni Essegi, Ravenna 1994.
29. Hal Foster, *Il ritorno del reale*, Postmedia Books, Milano 2006, p. 171.
30. Claire Bishop, *Inferni Artificiali. La politica della spettatorialità nell'arte partecipativa*, edizione italiana a cura di Cecilia Guida, op. cit, p. 266.
31. Ibidem, p. 267.
32. http://www.doppiozero.com/materiali/speciali/speciale-ai-weiwei-scultura-sociale
33. A.A.V.V., *Viva Arte Viva. 57° Esposizione Internazionale d'Arte della Biennale di Venezia,* La Biennale di Venezia Editore, Venezia 2017.
34. http://www.moonmoonmoonmoon.com/
35. http://www.pistoletto.it/it/testi/ominiteismo_e_demopraxia.pdf
36. http://it.terzoparadiso.org/activities.php
37. https://www.facebook.com/rebirth-day2112
38. Così si legge sulla pagina del sito alla voce "Attività". Sotto sono documentate tutte le attività realizzate nel mondo sia in occasione del Rebirth-Day che durante tutto il corso dell'anno: http://it.terzoparadiso.org/activities.php
39. Un elenco delle attuali ambasciate è presente sul sito del Terzo Paradiso: http://it.terzoparadiso.org/embassies.php
40. http://www.pistoletto.it/it/testi/ominiteismo_e_demopraxia.pdf
41. http://www.thefloatingpiers.com/il-progetto-it/
42. Ibidem.
43. http://www.artribune.com/attualita/2016/07/christo-lago-iseo-the-floating-piers/
44. Ibidem.
45. https://streetart.withgoogle.com/it/
46. http://collider.com/banksy-does-new-york-trailer/
47. http://www.artribune.com/attualita/2015/10/dismaland-parco-banksy/

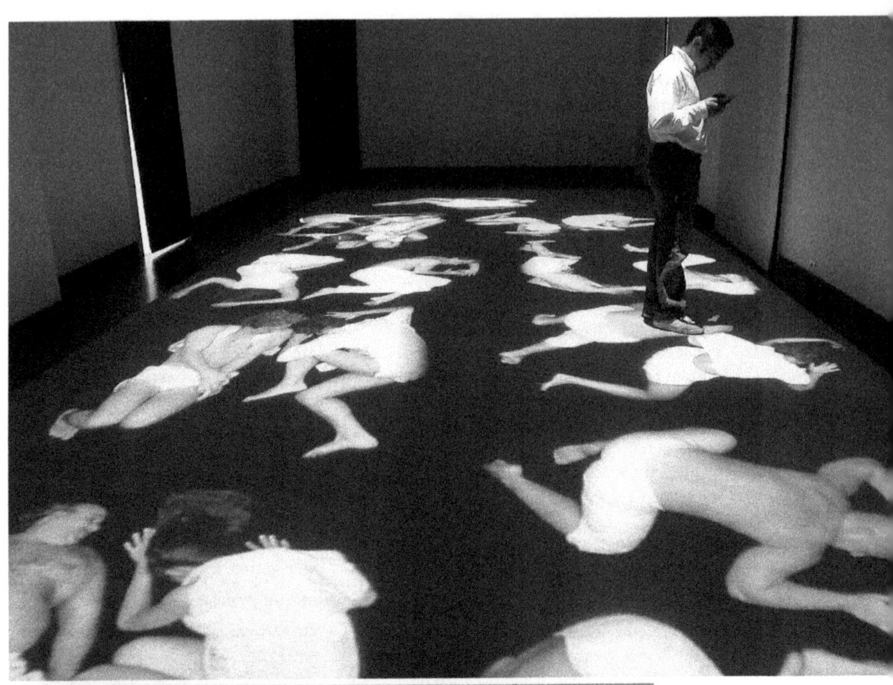

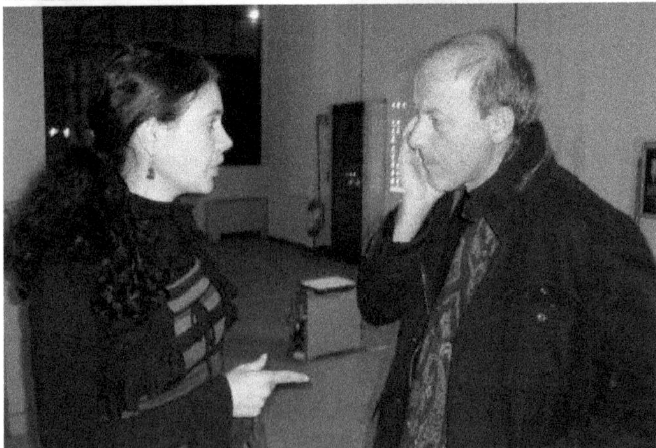

Studio Azzurro, *Coro*, 1995

In basso: L'autrice con Paolo Rosa in occasione del workshop *Produrre a Costo zero*, Fabbrica del Vapore, Milano 2009

3

Modelli di interattività e fruizione attiva

In una conversazione del 2009 con Paolo Rosa di Studio Azzurro, a proposito del suo rapporto con i concetti dell'estetica relazionale, egli affermava: "Bourriaud ha avuto una rilevante intuizione teorica di questo pensiero, che ha sviluppato in una successiva, e per me un po' contraddittoria, teoria della 'post-produzione'. Anche le esemplificazioni da cui sviluppa la sua analisi non mi paiono convincenti. Nel nostro caso l'idea di un'estetica relazionale nasce dalle potenzialità espresse dal linguaggio dominante delle tecnologie e da una lettura sulle pesanti emergenze della nostra epoca. In particolare, l'esperienza dell'interattività manifesta chiaramente come l'opera si spinga, attraverso un processo in cui gli spettatori interagiscono in vario modo con le loro gestualità, oltre la sua stessa 'forma' espandendosi in una dimensione puramente 'relazionale'. [...] Le conseguenze emozionali di chi prova l'opera sono più interessanti dell'opera in sé! Qui si esce dall' 'estetica della forma' dell'opera e si manifesta la necessità di pensare l'estetica in termini di relazioni, affiancandole un'adeguata etica della progettualità. Studio Azzurro, infatti non si pone come progettista di comportamenti, ma viceversa come sollecitatore di risposte espressive e imprevedibili"[1]. Studio Azzurro fa riferimento alle potenzialità del linguaggio tecnologico come modalità per innescare nuovi rapporti di fruizione attiva e relazionale.

La domanda sul ruolo del fruitore nell'esperienza estetica acquista oggi un significato nuovo a causa di un fenomeno che sta assumendo un'importanza sempre crescente: l'*interattività*. Si tratta di una condizione che investe tanto il mondo reale quanto il mondo dell'arte. Da una parte il nostro rapporto con la realtà è ormai sempre più mediato da dispositivi interattivi, dall'altra il numero delle installazioni interattive presenti nei musei, nelle mostre e nelle grandi esposizioni internazionali aumenta esponenzialmente di anno in anno. Forse non è ancora possibile cogliere fino in fondo il significato storico di questa "svolta interattiva"[2]; è certo però che l'interattività, così come la partecipazione, sono uno dei grandi problemi filosofici dell'attualità.

Nelle battute iniziali del suo *Rapporto confidenziale su un'esperienza interattiva* Paolo Rosa fa un'affermazione che può apparire sorprendente, ma che in realtà è fondamentale: "l'interattività – scrive Rosa – c'è sempre stata, si potrebbe dire che è alla base delle conoscenze dell'uomo, ma mai prima d'ora abbiamo avuto a disposizione strumenti e dispositivi talmente sofisticati da rendere le cose così mutevoli e comunicanti"[3]. In senso stretto i dispositivi interattivi sono il prodotto più recente della tecnica contemporanea. Ma in senso ampio una qualche forma di interattività intesa come "interazione", "relazionalità", "partecipazione" e "socialità" esiste da sempre nella realtà quotidiana così come nella sfera dell'arte contemporanea, a partire dalle avanguardie del Novecento. Come afferma anche Mario Costa, il concetto di "interattività" rimanda a numerosi esempi storici delle avanguardie, che abbiamo ricordato nel primo capitolo: la "ruota di bicicletta" di Duchamp richiede di essere mossa dalla mano dell'osservatore; i "mobiles" di Calder esigono un tocco leggero per muoversi e dunque esistere; Picabia richiede allo spettatore la cancellazione dei suoi quadri-lavagna[4].

È in corso, tuttavia, un cambiamento di paradigma che le nuove tecnologie non fanno che accelerare attraverso la messa in circolazione di un approccio interattivo, processuale, partecipativo e collaborativo nei confronti dello spettatore.

Nel 1965 al Café a Go Go, Nam June Paik impugna la prima videocamera portatile uscita sul mercato e, dopo aver ripreso il percorso dal negozio al café, presenta i suoi lavori e i suoi intenti alla Galleria Bonino di New York, con un vero e proprio ciclostilato: "Nella mia visione elettronica registrata, non solo vedi la tua immagine immediatamente e scopri che genere di cattive abitudini hai, ma ti vedi deformato in dodici modi diversi, come soltanto i mezzi elettronici possono fare. È la necessità storica. [...]. Così come la tecnica del collage ha sostituito la pittura a olio, il tubo catodico sostituirà la tela"[5].

Con il radicalismo delle avanguardie, Paik anticipa un operare creativo tutto basato sulle nuove tecnologie elettroniche e ipotizza la scomparsa dei linguaggi tradizionali e, assieme ad essi, dei modelli di fruizione tradizionali a favore di nuove modalità di confronto e di dialogo con lo spettatore.

3.1 Polisensorialità nella fruizione estetica

L'attuale dibattito che si sviluppa intorno ai nuovi media interattivi comporta un cambiamento di prospettiva non solo rispetto al ruolo dello spettatore e al postulato della partecipazione, ma anche in riferimento alle modalità della fruizione, che fino alla metà del Novecento concernevano sensorialità percettive limitate esclusivamente ai sensi della vista e dell'udito. Le arti cosiddette visive non si rivolgono più esclusivamente allo sguardo e, in misura minore, all'ascolto.

Oltre al tanto celebrato "oculocentrismo", che sembra aver trovato casa nella contemporanea cultura del visivo, viene riportata l'attenzione sul senso del tatto, grazie alle riflessioni di Walter Benjamin che contrassegna il movimento dell'arte contemporanea come un passaggio dall'ottico al tattile, dal lontano al vicino. Questa posizione di Benjamin è riassunta nella metafora della pittura dadaista, i cui gesti provocatori hanno reso tattile l'immagine pittorica, "un proiettile"[6], che colpisce lo spettatore e che assume qualità tattili. "L'opera d'arte, da allettante apparenza o convincente creazione sonora, si trasformò con i dadaisti in un proiettile. Colpiva l'osservatore. Si conquistava una qualità tattile. Con ciò essa ha favorito la richiesta del film, il cui elemento di diversione è parimenti in primo luogo un elemento tattile, poiché si basa sull'avvicendamento delle scene e delle inquadrature, che penetrano a scatti nello sguardo dello spettatore"[7].

Questo venire incontro dell'opera al fruitore, che riduce la distanza tra spettatore e opera, diviene evidente soprattutto nel cinema, perché lo statuto del mezzo trasforma la natura dell'immagine.

Nell'ambito di una riabilitazione del senso del tatto, Paolo Fabbri, parlando dell'esplorazione estetica di Greimas, osserva come questo studioso, "diversamente da Merleau-Ponty, avvalori l'aptico contro l'ottico, metta l'accento sull'olfatto e sul tatto piuttosto che sul più intellettuale dei sensi: la vista. Sul tatto in particolare, per la sua qualità di percezione gestaltica e di immaginazione materiale (intimità e densità, compattezza e testura...); per la sua valenza sensuale (sensuale è il sensibile che culmina nel tangibile). E soprattutto perché nel tatto coincide la parabola della passione dell'azione, dell'autoposizione dell'autoaffermazione, come nell'intimità intersoggettiva. [...] Lo stesso potremmo dire della sinestesia, che alla percezione attuale assomma altri sensi"[8].

Oltre al recupero delle doti tattili, nel Novecento viene ribadita l'importanza della corporeità e si assiste al potenziamento delle dimensioni cognitive precedentemente trascurate, come quelle polisensoriali, cinestetiche, sensomotorie. Il sistema sensoriale dell'uomo, risultato di una lunga evoluzione biologica e culturale di adattamento all'ambiente, viene percepito come un sistema coeso e dinamicamente interrelato, nel quale tutti i sensi interagiscono fra loro, operando sinergicamente, sovrapponendo le funzioni, addirittura scambiandosi alcune competenze, come nel caso di particolari condizioni ambientali, per produrre rappresentazioni del mondo, e dell'arte, il più possibile complete, estese e funzionali. Il concetto di esperienza polisensoriale oggi entra così, prepotentemente, in gioco nell'attuale ricerca artistica.

Nella storia dell'arte del Novecento, una lettura sinestetica, o, più in generale, polisensoriale, è stata resa possibile quando l'arte ha intrapreso percorsi che l'hanno allontanata dalla mimesi del reale. L'aspirazione ad un'arte sinestetica viene espressamente dichiarata nei manifesti del Futurismo, oppure nelle poetiche di artisti come Klee e Kandinskij.

Il rapporto tra sfera visuale e auditiva trova numerosi riscontri, nel Novecento, nelle relazioni tra suoni e colori, tra immagine e musica, che hanno interessato compositori come Skrjabin, e Schönberg, in affinità concettuale, oltre che personale, con Kandinskij e diventerà una costante nella sperimentazione di John Cage come negli artisti delle ultime generazioni.

Così l'Arte Optical e Programmata (da Vasarely e Albers al G.R.A.V.) si concentra su un processo di fruizione che, tramite configurazioni percettive gestaltiche e cromatiche, esprime valori tattili e coinvolge il dinamismo percettivo e il movimento del fruitore. Oppure nell'Arte Cinetica (Gruppo Zero, i gruppi italiani N e T, Tinguely, *Nouvelle tendance*, per ricordare alcune fra le esperienze più significative già citate) si mettono in gioco le capacità polisensoriali del corpo del fruitore all'interno della dimensione ambientale, enfatizzando quindi le valenze spaziali proprie delle opere.

A partire dalla fine del secolo scorso, con il moltiplicarsi di nuove forme di espressione e sperimentazione artistica, questa aspirazione a considerare gli aspetti sinestetici e polisensoriali insiti nelle diverse opere d'arte, in rapporto a una dimensione attiva di fruizione, assume un significato e un'urgenza particolare. L'opera d'arte, l'installazione, l'ambiente si percepiscono attraverso i diversi canali sensoriali: vista, udito, tatto, olfatto, gusto. Tra questi stimoli sensoriali, di per sé del tutto autonomi ed eterogenei, avviene una sintesi fondamentale, un "montaggio", una sorta di integrazione che possiamo chiamare "sintesi intersensoriale"[9].

Come afferma Lorenzo Taiuti: "L'arte occidentale, che si è caratterizzata nella sua storia per le proprie qualità di 'rappresentazione', si trova davanti la possibilità, e il pericolo, di spostare il suo ruolo verso un'area di 'investimento percettivo' globale, dove i cinque sensi sono ugualmente coinvolti attraverso la definizione di una realtà ricreata artificialmente"[10].

3.2 Verso un'estetica dell'interattività

Come abbiamo visto, dunque, il concetto di "interattività" non è nuovo, e ha il suo antecedente storico nell'ermeneutica classica. Tuttavia qui verificheremo se i dispositivi interattivi di ultima generazione, segnati da implicazioni tecniche e tecnologiche, siano in grado di configurare una relazione tra fruitore ed opera che vada al di là dei limiti segnati dalla teoria dell'ermeneutica.

Pier Paolo Capucci definisce l' "interattività" come l'influenza reciproca tra due entità fisiche o fenomenologie, "una funzione presente a ogni livello, macrofisico e microfisico, biologico e non, simbolico, sociale, ambientale. L'esistenza di per sé implica sempre un'interconnessione sistemica, la soggiacenza di livelli di interattività, esistere non può prescindere dall'interagire"[11].

Sul piano delle relazioni umane, gli individui interagiscono fra loro, interagiscono con gli oggetti da loro creati e interagiscono con l'ambiente in cui vivono e si relazionano. Anche se non ne sono sempre pienamente consapevoli, la loro esistenza è permeata di relazioni interattive a ogni livello: biologico, fisiologico, psicologico, sociologico, culturale.

In riferimento all'ambito delle arti visive, continua Capucci, se l' "interazione" è "un'influenza reciproca tra due entità fenomeniche che produce, nel corso della sua attuazione, delle mutue trasformazioni, allora, in linea generale, nel rapporto fra opera d'arte e osservatore vi è sempre 'interazione'"[12].

Abbiamo già verificato come nell'ambito della percezione e della psicologia *Gestalt* l'opera d'arte influenzi l'osservatore e il suo significato ne venga a propria volta influenzato. Tale rapporto di interazione è tuttavia, ancora una volta, tutto interamente compreso all'interno della dimensione concettuale, ermeneutica, del significato dell'opera, mentre non comporta conseguenze fisiche, modificazioni concrete dell'opera. Il significante, la dimensione apparente dell'opera, resta formalmente e fisicamente immutato, eguale a se stesso.

Davanti a queste opere d'arte l'attività dello spettatore può dispiegarsi solo a livello concettuale, attraverso un confronto visivo con un ente già dato e immutabile nella sua struttura. Tutta l'arte antica e moderna (ad eccezione di quella del Novecento che si apre a prospettive diverse), è un' "arte della contemplazione" e "della conservazione", che richiede una distanza reverenziale, uno "iato culturale", una cesura fra l'opera e il mondo che viene in qualche modo garantita dalla sola intermediazione del senso "superiore" della vista.

Anche quando si attivano relazioni ambientali, come nel caso degli ambienti installativi o delle videoinstallazioni, spingendo l'osservatore a un rapporto percettivo, motorio e spaziale più complesso e dinamico rispetto a una superficie pittorica o a una scultura (come per esempio negli ambienti di Fontana, Manzoni e Le Corbusier o nelle videoinstallazioni a circuito chiuso di Bruce Nauman), si tratta pur sempre di costrutti realizzati soprattutto per la dittatura dello sguardo, che non si adeguano all'osservatore trasformando la propria struttura, bensì è l'osservatore che si deve adeguare alla loro rigidità.

Nel Novecento si collocano i primi e più numerosi tentativi orientati all'ampliamento delle possibilità percettive dell'opera e a una maggiore interazione con il contesto ambientale, a partire da alcune esperienze come quelle di Duchamp, di Moholy-Nagy, di Tinguely.

Con l'Arte Programmata e Cinetica si sviluppa una vera e propria poetica di "apertura" dell'opera verso una ricezione percettiva, fisica, dinamica e la natura dell'opera stessa non è più immodificabile ma "aperta" alle trasformazioni. L'osservatore, o in questo caso il fruitore, diventa una sorta di collaboratore o di stimolatore del processo artistico. Continua Capucci: "Il significante dell'opera si trasforma a seconda dell'approccio dell'osservatore, del punto di visione, del percorso percettivo e sensomotorio, delle caratteristiche ambientali, sia che i suoi mutamenti vengano attivati dalle interazioni di queste variabili con una struttura fissa, sia che riguardino direttamente una effettiva modificazione fisica di questa struttura in conseguenza dell'interazione con l'osservatore e gli elementi ambientali, o grazie a meccanismi interni all'opera. Tale capacità metamorfica diviene centrale nell'esistenza dell'opera, evolvendola da una dimensione meramente oggettuale a una dimensione oggettuale-processuale. Non si tratta più solo di oggetti in sé, chiusi e autosignificanti, ma di costrutti oggettuali che si significano in rapporto all'osservatore, all'ambiente, mediante relazioni che sono in grado di instaurare con essi. L'opera inizia a farsi "sensibile" agli stimoli esterni e a rispondervi emettendo dei segnali, trasformandosi fisicamente, aprendo un canale di comunicazione interattiva, dialogica"[13].

Un ulteriore passo in avanti verso il concetto di interattività va attribuito allo sviluppo della multimedialità e all'impiego dei più recenti strumenti tecnologici, che danno all'opera d'arte o all'installazione o all'ambiente una maggiore versatilità, plasticità, dinamicità, "come un sistema nervoso in grado di conferire una sensibilità, di percepire la presenza e i movimenti del corpo, l'azione fisica di contatto, i mutamenti dell'ambiente. Con l'ausilio e l'integrazione di varie tecnologie (elettroniche, videografiche, informatiche, elettroacustiche, olografiche, cibernetiche, robotiche) l'opera d'arte si fa realmente aperta, dinamica, polisensoriale, attiva complessi meccanismi di rilevazione e di risposta che, mediante dei sensori, catturano, elaborano e interpretano informazioni provenienti dall'esterno, e reagiscono mediante modificazioni fisiche formali e comportamenti a vari livelli di complessità"[14].

Senza prevedere il processo di interazione con il fruitore e con l'ambiente, questo tipo di opera d'arte sarebbe priva di significato, non esisterebbe o non avrebbe alcun senso. Questo percorso delinea una strada in cui l'opera d'arte "vive" grazie all'interattività, si "attiva" e si modifica grazie alla presenza di stimoli esterni provenienti dallo spettatore e "tende a una processualità dinamica e interattiva, all'evento, nel segno della partecipazione, del coinvolgimento" [15].

Per siglare questi nuovi processi, Capucci parla di un' "arte della partecipazione" e un' "arte della consapevolezza" nella quale mutano i tradizionali concetti di "opera", di "artista", di "fruitore". L'artista, da produttore di opere d'arte materiali si trasforma in attivatore di processi, in regolatore di sistemi, in organizzatore di informazioni, operando a livello della pianificazione di processi informativi che devono prevedere più canali sensoriali di ricezione.

La dimensione oggettuale dell'opera d'arte interattiva diventa via via sempre meno importante rispetto al processo di relazioni che coinvolgono sia l' "osservatore" che il contesto ambientale. Al centro dell'opera si erge il fruitore nella sua totalità sensoriale, di cui viene stimolata non solo la dimensione concettuale ed ermeneutica, ma l'esperienza percettiva, polisensoriale e sensomotoria. L' "osservatore" o "spettatore" o "fruitore" assume finalmente quel ruolo attivo alla realizzazione dell'opera e diventa un tassello fondamentale in un processo dinamico di comunicazione.

Bisogna tuttavia sfatare l'equivoco che la semplicità o l'intuitività della fruizione, che non richiede sofisticate conoscenze tecniche o scientifiche o competenze culturali e storico-artistiche, corrisponda ad una banalità di contenuti. Al contrario dietro alla semplicità fruitiva o ludica, dietro alle interfacce intuitive si celano spesso semantiche articolate e tematiche di forte portata culturale che l'artista approfondisce attraverso vari livelli di accesso e di complessità semantica.

Nel dibattito sul tema dell'interattività è fondamentale la posizione assunta da Paolo Rosa di Studio Azzurro, che viene esplicitata nel suo *Rapporto confidenziale su un'esperienza interattiva*[16].

I dispositivi interattivi, secondo Paolo Rosa, sono dei sistemi reagenti, capaci di sovrapporsi come una seconda pelle a tutti gli altri e in grado di svolgere un'azione principalmente razionale perché creano dialogo, coniugano differenze, attivano memorie. Di questi sistemi ne evidenzia aspetti positivi e negativi, mettendone in risalto le ambivalenze: "amplificano una necessità sociale di partecipazione e il suo contrario, cioè eludono sotto le sembianze della partecipazione una esasperata individualità; trasformano, perché rendono dialogabili nature differenti, entrano nella esasperata dimensione sinestesica della nostra epoca e allo stesso tempo generano un eccesso comunicativo; organizzano tutti i dati procurati da queste interazioni, espandendo le possibilità di memoria ma costituendo banche di dati sensibili, materia prima per i nuovi consumi e il nuovo consenso"[17].

Questi tre requisiti non possono prescindere da un elemento trasversale, che li accomuna: la dimensione relazionale che costituisce la base della interazione. L'arte interattiva costituisce un'opportunità straordinaria per riaprire un dialogo con il pubblico, nella consapevolezza che il fruitore non è solo uno spettatore, ma un produttore di esperienza.

Un ruolo essenziale della ricerca artistica, in questo particolare contesto storico, è quello di ricostituire una "estetica delle relazioni", e di definirne una sua etica. "Sondare cioè la conseguenza di quello spostamento dall'oggetto (elemento fondante dell'estetica tradizionale) al momento del dialogo o del processo e trovare in quella dimensione gli elementi di significato e di giudizio"[18].

Il problema oggi sta nel generare dei processi che generino un punto di incontro fra artista e fruitore al di fuori della materialità dell'oggetto. Quell' "opera fuori di sé", come la definisce Paolo Rosa, che diviene dialogo, invenzione dello spettatore, rito. E tutto ciò avviene non in uno spazio concettuale ma in uno spazio reale, fisico, con gesti reali e un'esperienza diretta e vissuta, anche nel caso in cui l'interazione abbia componenti di virtualità. Cambia, nel pensiero dell'artista, del progettista, l'idea di pubblico o di spettatore, il quale non è più la presenza assente, passiva e indifferente di tanta arte contemporanea o l'elemento ultimo da provocare, da risvegliare se non addirittura da educare, ma diviene soggetto attivo, individuo partecipe dell'azione dell'artista, di cui tener conto in fase di progettazione. "Fuori di sé" l'opera cerca un contatto condiviso, un punto di incontro con l'esperienza di chi l'osserva.

All'opera tradizionale, fissa e definita, si sostituisce l'opera relazionale intesa come scambio fisico e reale tra due identità differenti, scambio nel quale nessuno deve imporsi all'altro, ma in cui ogni elemento differente si vivifica e arricchisce nel confronto.

3.3 Macchine per vedere. Macchine per partecipare

Tra i precursori di alcune tendenze che saranno indagate con continuità nei decenni seguenti, lo svizzero Alfons Schilling fin dagli inizi della sua ricerca si interessa alle immagini in movimento dell'Arte Cinetica e costruisce grandi tele circolari rotanti grazie a un motore meccanico, mentre nella seconda metà degli anni Sessanta rimane affascinato dall'olografia e lavora assieme allo scienziato Don White. Per diversi anni rincorre la sfida di raffigurare, con la pittura, il movimento e lo spazio su una superficie bidimensionale finché scopre le tecniche della fotografia lenticolare, dell'ologramma e della stereofotografia che gli permettono di rendere lo spettatore un "attivatore dell'immagine". Secondo Schilling, infatti, solo attivando il proprio movimento attorno allo spazio della rappresentazione, lo spettatore è in grado di stimolare il movimento insito nell'immagine. Le sue sperimentazioni all'interno dei Bell Laboratories, con l'aiuto del ricercatore Béla Julesz, lo conducono a sondare le teorie della visione stereoscopica fino a prefigurare la visione in 3D senza l'uso di appositi occhiali (le cosiddette *free visions*).

All'inizio degli anni Settanta Schilling costruisce videocamere e proiettori sperimentali, spesso in collaborazione con l'artista Woody Vasulka, come per esempio *Spieder*, un dispositivo per registrare lo spostamento parallattico che si verifica quando si riprendono immagini

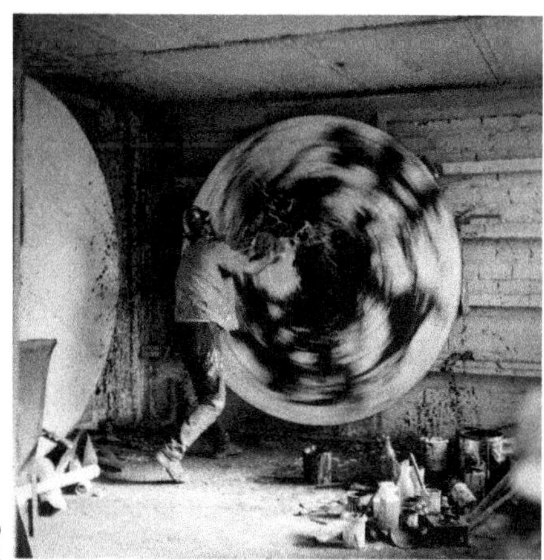

Alfons Schilling davanti a un quadro rotante, Parigi 1961

fotografiche integrali 3D, o un ingranditore di sequenza per le immagini fotografiche lenticolari. Queste sono state le prime *Seeing Machines* di Schilling[19]. Lo stesso Vasulka ricorda di essere rimasto molto impressionato da queste sperimentazioni sulla percezione binoculare e in qualche modo questo approccio influenzò anche le sue installazioni elettroniche con dispositivi computerizzati complessi.

Nel 1972 Schilling costruisce un apparato stereoscopico per la visione chiamato *Little Observer* e nel 1974, con l'aiuto di un sistema di specchi, ottiene la macchina *Big Observer* che consente di vedere allo stesso tempo uno spazio apparente e uno spazio reale. Da questo momento in poi cerca di costruire macchine portatili per la visione per permettere allo spettatore di muoversi il più liberamente possibile, come *Little Wheel* (1978), *Big Wheel* (1981), *Darkroom* (1984), *Exhumed Bird* (1986), consentendo all'osservatore di provare un'esperienza al tempo stesso visiva e motoria. L'utilizzatore di queste macchine è come se fosse immerso in un mondo visivo lontano: tutto quello che appariva familiare fino ad allora può girare, cambiare, distorcersi. Le distanze e le direzioni non possono più essere chiaramente identificate dall'osservatore perché il campo visivo riceve segnali che non coincidono con il senso del tatto. Tra gli ulteriori progetti, nel 1973 Schilling sviluppa una sorta di cuffia video per simulare un ambiente in soggettiva, parzialmente virtuale, che si compone di piccoli monitor (CRT) da indossare come un paio di occhiali[20].

Tutti questi esempi ci dimostrano come Schilling possa essere annoverato tra i primi artisti in grado di creare il concetto di uno spazio "virtuale" artificiale in cui far agire lo spettatore in tempo reale. Le scoperte tecniche non erano sufficientemente avanzate in quel periodo e gran parte dei suoi intenti di creare un *Cyberspazio* (termine introdotto oltre dieci anni dopo) si sarebbero fermati a un aspetto visionario.

Figura chiave appartenente alla prima generazione della New Media Art e tra i primi a prendere in considerazione l'interazione come fulcro del processo creativo e di fruizione dell'opera è Peter Weibel, artista e teorico attivo fin dagli anni Sessanta nell'ambito dell'arte concettuale, della performance e dell'attivismo pubblico. Dalla metà degli anni Ottanta i suoi interessi si spostano ai processi video computerizzati e dagli inizi degli anni Novanta realizza installazioni interattive tramite computer. Dal 1999 è presidente del Center for Media and Art (ZKM) di Karlsruhe, dal 1993 al 1999 curatore del Padiglione Austriaco della Biennale di Venezia, dal 1992 al 1995 direttore artistico di Ars Electronica, oltre ad aver insegnato alla Staedelschule Institute for New Media Art a Francoforte e diretto un gruppo di artisti tedeschi le cui opere sono raggruppate sotto l'espressione "installazioni computerizzate interattive": Michael Saup, Ulrike Gabriel, Agnes Hegedus, Jeffrey Shaw, Christian Moeller, Akke Wagenaar, Christa Sommerer & Laurent Mignonneau. In un'intervista, Peter Weibel afferma di essere stato costretto a imparare le regole di funzionamento di ogni forma di tecnologia in modo da poter migliorare la contestualità dell'opera e gli aspetti della partecipazione interattiva[21].

Dagli anni Sessanta, Weibel ha indagato le funzioni e le potenzialità dei sensi umani (vedere, sentire, parlare, udire, odorare e gustare). I suoi primi progetti, come *Redehelm* (*Speaking Helmet*, 1967), *Medienlunge* (*Media Lung*, 1974), sono idee visionarie che derivano dalla volontà di creare un'estensione mediale degli organi sensoriali attraverso interfacce strumentali che sarebbero diventate successivamente i *data-gloves* e *data-suits* realmente inventati. Nel lavoro *Das Magische Auge* (*The Magic Eye*, 1969), realizzato in collaborazione con Valie Export, una tela era equipaggiata con sensori luminosi così che, quando lo spettatore vi passava accanto, si attivava e serviva come occhio per catturare il movimento e il tono della voce.

A seguito di una serie di considerazioni sulla teoria della cibernetica, Weibel inizia a riflettere sul punto di vista dell'osservatore all'interno di sistemi a circuito chiuso. Nel video *The Endless Sandwich* (1969) il tema metalinguistico dell' "osservazione dell'osservazione" è presentato attraverso una catena infinita di immagini in una serie di identiche rappresentazioni. Un osservatore di fronte a uno schermo TV osserva la rappresentazione di un osservatore di fronte a un monitor televisivo, in un loop infinito. Improvvisamente sul monitor posizionato più lontano subentra una interferenza all'immagine. L'osservatore si alza e cerca di toccare qualche pulsante nella speranza che l'immagine ritorni normale. La stessa scena avviene con l'osservatore successivo e la sequenza di queste immagini viene ripetuta sui vari schermi fino ad essere visualizzata dall'ultimo osservatore, a cui capita di provare l'esperienza della scena già osservata in precedenza. Ancora in una installazione del 1973 chiamata *Osservazione dell'osservazione* Peter Weibel si interroga sull'interscambiabilità dei ruoli tra osservatore ed oggetto osservato.

Nei decenni successivi la sua attenzione è rivolta ad analizzare la costruzione di spazi immaginari a dimostrazione della variabilità delle immagini "virtuali" in relazione alle immagini di oggetti reali nello spazio. Il principio di sviluppo di una realtà ambigua in uno spazio reale – con lo spazio virtuale rappresentato nel monitor – si ritrova in alcune opere all'interno delle quali l'osservatore diventa "vittima" della prospettiva di osservazione che converte una serie di linee in oggetti concreti.

Negli anni Novanta, con l'avvento dei media interattivi, Weibel adegua i mezzi a sua disposizione per raffinare ulteriormente la sua riflessione artistica sul ruolo dell'osservatore. Le prime prove si rivelano efficaci quando si rivolge alle forme dettate dalle immagini digitali, che ancora una volta gli permettono di definire una nuova visione "governata dalle tre VS: virtualità, variabilità e verificabilità"[22]. La virtualità dell'immagine – il suo algoritmo – è distinta dalla funzione del computer di archiviare informazioni. Il contenuto dell'immagine deve dipendere dal contesto così che possa avere le caratteristiche della variabilità e, infine, queste nuove immagini devono essere dipendenti dal sistema stesso, autenticamente dinamiche e "più vere del vero", in modo da caratterizzarsi come fattibili. *Das Tangible Bild* (*Tangible Image*, 1991) è uno dei primi lavori interattivi nel quale il tema della dislocazione è presentato all'osservatore in tempo reale. Lo spettatore sta di fronte a un monitor con uno schermo in gomma nera che può toccare con l'aiuto di sensori integrati. Dietro lo spettatore è posizionata una griglia cartesiana. Griglia e spettatore sono ripresi con una videocamera e proiettati in diretta su uno schermo da proiezione. Lo spettatore, registrato assieme a una grande quantità di dati, può cambiare l'immagine toccando lo schermo e, con esso, l'immagine proiettata, determinando un'interazione *de facto* con le stesse. Un'opera simile è *Cartesianisches Chaos* (1991) dove l'interfaccia non è lo schermo, ma piuttosto il pavimento con all'interno dei sensori. Lo spettatore entra nello spazio dell'immagine e viene integrato con l'immagine, generata dal computer, della superficie dell'acqua che sembrava fluire su un cubo digitale aperto. In queste opere interattive computerizzate il modello dell'auto-osservazione è più chiaramente esemplificato.

Nel 1993 Weibel sviluppa una forma avanzata di interattività mediante immagini virtuali. In *Der Vorhang von Lascaux* (*The Curtain of Lascaux*) una fotografia della caverna di Lascaux è proiettata su un muro. Per avvicinare i più antichi dipinti murali su pietra al mondo dell'arte informatica, era necessario compilare una cronologia dell'immagine: dall'origine fino ai nostri tempi, dall'immagine classica, ontologica all'immagine virtuale, interattiva, pixelata. Se lo spettatore si muove davanti allo schermo, la sua immagine è catturata da una videocamera e, dopo un breve ritardo, compare come silhouette distorta nell'immagine dello schermo e il movimento del corpo innesca le ulteriori distorsioni dell'immagine. Lo spettatore diventa parte di ciò che osserva. Weibel fa riferimento, in forma narrativa, alla pittura della caverna di Lascaux (e all'allegoria della *Caverna* di Platone) come l'occasione per progettare un nuovo modello di interfaccia (come una tenda chiusa che ci separa dal mondo esterno), che modella la nostra idea corrente di percezione del mondo e dello spazio.

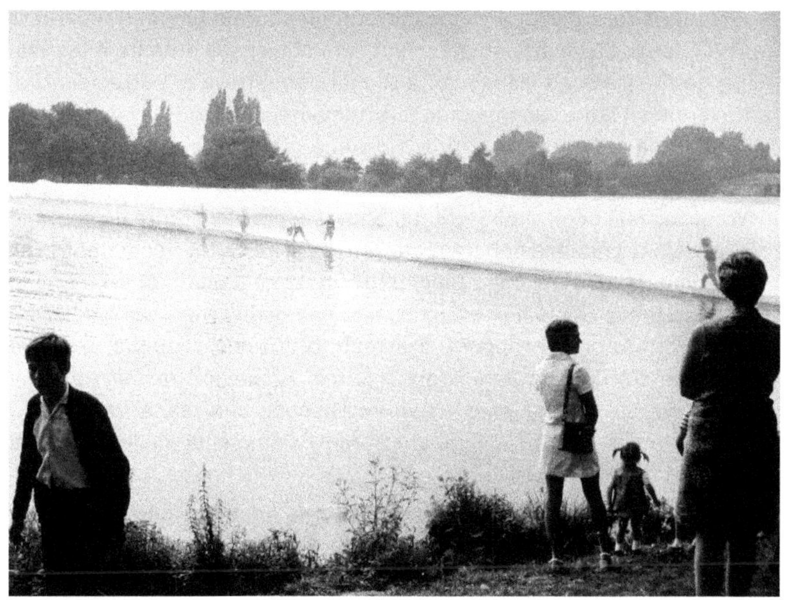

Jeffrey Shaw, *Waterwalk Tube*, installazione site-specific ad Hannover 1970

Jeffrey Shaw è un'altra personalità fondamentale nell'ambito dell'arte interattiva. Dopo la laurea in Architettura all'Università di Melbourne, studia scultura all'Accademia di Belle Arti di Brera e poi alla St. Martin's School of Art di Londra. Dal 1991 ha fondato e diretto lo ZKM di Karlsruhe e nel 2003 ha fondato il Center for Interactive Cinema Research (iCinema) all'University of New South Wales di Sydney, di cui è condirettore. Il suo interesse si concentra inizialmente sulla creazione di paesaggi artificiali come per esempio ambienti plastici mediante i quali camminare sulla superficie dell'acqua o enormi nuvole in PVC da utilizzare al posto degli schermi o ancora padiglioni gonfiabili con un pavimento sospeso su cui il pubblico può sedersi, come *Corpocinema* (1967) o *Waterwalk Tube* (1970). Per l'artista, la partecipazione e il rapporto con i fruitori, considerati non più alla stregua di semplici spettatori, appare un aspetto centrale: "Proprio come amo il contrasto tra il reale e il virtuale, così amo anche l'attrito che si crea tra un mio lavoro e ciò che il pubblico può reclamare e che diventa anche parzialmente suo. Amo questa forma di unione con il pubblico. L'arte tradizionale aveva poche possibilità di consentire e sperimentare questo scambio"[23].

Waterwalk Tube (1970) si componeva di un enorme tunnel trasparente in PVC, lungo 250 metri, sospeso sul lago Maschsee durante il festival dell'arte di strada ad Hannover; il tunnel permetteva ai partecipanti di attraversare il lago, camminando direttamente sull'acqua, avvertendone il flusso e la temperatura. L'opera diviene già interfaccia naturale tra l'utente e un elemento del paesaggio.

Verso la metà degli anni Settanta, Shaw scopre l'esistenza di un casco per la visione tridimensionale realizzato da Ivan Sutherland[24] nel 1970, lo sperimenta e ne rimane affascinato. Questo è il punto di svolta nella sua produzione, che lo porterà a divenire uno degli artisti che analizzerà con più attenzione il rapporto tra reale e virtuale. Il primo progetto sviluppato con questa tecnologia è *Virtual Projection Installation*, del 1978, in cui un meccanismo visivo sovrappone alla realtà fisica dello spazio, dove è collocata l'installazione, l'artificialità delle immagini computerizzate di sintesi.

Point of view (1983-84) è la prima vera installazione interattiva realizzata da Shaw: lo spettatore, seduto di fronte a un meccanismo di video proiezione, direziona le immagini computerizzate con l'aiuto di due *joystick*. L'immagine proiettata mostra una scena con quindici geroglifici egiziani, che fungono anche da attori della rappresentazione, ai quali sono associati determinati temi: amore, separazione, tempo, luce, morte, verità, ecc.. Il movimento del primo joystick produce l'emissione, attraverso due altoparlanti, di suoni e testi riprodotti da un nastro magnetico. I testi sono tratti da brani di poeti, scrittori o artisti (Céline, Marinetti, ecc.) e da dialoghi di un congresso sulla psicologia militare. Il joystick sinistro funziona invece come zoom. I comandi dei visitatori producono uno stravolgimento nella linearità narrativa e temporale dei testi. Ne risulta uno stratificarsi, spesso non coerente, di impressioni visive e sonore. Il meccanismo costringe lo spettatore a sperimentare in continuazione, fino a scoprire che può gustare l'esperienza solo abbandonando completamente il tentativo di interagire con una finalità precisa, ma lasciandosi guidare dalla libertà e casualità delle azioni.

La sua seconda installazione interattiva, *The Narrative Landscape*, del 1985, utilizza fotografie rielaborate in forma di collage, video proiettate sul pavimento. I partecipanti le osservano da un balcone e con un joystick possono navigare tra queste immagini e una serie di testi scritti da Dick Groeneveld.

Nell'installazione *The Virtual Museum* (1991) il pubblico si siede su una piattaforma girevole in cui è incorporato un grande teleschermo. Attraverso un comando manipolabile, lo spettatore può spostare il comando a destra o a sinistra, avanti o indietro, provocando un movimento sia nello spazio reale sia in quello virtuale. Una stanza appare nel grande teleschermo che riproduce esattamente la stanza vuota, e i nostri movimenti fanno apparire nella stanza "artificiale" una serie di oggetti e di testi nascosti che sono in attesa di essere scoperti. L'autore sottolinea il carattere ideologico e critico dell'installazione, oltre all'aspetto ludico da *adventure game*: "La Realtà Virtuale rilancia nuove strategie contro il 'tradimento' dell'arte chiusa nei Musei. L'*interattività* è una seduzione verso la *concentrazione* [...]. Lo sguardo che viaggia in uno spazio virtuale è lo sguardo che scopre"[25].

Nel 1989-91 Jeffrey Shaw realizza l'installazione computerizzata interattiva *The Legible City*, presentata allo ZKM di Karlsruhe, che diffonde globalmente il concetto di arte interattiva mostrandolo in tutta la sua evidenza e facendolo uscire dalla dimensione degli addetti ai lavori. L'opera viene infatti esposta in numerose mostre in diverse città del mondo, anche in Italia nel 1990, in occasione della mostra *L'immagine Elettronica* a Ferrara. L'opera consiste in una simulazione 3D in videoproiezione su un grande schermo, accoppiata con una cyclette, sul cui manubrio c'è un piccolo schermo. Lo spettatore, o il partecipante, prende posto sulla cyclette e pedala attraverso la ricostruzione digitale, astratta, delle città di New York, Amsterdam e Karlsruhe, in una simulazione di Realtà Virtuale. In ogni momento il partecipante può controllare la propria posizione sullo schermo del manubrio, mentre sul grande schermo vede proiettato il percorso che sta compiendo, attraverso la trasposizione in parole dello spazio virtuale delle case e degli edifici.

Il paesaggio cittadino, anziché costituito da edifici e case, è sostituito da lettere e parole, a caratteri cubitali, realizzate dalla collaborazione con Dirk Groeneveld. Si potrebbe considerare *The Legible City* una interfaccia alternativa per creare una città leggibile su un computer. L'emulazione bidimensionale di testi stampati sullo schermo del computer, viene qui sostituita da un paesaggio testuale, tridimensionale e immersivo. In *The Legible City* il fruitore pedala sulla cyclette, naviga attraverso uno spazio di parole, vede in tempo reale dove si trova e da questa interazione (dall'insieme di parole trovate sul percorso) si generano una serie di frasi. Poiché ogni fruitore percorre in maniera diversa lo spazio virtuale/verbale di Manhattan, l'esito finale sarà diverso a seconda di ciascuna interazione. Il lavoro è perciò una perfetta esemplificazione del concetto di arte digitale come simulazione interattiva e Realtà Virtuale attraverso interfacce antropomorfe create con hardware e software complessi e ad alta tecnologia.

Dopo che Shaw ottiene la direzione del Center for Media and Art di Karlsruhe (ZKM), si intensificano i suoi interessi nei confronti dell'immersione virtuale, come prolungamento dei suoi interessi nell'*Expanded Cinema*. Secondo Shaw si può creare un ambiente virtuale nel quale lo spettatore ha la possibilità di interagire con visualizzazioni "interattive e immersive" in modo da diventare non un recipiente passivo di immagini narrative ma un vero e proprio autore di immagini tridimensionali.

3.4 Esempi di arte interattiva negli anni Ottanta e Novanta

L'elenco degli artisti e dei lavori interattivi menzionati qui di seguito, sono tratti da una serie di esempi addotti in alcuni saggi da Lorenzo Taiuti, Pier Luigi Capucci e Andrea Balzola, a dimostrazione di come l'estetica dell'interattività sia un linguaggio frequentemente utilizzato fin dagli anni Sessanta, con forme di complessità tecnologica diverse a seconda delle conoscenze dell'epoca[26].

Due lavori di Yaacov Agam e Carlos Cruz Díetz (*Physichromie* n. 21, 1961) esemplificano il concetto di variabilità dell'immagine in funzione del punto di vista mostrando pattern e colori diversi. Non si può ancora parlare di arte interattiva perché non c'è una reale trasformazione morfostrutturale dell'opera, che muta unicamente in base agli spostamenti dell'osservatore o delle condizioni dell'ambiente in cui è collocata.

Un altro artista, più vicino all'arte tradizionale, perché produce oggetti, è Peter Vogel. Mediante dei sensori elettronici le sue sculture sonore come *Tonfolgen II* (1982) e *Farbubergange* (1983) percepiscono i rumori dell'ambiente in cui sono collocate e in risposta a questi stimoli emettono delle sequenze sonore o mostrano dei pattern luminosi.

Il canadese Davide Rokeby è fautore di una interazione musicale con lo spazio artistico. Con *Very Nervous System* (1982) crea un sistema che genera musica analizzando con dei sensori i movimenti di ogni parte del corpo dei partecipanti, dando risposta sonora al loro agire. In quest'opera, installata alla Città della Scienza di Napoli, i movimenti del corpo dei visitatori sono ripresi, analizzati da un software e tradotti in suoni. Così lo spazio fisico, ripreso dalla telecamera, diviene un'area attiva in cui il visitatore ribalta il rapporto tradizionale tra musica e movimento perché qui è la musica a seguire il corpo. Afferma Rokeby: "Le interazioni esplicite, consentite dal computer, sono sempre state per me la via per esplorare e rappresentare le interazioni implicite che riempiono la vita quotidiana" [27].

Parlando delle origini dell'arte interattiva si deve citare l'opera *Lorna* (1984) dell'americana Lynn Hershman che utilizza i mezzi interattivi per sviluppare un lavoro di scavo sulla figura femminile e sulla sua presunta falsa innocenza, come sul *voyuerismo* dei media, con un'analisi che comincia all'inizio degli anni Settanta e che precorre la fascinazione dei media che oggi conosciamo.

Basata sulla tecnologia analogica, *Lorna* è il primo video-disco artistico interattivo: il video racconta di una donna, inventata dalla Hershman, impersonata dall'attrice Joanna Mross, che vive in Texas in un monolocale collegato al mondo esterno solo attraverso la televisione e il telefono. I partecipanti possono interagire con lei scegliendo tra i vari oggetti numerati presenti in casa sua. A ogni oggetto scelto corrisponde un video con uno sviluppo narrativo sulla protagonista.

Lorna è storicamente importante non solo dal punto di vista dell'arte interattiva, perché mostra nuove possibilità di racconto delle storie in cui il ruolo dello spettatore non è più passivo, ma anche nell'ottica della narrazione cinematografica, perché è un audiovisivo interattivo che mette in discussione l'idea del cinema come forma lineare e sequenziale non modificabile.

Dopo *Lorna*, l'opera successiva dell'americana è *Deep Contact* realizzata tra il 1989 e il 1990 in collaborazione con Sara Roberts, che ne cura la programmazione. Qui diviene centrale il rapporto privato, quasi sensuale, ma anche provocatorio e liberatorio, che si sviluppa tra il meccanismo e lo spettatore. L'installazione si compone di due parti: una superficie di retro-proiezione e un touch-screen. Le videoproiezioni mostrano una donna con capelli biondi, vestita in modo succinto, seduta su un sofà, che si spinge in avanti e provoca lo spettatore lanciandogli richiami vari. Contemporaneamente sul touch screen, posto vicino allo spettatore, appaiono in loop le immagini di viso, busto e gambe della protagonista con la scritta "touch me". Il loop si ripete fino a quando qualcuno non supera l'imbarazzo e tocca lo schermo. A seconda della parte del corpo che viene toccata, si sviluppano storie diverse.

Oltre al tema della provocazione maschile e dell'ironia sugli stereotipi sessuali, il richiamo è rivolto allo spettatore in generale, contro il suo tradizionale stato di passività: il "touch me" diviene un'esortazione a rompere i classici schemi dell'arte, ad abbattere le convenzioni culturali legate alla distanza fisica della rappresentazione. Uno dei primi lavori che utilizzano la Rete in maniera creativa è *Générateur poiétique* (1986) del francese Olivier Auber che realizza un sistema di cooperazione in network: gli utenti, connettendosi, possono creare immagini in maniera collaborativa. Questo progetto privilegia gli aspetti della partecipazione, della condivisione, rispetto all'interazione in sé, ponendo l'utente nella dimensione del creatore.

In *The Blue Wall* (1988) Ed Emshwiller inserisce l'utente all'interno di paesaggi artificiali, sulla scia di Krueger. Una videocamera riprende il fruitore, la cui immagine viene estratta mediante il *blue-screen* e proiettata in tre diversi ambienti, in combinazione con animazioni computerizzate. Gli spettatori, a seconda di dove si trovano, vedono se stessi all'interno di uno spazio eterogeneo: qualche volta in primo piano, qualche volta a metà, altre volte dietro al piano delle animazioni, sullo sfondo.

Un altro settore tecnologico in cui le arti tecnologiche si sviluppano è l'olografia. Con l'olografia si producono figurazioni realmente tridimensionali cioè dotate di parallasse totale: girando intorno all'immagine la si può osservare da punti di vista diversi come se fosse reale, materiale, mentre invece è costituita di luce. Il duo anglo-americano costituito da Michael Wenyon e Susan Gamble ha creato installazioni come *Zodiac* (1989) apparentemente tradizionali perché le strisce olografiche sono montate su normali cavalletti. Ma, se ci si avvicina a queste sottili superfici, apparentemente bidimensionali, e si guarda attraverso di esse, dietro al piano del supporto, si può vedere una sorta di universo tridimensionale, costituito di stelle e galassie, dotato di parallasse. Una caratteristica tipica dell'olografia è l'inganno percettivo, in particolare del senso del tatto. Con l'ologramma il consueto concetto di realtà materiale e tridimensionale va in frantumi perché l'oggetto rappresentato sembra possedere tutte le caratteristiche della presenza fisica e della materialità, ma invece sfugge al senso del tatto.

Garden of Light (1989) di Bill Parker è invece un'opera costituita da dispositivi al plasma che reagiscono all'ambiente creando forme di luce che si modificano in base a determinate proprietà o azioni: per es. l'umidità, il calore, la presenza di persone nello spazio, il contatto fisico dei fruitori.

In *Handsight* (1990) di Agnes Hegedus l'interfaccia è costituita da una grande sfera che simula un bulbo oculare di plastica. Inserendo e muovendo l'occhio di plastica all'interno della sfera i sensori attivano una grande e circolare videoproiezione su schermo dell'interno dello spazio virtuale e ogni movimento della mano che manovra l'occhio rappresenta un effettivo cambio di visuale. L'autrice sottolinea questo elemento percettivo: "Questa sfera provvede lo spettatore di una inclusione endo-spaziale la cui esplorazione manuale si delinea direttamente nella rappresentazione dello spazio virtuale"[28]. L'occhio strappato apre una prospettiva di inediti spostamenti della percezione visiva.

Joachim Santer e Dirk Lusebrink con *Iconoclasta* (1992) propongono un rapporto di manipolazione interattiva dell'immagine che è anche una riflessione sullo sguardo: all'interno di una cornice barocca un quadro del Seicento rappresenta un bambino che mostra un suo disegno scarabocchiato. Un apparato elettronico prende le coordinate dell'occhio destro di chi guarda seduto in una posizione prefissata. Prese le coordinate, una serie di sensori attivati faranno in modo che il nostro "guardare" il quadro (o meglio la sua riproduzione elettronica) modifichi l'immagine a seconda del nostro insistere o muovere lo sguardo stesso sul quadro, che si segna, si deforma e si disintegra a causa nostra. L'occhio di chi guarda consuma l'opera guardandola.

L'artista statunitense Patti Maes, condividendo la concezione di libera partecipazione di Krueger, ha realizzato l'opera *Alive - Artificial Life Interactive Video Enviroment* (1993), il cui scopo è di permettere un'interattività naturale con immagini di sintesi generate dal computer, un'interattività semplice come quella del nostro corpo con il mondo reale.

L'Autre (1993) di Catherine Ikam è costituito da un ambiente vuoto e buio che, all'ingresso di un visitatore, rivela la "presenza" di un volto virtuale, animato in tempo reale dai movimenti del visitatore stesso, attraverso una interfaccia costituita da una piccola scatola, che ne raccoglie i movimenti. Il corpo del partecipante diventa un *joystick* vivente che agisce nello stesso spazio virtuale in cui vive il modello numerico che origina il volto mediante l'elaborazione del computer. Attraverso questa interazione avviene uno spostamento dallo spazio fisico a uno spazio virtuale.

Uno dei lavori più interessanti di quegli anni, che anticipa le tematiche che oggi vengono affrontate dall'arte biotecnologica, è *Interactive Plant Growing* (1992-93) realizzato dal duo Christa Sommerer e Laurent Mignonneau (allievi di Peter Weibel) attraverso cui gli artisti creano un dispositivo complesso che collega delle piante a un computer, a sua volta collegato a un videoproiettore. Gli spettatori, toccando le foglie di varie specie di piante, provocano delle reazioni magnetiche percepite da un dispositivo che legge la differenza di potenziale tra la pelle e le foglie e la trasforma in impulsi, facendo crescere una vegetazione virtuale. Questa sorta di foresta artificiale viene proiettata su un grande schermo, mostrando visualizzazioni grafiche della pianta in una evoluzione modificata dalla presenza umana. Dato che ogni utente ha una maniera peculiare di interagire con le piante, la vegetazione virtuale risultante è sempre diversa. In secondo luogo l'interazione di uno stesso utente varia in funzione delle sue condizioni fisiche e psicologiche.

Una estensione del discorso della crescita e della forma, che responsabilizza direttamente lo spettatore, è il lavoro *A-volve*: disegnando su una tavoletta di computer delle forme si creano piccole strutture viventi che assumono immediatamente tridimensionalità e interagiscono con altri esseri all'interno di una piccola piscina di vetro. La forma creata si modifica, cresce e muore al contatto delle nostre mani.

Simulationsraum-Mosaik mobiler Datenklange (smdk) (1993) dell'esemble Knowbotic Research è un lavoro complesso, pluripremiato, che parte dall'idea di creare delle popolazioni di suoni con cui interagire. Dopo aver diffuso una *call for participation*, a cui hanno risposto musicisti da tutto il mondo inviando i propri brani, i suoni sono stati riuniti in categorie, in popolazioni, a cui sono state date forme geometriche diverse. L'opera finita si compone di tre parti: la prima è costituita da un ambiente virtuale percorribile, attraverso visore e guanti, in cui è possibile organizzare a piacimento i suoni visualizzati e localizzati con caratteristiche geometriche e spaziali. Nel buio di questo ambiente il partecipante vede sé stesso circondato da gruppi di suoni che egli può toccare e ascoltare; la seconda è costituita da un ambiente reale in cui un sistema rivela la posizione del partecipante e la proietta nel mondo virtuale, dove queste popolazioni di suoni vengono attivate, cioè fatte suonare; la terza è costituita da uno schermo che proietta le immagini della stanza sonora unitamente ai suoni prodotti.

Anche in Italia vi sono esperienze di rilievo: a partire dalla fine degli anni Ottanta, Ale Guzzetti realizza delle sculture sonore interattive e nel 1991, con *Suoni di plastica*, riceve un importante riconoscimento ad Ars Electronica, uno dei maggiori festival del mondo dedicati all'arte tecnologica. In opere come *Grandi Guardiani* (1992) Guzzetti utilizza spesso strutture di plastica molto colorate, nate per impieghi commerciali o industriali, come boe marine, tubi, sfere al plasma, e costruisce circuiti elettronici che costituiscono il sistema nervoso dei suoi lavori, rendendoli responsivi all'attività del fruitore. Le sue opere sono caratterizzate da una dimensione ironica, e spesso evidenziano aspetti ludici insisti nell'interazione.

Con l'arte interattiva l'artista non produce degli oggetti chiusi, finiti, ma crea delle condizioni di partenza dell'opera, una sorta di attitudine inziale. Questa condizione viene attivata dal fruitore mediante un'interazione che è peculiare, diversa per ogni fruitore che quindi genera esiti artistici diversi. L'opera d'arte interattiva risiede in questo rapporto dialogico senza il quale è priva di senso. Dunque nell'opera, alla chiusura, si sostituisce l'apertura, alla fissità la variabilità, alla oggettualità la processualità.

Tuttavia c'è chi solleva una riflessione sull'equivoco cognitivo dell'interazione e della spontaneità, caratteristiche che si ritrovano in tutta l'arte generativa e cosiddetta interattiva. Per Florian Cramer si tratta di una nozione di interattività pericolosamente semplicistica, ridotta ad attività come puntare, cliccare e altre reazioni di tipo stimolo-risposta, tutte all'interno dei vincoli di una situazione rigidamente programmata[29].

3.5 Opere connettive collettive

Conosciuto per le opere della serie *Tappeti natura*, riproduzioni in poliuretano espanso di ambienti naturali come spiagge, prati, giardini, greti di fiumi, Piero Gilardi nasce a Torino nel 1942. Nei primi anni Sessanta Gilardi si appassiona alla cibernetica e nel 1963 realizza un progetto artistico intitolato *Macchine per il futuro* che comprende macchine domestiche che anticipano alcuni sviluppi della tecnologia informatica e genetica: una *macchina per discorrere*, una *macchina per il piacere* e una *macchina per la generazione artificiale*.

Lo spirito etico di denuncia della società e della situazione socio-politica lo porterà nel 1968 a un periodo di militanza politica e dissidenza civile. In Gilardi c'è la volontà di ricercare forme di comunicazione aperte e collettive, in avversione al sistema dell'arte tradizionale, chiuso all'interno di una fruizione essenzialmente passiva, che impedisce lo sviluppo di quella che definisce un'arte relazionale. "Caratteristica fondamentale di questi lavori è che richiedono e prescrivono una fruizione collettiva. Non c'è una fruizione individuale e solipsistica, sono sempre lavori che vanno capiti in gruppo: il pubblico deve fruire in gruppo e quindi c'è sempre una interazione psicologica e umana tra i partecipanti nella loro esperienza interattiva in uno spazio virtuale"[30]. Piero Gilardi interpreta dunque l'interattività come relazione collettiva e sociale, in linea con il proprio percorso di artista e animatore politico.

A partire dal 1985 Gilardi inizia una ricerca artistica con le nuove tecnologie attraverso l'elaborazione del Progetto "IXIANA" che, presentato al Parc de la Villette di Parigi, prefigura un parco tecnologico nel quale il grande pubblico può sperimentare in senso artistico le tecnologie digitali e contemporaneamente sviluppare una comunicazione sociale. L'azione degli spettatori fa animare e risuonare piante e scogli, come in *Inverosimile* (1990) e in *Scogli Interattivi* (1994), ambienti naturali creati con i materiali sintetici già utilizzati negli anni Sessanta, ma arricchiti con suoni, luci e immagini che si attivano grazie alla presenza del pubblico.

Nel 1992 per la Biennale d'Arte *Artefices 2* di Saint Denis, Gilardi realizza l'opera *Nord versus Sud*, grande piattaforma basculante in cui è

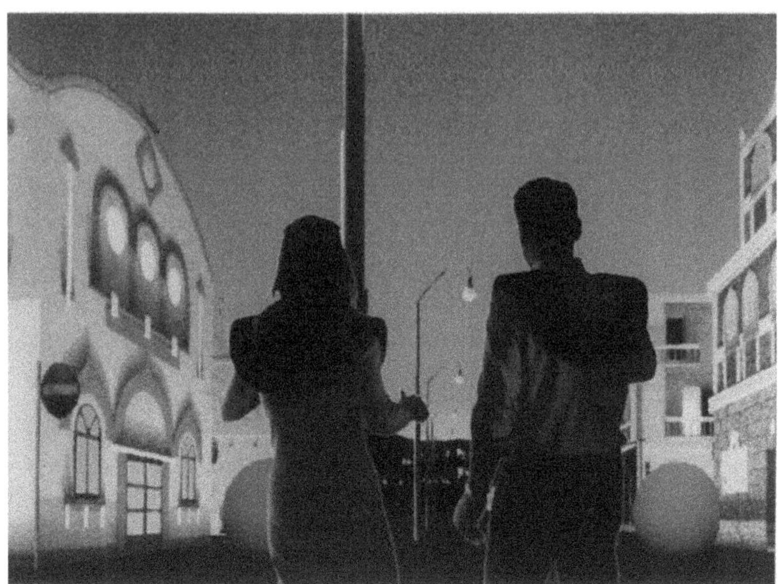

Ennio Bertrand e Piero Gilardi, *General Intellect*, 1997

centrale il tema dell'impegno etico e politico: sei spettatori si posizionano sulla piattaforma in poliuretano su cui è rappresentato il planisfero e affrontano con le loro scelte sei questioni cruciali nel rapporto tra Nord e Sud del mondo: l'esplosione demografica, la prevaricazione economica, militare e culturale del Nord, il problema ecologico. La dinamica del sistema favorisce nei partecipanti la volontà di comunicare le proprie scelte agli altri per ottenere una migliore sinergia nel trovare una situazione di equilibrio.

Survival, enviroment interattivo del 1995, consiste in una piattaforma suddivisa a scacchiera su cui poggiano delle stalagmiti, che in realtà rappresentano gli insediamenti urbani di una città, la cui immagine complessiva compare sullo schermo. I fruitori possono spostare le stalagmiti sulla piattaforma, il sistema ne analizza la collocazione e genera l'immagine sullo schermo che, a seconda della loro posizione, può essere quella di una deriva verso la degradazione dell'ambiente oppure di raggiungimento di una situazione di equilibrio ecosostenibile. *Survival* rappresenta una riflessione sull'attuale problema dell'habitat umano e sull'ipotesi che le metropoli del futuro continueranno a essere il fulcro delle mutazioni culturali e tecnologiche. Gilardi camuffa la componente tecnologica, qui costituita da un sofisticato sistema di automi cellulari,

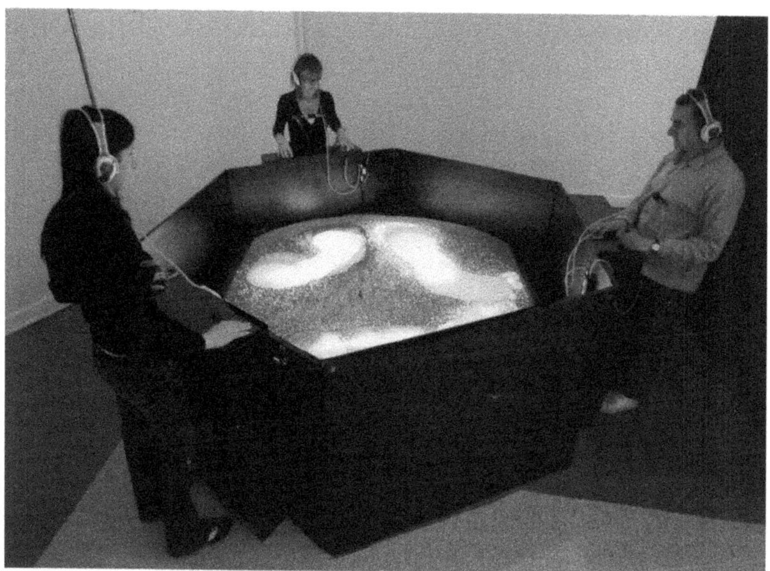

Piero Gilardi, *Connected Es*, installazione interattiva computerizzata, 1998

con un'ambientazione "naturale" dove però le parti tra gli attori e gli spettatori sono invertite: è l'azione degli spettatori che provoca la reazione degli attori-immagini sintetiche, che a sua volta influenza la successiva interazione dei partecipanti.

Uno dei punti di forza dell'arte interattiva è la capacità di esprimere in maniera semplice e comprensibile concetti complessi, come nel caso della tematica dell'ibridazione multiculturale. In *General Intellect* (1997) realizzata da Piero Gilardi con Ennio Bertrand, a Pisa, in occasione di *Mediamorfosi '98*, sei postazioni sonore sono il punto di partenza per percorrere spazi, reali e virtuali. Ogni partecipante è invitato a identificarsi con una particolare cultura etnica (africana, araba, indocinese, latino americana, slava ed europea). Una volta identificata la propria posizione nel paesaggio virtuale i partecipanti, con un cursore, possono provocare la nascita di edifici virtuali la cui architettura corrisponde alla cultura etnica prescelta. Dopo un certo periodo di costruzione collettiva, il paesaggio virtuale appare caratterizzato da un quartiere multietnico e i partecipanti possono dare inizio alla fase di ibridazione degli edifici.

Questa città/metropoli "ideale" suggerisce spazi urbani connotati da volontà di relazionarsi e ibridarsi attraverso l'interazione delle mani che toccano pulsanti e dell'udito che viene sollecitato per avviare l'esperienza virtuale: aggregazioni ibride di stili, culture, musiche, identità, nel rispetto della dignità individuale e delle differenze etniche.

Il tema dell'ibridazione è ancora una volta alla base dell'opera *Connected Es* (1998), sviluppata sempre in collaborazione con Ennio Bertrand, dove tre visitatori, che indossano un misuratore di respiro sul busto e un rilevatore della frequenza cardiaca, sono di fronte a un pozzo all'interno del quale vedono evolversi forme globulari che si modificano in base ai loro flussi emozionali. Come afferma Gilardi: "*Connected Es* si colloca nell'attuale filone di ricerca della New Media Art basato sui concetti bio-feedback. [...]. In *Connected Es* si esprime appunto il tentativo di stabilire una nuova forma di relazione tra i soggetti attraverso l'emergenza dei loro stati di coscienza profondi"[31].

L'artista ha saputo dunque sfruttare le possibilità offerte dalle nuove tecnologie per realizzare un progetto di arte etica e relazionale attraverso installazioni di stampo tradizionale, non disseminate nella rete, che consentono la presenza fisica, reale, di più partecipanti alla stessa opera.

3.6 "AMBIENTI SENSIBILI"

In *The Curtain of Lascaux* di Peter Weibel (che nel titolo richiama inaspettatamente *La Caverna dell'antimateria* di Gallizio), la video immagine proiettata su grande schermo riproduce un muro di mattoni. Lo spettatore avvicinandosi e muovendosi impressiona i sensori che riportano l'impronta del gesto, del corpo, sull'immagine, un'impronta concava, come quella lasciata su una distesa di sabbia.

L'immersione tra sinestesia e interattività è un ambito collegato direttamente con la ricerca sulle interfacce e comprende gli ambienti sensibili e interattivi così come le Realtà Virtuali. Dalle prime Realtà Virtuali in cui l'ambiente era predefinito e lo spettatore vi veniva semplicemente immerso, si passa ad ambienti multimediali e interattivi, dove lo spettatore non si limita a inserirsi nello spazio ma lo plasma e lo modifica con la sua presenza. Forme artistiche imperniate sull'interattività dove l'opera si fa costrutto sensibile, collaborativo, grazie al contributo del fruitore e dell'ambiente in cui viene immerso, come nel caso delle opere del gruppo Studio Azzurro.

I componenti di Studio Azzurro - nato come gruppo di ricerca artistica nel 1982 - Fabio Cirifino, Paolo Rosa e Leonardo Sangiorgi, provengono da un'attività multimediale fortemente coinvolta nel sociale e il loro lavoro attraversa i linguaggi dell'immagine, dalla fotografia al cinema e al video. L'oscillazione percettiva resta una delle caratteristiche fondamentali del

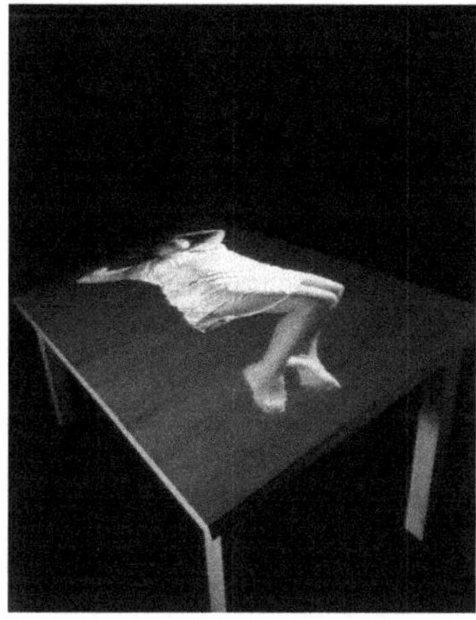

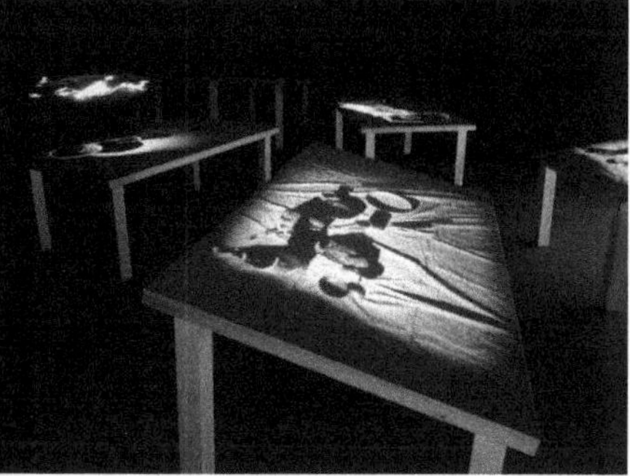

Studio Azzurro, *Tavoli*, 1995

lavoro di Studio Azzurro attraverso la presenza e l'assenza delle persone, il dentro e il fuori, la variazione dei tempi e dei luoghi, lo scarto tra realtà e rappresentazione.

Uno dei primissimi lavori, *Il nuotatore (va troppo spesso ad Heidelberg)* del 1984, è una video installazione sincronizzata con ventiquattro monitor, tredici video e musiche originali di Peter Gordon, realizzata riprendendo un nuotatore con dodici videocamere fisse sul bordo di una piscina. Al passaggio del nuotatore attraverso i monitor accostati si avverte una sorta di sfasamento tra la continuità del moto e la discontinuità dei singoli monitor, destabilizzando lo spettatore che ricerca la continuità dell'azione. Le tecnologie della visione sono percepite come una molteplicità non rinchiudibile in uno schermo, e la moltiplicazione dei monitor è la mappa in cui la raffigurazione si esplicita. Nelle azioni teatrali dello stesso periodo l'attenzione si sposta dalla comunicazione di un'immagine frontale alla complessità di un rapporto di coinvolgimento articolato e polisensoriale.

Negli anni Novanta l'uso del computer all'interno dei linguaggi dell'immagine accompagna lo sviluppo di nuove forme di percezione e configurazione. Nelle opere di Studio Azzurro di quel periodo è fondamentale la dialettica tra opera, artista e spettatore, ma condotta secondo modalità leggere, distanziate dal diretto contatto con macchine e dispositivi. Utilizzando tecnologie sofisticate ma invisibili, Studio Azzurro invita a vivere le immagini attivandole con atti comuni, naturali, istintivi ("interfacce semplici, sistemi amichevoli", le chiama Paolo

Rosa), che comunque introducono a una dimensione di sorpresa e di fantasmagoria: toccare su un tavolo degli oggetti che si spostano e si trasformano (*Tavoli: perché queste mani mi toccano?* 1995), calpestare corpi immersi nel sonno che, senza destarsi, si agitano grevemente (*Coro*, 1995), soffiare su paracadute luminosi e immateriali come nuvole per far volare degli angeli senza ali (*Il soffio sull'angelo*, 1997).

Dopo dodici anni di sperimentazioni nel campo dei linguaggi tecnologici, a seguito di una profonda riflessione maturata con opere come *Il giardino delle cose* e *Il viaggio*, Studio Azzurro concepisce la sua prima esperienza nel campo dell'interattività con l'opera *Tavoli: perché queste mani mi toccano?*, presentata nel 1995 presso la Triennale di Milano. *Tavoli* è una video-ambientazione composta da una serie di sei tavoli sui quali vengono proiettate immagini sdraiate su di essi, ancora ferme e immobili (una donna che dorme, una tovaglia con del pane ecc.). Appena il pubblico tocca la superficie dei tavoli, le immagini si mettono in movimento e le figure reagiscono, riprendono il loro fluire e attivano una parte della loro storia. A seconda di quante persone toccano le immagini, e quindi fanno procedere le vicende, si sviluppa la narrazione ambientale in cui è coinvolto il pubblico come spettatore/attore. Quest'opera è la prima che dà avvio alla elaborazione degli "ambienti sensibili", come sono stati soprannominati, "che fanno leva sulla capacità di relazionarsi con la complessità delle tecnologie e dei suoi effetti, in modo non procedurale ma semplicemente attraverso il proprio comportamento, il contatto diretto, e che mantengono con evidenza la possibilità di dialogare oltre che con le macchine anche tra le persone"[32]. Dietro a operazioni come *Tavoli* e a tutti gli altri lavori di Studio Azzurro c'è alla base la volontà di creare spazi di fruizione collettiva, luoghi di dialogo e socialità, di scambio e di esperienza.

In *Coro* del 1995 una serie di figure umane distese e dormienti sono video proiettate su un tappeto di feltro calpestabile. Le figure, che vengono sollecitate dal transito dello spettatore, si rattrappiscono al suo passaggio, mugolano, si agitano. Se in *Tavoli* erano le mani a divenire mezzo di esplorazione e di attivazione dell'opera, in *Coro* sono i piedi all'interno di una situazione giocosa e liberatoria.

Ne *Il Soffio sull'angelo* si ritrovano paracadute leggeri rovesciati e sostenuti da cavi, fluttuanti come nuvole nell'aria, su cui sono proiettate le figure. All'intervento dello spettatore questi corpi vengono letteralmente spinti fuori dalla loro apatia e, accompagnati da un sottofondo sonoro più o meno meccanico, si dinamizzano, mutano il loro stato e si aprono alla rappresentazione e al racconto. Più lo spazio è affollato di visitatori, più i racconti si moltiplicano e sovrappongono agli altri attraverso gli occhi dello spettatore, catturati da altri suoni, altri colori e altri movimenti.

Come nota Paolo Rosa, l'obiettivo degli ambienti sensibili è prima di tutto quello di uscire dal meccanismo esclusivo individuo-macchina, che era stata spesso la condizione normale della tecnologia interattiva; escludendo qualsiasi presenza tecnologica e delle macchine, si aumenta la sensibilità dell'ambiente in modo da creare una condizione di spontaneità e familiarità; l'ambiente diventa un'entità di narrazione che muta in base alle sollecitazioni delle persone e che quindi reagisce differentemente agli stimoli degli spettatori. "Fuori da tutta la gamma di interfacce utilitaristiche, mouse, tastiere, data glove o quanto altro ci ricolleghi ad una lettura tecnologica della relazione. Meglio se nell'ambiente non compare nemmeno l'ombra di un filo elettrico. Questo permette di vedere con più chiarezza, non la 'tecnologia' ma i suoi effetti. Questo permette di relazionare con più efficacia il mondo immateriale delle immagini, dei suoni con quello materiale degli oggetti o degli ambienti con cui si completa l'opera. Questo crea le condizioni per formulare una sinestesia non solo tra sensi differenti, ma anche con le loro repliche ed estensioni virtuali"[33].

Negli "ambienti sensibili" la tecnica lascia il campo all'espressione sensoriale, tattile, nella forma il più possibile condivisa e partecipata. Gli "ambienti sensibili" sono dei "contesti socializzanti" che permettono un'esperienza che contrasta la logica individualizzante e spesso solitaria delle tecnologie odierne. Le postazioni non sono singole ma luoghi in cui la propria esperienza viene messa a contatto con quella di altre persone.

Alla fine degli anni Novanta l'arte interattiva è ormai uscita dall'alveo degli addetti ai lavori, varie mostre internazionali la celebrano a pieno titolo nelle manifestazioni più famose, di massa, accanto alle forme d'arte consuete. Numerosi artisti tradizionali si cimentano con l'interattività, che finisce a poco a poco col perdere la sua dimensione esclusiva e la sua carica innovativa nel mondo dell'arte.

3.7 Scena-video sinestesica e immersiva

Uno degli aspetti più significativi dell'immagine video proiettata nello spazio è il suo carattere immersivo (che si oppone alla rappresentazione pura), che tende a presentarsi come un vero e proprio ambiente e a istruire in questo senso l'esperienza che se ne deve fare. Al contrario di qualsiasi immagine-rappresentazione, questo tipo di immagine non si staglia su un fuori campo, ma costituisce un universo tendenzialmente indistinguibile dal mondo reale (come nella Realtà Virtuale).

La completa immersione dello spettatore in un ambiente virtuale e immersivo ha una ricca storia nell'ambito dell'arte che va dalle cappelle barocche all'opera totale di wagneriana memoria, fino agli esperimenti dell'*Expanded Cinema* negli anni Sessanta.

Il passaggio, che si riscontra, alla fine del secondo millennio, nella scena video verso le immagini digitali, i quadri in movimento, le proiezioni *slow motion* ambientali o su LCD, in cui vengono esaltati i tratti sia plastici che filmici dell'immagine, corrisponde a un nuovo "spazio dell'immersione", non solo in senso corporeo, quanto come vero e proprio "processo intellettuale, come modo in cui si viene coinvolti nelle immagini"[34].

Il lavoro di Bill Viola (New York, 1951) è un elemento di continuità importante nello sviluppo della ricerca video, immersiva e tecnologica, dagli anni Settanta a oggi. Già dai suoi primi esperimenti si denota un'attenzione a stabilire una comunicazione privilegiata con lo spettatore, come in *Decay Time* (1974), dove si ricerca la soglia di percezione dell'immagine collocando lo spettatore in una stanza oscurata in cui un flash luminoso gli permette di vedere, per brevi istanti, la propria immagine ripresa a circuito chiuso, sul monitor.

Per Bill Viola, che viene dopo la generazione di Nam June Paik e Woody Vasulka, il video è uno strumento leggero, personalizzabile e adattabile ai più segreti ritmi della mente e del cuore. L'uso della macchina non è più circoscritto in un universo di sole macchine, ma è un'estensione degli strumenti del conoscere applicato da un lato allo studio della vita e della natura, dall'altro allo sprofondamento nell'interiorità.

Negli anni Ottanta realizza videoinstallazioni e videoambienti predisponendo stanze abitabili e percorribili dallo spettatore, con arredi, fondali e oggetti della quotidianità. È il caso della videoinstallazione *Room for Saint John of the Cross* (1983) dove Viola, per trasmettere nel visitatore la sensazione di un'esperienza mistica, ricostruisce una particolare ambientazione di un paesaggio in tumulto all'interno del quale è collocato un cubicolo che rimanda alla celletta in cui il santo è stato imprigionato e torturato. Il tradizionale distacco fisico tra l'opera d'arte e lo spettatore vengono abbattuti attraverso un intenso coinvolgimento sensoriale che promana dai cupi rumori, dagli acri odori e dalle frastagliate

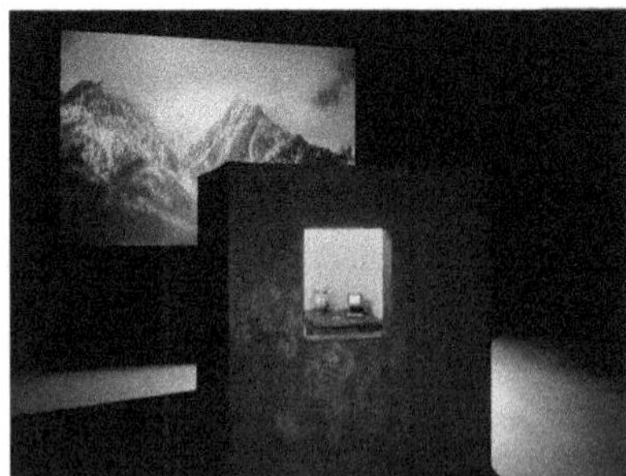

Bill Viola, *Room for St John of the Cross*, video-installazione 1983

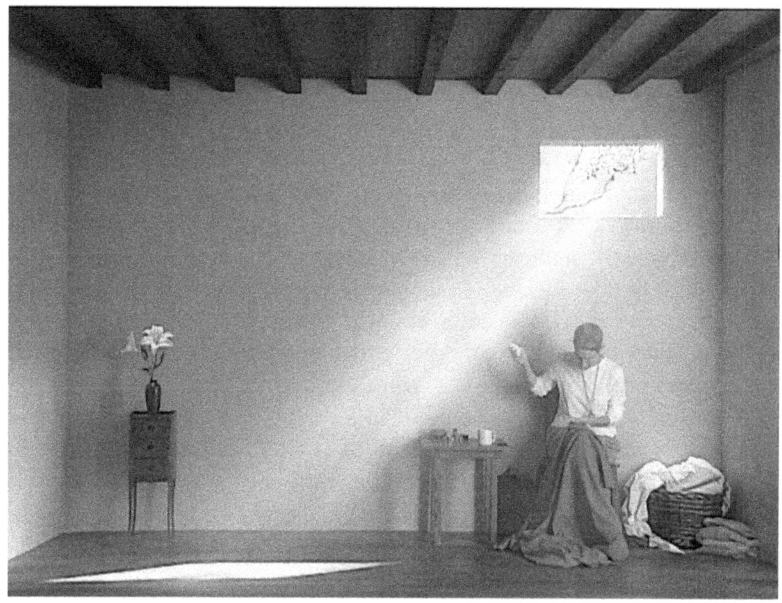

Bill Viola, *Catherine's room*, video-installazione su cinque schermi, 2001

immagini della videoinstallazione. "La sua è un'arte da caverna ad alta tecnologia, d'iniziazione ai misteri della psicologia moderna e delle pratiche spirituali antiche. Non è arte per timorosi"[35].

Benché Bill Viola generalmente non utilizzi dispositivi interattivi, si affida a sofisticate tecnologie "per creare opere che inglobassero l'osservatore, che nel loro manifestarsi inglobassero il corpo, che esistessero nello stesso tempo in tutti i punti dello spazio eppure fossero percepibili solo a livello locale e individuale"[36].

I lavori *Anthem* (1983) e *I Don't Know What It Is I Am Like* (1986) costituiscono degli ulteriori tasselli che approfondiscono il tema della capacità percettiva e degli elementi che la condizionano. Il dispositivo della videoinstallazione consiste nel creare uno choc percettivo che mette lo spettatore nelle condizioni di essere coinvolto emotivamente. In accordo al principio neuroscientifico dei "neuroni specchio"[37], quando una persona vede qualcuno compiere un'esperienza, si attiva nel suo cervello una medesima reazione emotiva. Nel campo degli audiovisivi l'identificazione con il soggetto attiva i neuroni specchio e noi diventiamo i protagonisti della scena. Lo stesso "transfer" emotivo avviene di fronte a opere d'arte che a loro volta rappresentano le emozioni umane, com'è il caso del lavoro *Observance* di Bill Viola, che fa parte di una serie di opere video chiamata *The Passions* (2002).

Qui Viola, su richiesta dello storico Salvatore Settis, mette in scena la rappresentazione delle passioni attraverso una coreografia di personaggi contemporanei che interpretano scene tipiche dell'iconografia tradizionale cristiana. Le figure, tra cui una donna a figura intera, sembrano estrapolate da una iconografia religiosa e ricontestualizzate in una dimensione atemporale e universalmente poetica, come metafora della condizione umana. Il tema dell'opera è l'espressione fisica del dolore, come in un moderno rito funebre, interpretata da personaggi che avanzano per arrivare in testa alla fila e, a quel punto, alzano il loro sguardo su di un punto fisso, che rimane nascosto e al di fuori dell'inquadratura, nello spazio dello spettatore, come a cercare compassione e comprensione.

Come già in altre opere, Viola mostra l'intera azione in *slow motion*, portando lo spettatore a entrare lentamente nei dettagli dei gesti e dell'espressività mimica dei personaggi. Volendo seguire di nuovo un'argomentazione neuroscientifica, l'opera di Viola è un perfetto esempio di evocazione di empatia attraverso l'impatto visivo e l'attivazione dei neuroni specchio (Rizzolatti); un'esperienza di immedesimazione che l'artista fa vivere in secondo grado allo spettatore, rendendolo partecipe della reazione emotiva.

Attraverso la realizzazione di video, film, performance e videoinstallazioni ambientali, Pipilotti Rist (Grabs, Svizzera, 1962) porta lo spettatore a immergersi in situazioni oniriche ed estranianti, dove l'immaginario pop dai colori psichedelici è spesso funzionale alla trattazione di temi legati alla sfera femminile. Alcune delle sue installazioni invitano il pubblico a fruire dei video in un'atmosfera intima e domestica, con gli spazi espositivi arredati con materassi e cuscini sui quali è possibile sdraiarsi e rivolgere lo sguardo verso l'alto, dove i suoi lavori sono proiettati. Le inquadrature sono infatti studiate dal basso verso l'alto per consentire una corretta fruizione da parte dello spettatore steso orizzontalmente. Le sue installazioni sono esplorazioni sensoriali, esperienze totalizzanti che cercano di annullare la distanza fisica e psicologica tra opera e spettatore.

Il tema della posizione del corpo in relazione allo spazio, ma anche le possibilità della postura stessa di interferire con le dinamiche della percezione, si precisa grazie alla scala degli interventi, come in *Gravity, Be My Friend* (2007), allestito negli spazi di Magasin 3 Stockholm

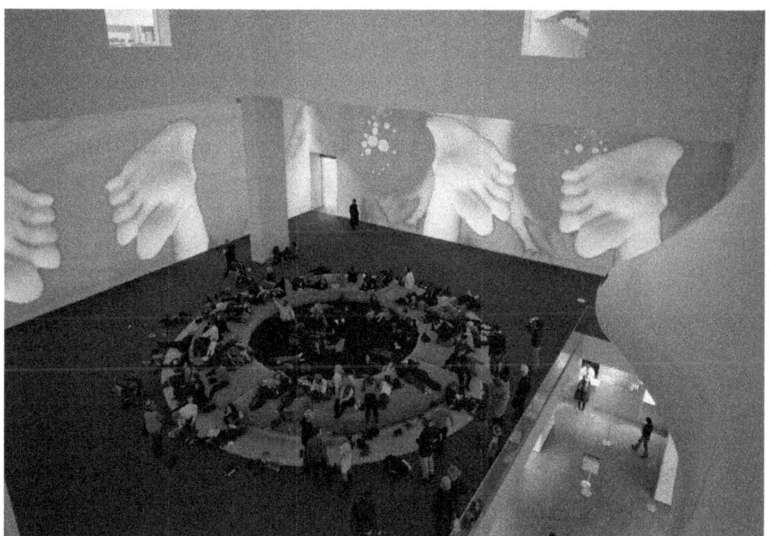

Pipilotti Rist, *Pour Your Body Out (7354 Cubic Meters)*, MoMA, New York 2008-2009

Konsthall, un flusso di immagini che descrivono "la fantasia di vivere oltre la divisione di genere, simulando la nostra dissoluzione nell'acqua, nell'aria e negli atomi"[38].

Il confronto dello spettatore con il film è come un'esperienza corporale: l'artista opera spesso dei *close-up* delle sue parti anatomiche, avvicina il suo viso sullo schermo in modo che le parti del suo corpo appaiono turgide e ingigantite; i colori sono sintetici e lisergici e sono parte di un approccio esperienziale tattile e sensoriale[39]; la musica ci avvolge e prende il ritmo del nostro cuore, come in *I'm Not the Girl Who Misses Much*: un verso urlato e ripetuto che diventa "un monotono grido di richiesta di aiuto che spinge lo spettatore a uscire dal ruolo di consumatore passivo"[40].

I cortometraggi e i video di Pipilotti Rist, secondo Marius Babias, fanno rivivere l'*Expanded Cinema* perché ricercano nelle frontiere della tecnologia digitale un rapporto diretto e una relazione che sembravano ormai persi nel cinema tradizionale. Tra le esperienze più coinvolgenti per lo spettatore c'è l'opera *Pour Your Body Out (7354 Cubic Meters)* che è stata installata al Museum of Modern Art (MoMA) da novembre 2008 a febbraio 2009. L'installazione è stata commissionata direttamente dal MoMA come tentativo di rivitalizzare la relazione dell'istituzione newyorkese con il suo pubblico[41]. Pipilotti Rist trasforma lo spazio del museo e crea un ambiente immersivo, costituito da immagini, suoni ed elementi scultorei – la seduta centrale a forma di grande occhio umano –, che non solo incoraggia la partecipazione dello spettatore, ma cambia le regole stesse di accesso al museo: in un cartello all'ingresso il visitatore è invitato a togliersi le scarpe, a sdraiarsi sul sofà circolare o sul tappeto a terra, a cantare e a ballare. L'artista si indirizza direttamente allo spettatore con queste parole: "Sentiti a tuo agio e muoviti liberamente, come vuoi... Guarda i video e ascolta la musica assumendo qualsiasi posizione o movimento. Pratica pure lo stretching: libera il tuo corpo o guarda attraverso le tue gambe. È permesso ruotare e anche cantare"[42].

Lo spazio del Donald B. e Catherine C. Marron Atrium del MoMa (che misura circa 7354 metri cubi) viene utilizzato come dispositivo per creare un'esperienza multisensoriale. L'incredibile varietà di proiezioni a tre schermi sulle pareti bianche dell'atrio, con scene tratte dal film *Pepperminta*, offre un flusso continuo e mutevole di immagini sensuali e psichedeliche, in uno spettacolo di totale avvolgimento multisensoriale il cui obbiettivo è di far vivere agli spettatori la sensazione di una totale libertà. Secondo il desiderio dell'artista, l'esperienza di *Pour Your Body Out* deve fornire ai visitatori "vitamine spirituali", quindi un nutrimento, una carica benefica, per riconciliarli con la percezione del proprio corpo e dell'ambiente circostante attraverso l'accettazione di un'incredibile varietà di forme belle e strane, che fanno parte dell'essere umano e del mondo[43]. Pipilotti Rist plasma lo spazio del Marron Atrium del MoMa come una struttura vivente dove lo spettatore è incoraggiato a interagire attivamente con l'opera e con il pubblico. Come una vera e propria coreografa, Rist programma l'evento e definisce una scaletta di azioni da far compiere ai propri spettatori e controlla lo spazio nel quale organizzare l'incontro tra spett-attore e opera dando vita a "un'indimenticabile esperienza di immagini e atmosfere"[44]. In un'intervista con Patricia Bickers, Rist approfondisce la sua poetica e il desiderio di creare attorno a sé uno spazio avvolgente: "Cerco di lavorare in modo immersivo perché penso che spesso cerchiamo di inquadrare tutto da dietro e all'interno di una cornice quadrata, e questo ci condiziona fortemente. Questo è un rimedio per rendere il lavoro il più possibile smisurato, in modo da diventare come una nostra seconda pelle"[45].

3.8 Videosculture

Insieme a Bill Viola, Tony Oursler è il più noto videoartista americano. Ideatore delle video-sculture (le cosiddette *sculture-screens* o *Talking Heads*) ha per primo realizzato proiezioni su sculture costituite da visi deformati o su volumi irregolari, come nuvole, bambole, alberi o altro ancora. Le sue *dolls* (bambole) sembrano esseri viventi, pur essendo fatte soltanto di materiali vari (tra cui stoffa), un hardware e un supporto sul quale vengono proiettate delle immagini; eppure conquistano i musei di tutto il mondo. I video di Oursler si situano in uno spazio intermedio tra scultura, installazione e performance. Molte delle sue installazioni ricordano ambientazioni teatrali o cinematografiche, in cui individui tormentati, veri outsider della società, mettono in mostra il loro triste destino. Fin dai primi videotape su canale singolo, realizzati negli anni Ottanta, Oursler ha utilizzato oggetti e materiali semplici, di uso comune, spesso di seconda mano.

A partire dalla fine degli anni Settanta, Tony Oursler indaga sulle conseguenze della rivoluzione telematica sia sul piano socio-politico, sia su quello individuale. In tempi recenti, il suo interesse per i modi in cui la tecnologia influenza la psiche umana lo ha portato a sviluppare i cicli *Peak* e *Valley*, che fanno specifico riferimento al mondo di Internet. Concentrandosi sulla relazione ossessiva del genere umano con i computer e le altre piattaforme virtuali, il ciclo di *Peak* è costituito da piccole sculture che costruiscono – attraverso l'accostamento di oggetti di natura diversa, su alcuni dei quali si ha una microproiezione – una sorta di teatrino che evoca gli assemblaggi in scatola del surrealista statunitense Joseph Cornell. Queste installazioni, in dimensione ridotta, fanno riferimento a sistemi e a modelli dinamici, come i diagrammi di flusso e i planetari astronomici.

Questo ciclo trova la sua continuazione naturale in *Valley*, installazione virtuale realizzata in Internet, con la quale nel 2011 l'artista ha inaugurato *The Adobe Museum of Virtual Media*. Quest'opera interattiva, che vede nella struttura di Internet un riflesso meccanico della psiche umana, permette a chiunque si colleghi alla rete di produrre una rappresentazione dinamica. Valley si ispira alle tesi che lo studioso di robotica nipponico Masahiro Mori ha espresso nel saggio *The Uncanny Valley*, pubblicato nel 1970 sulla rivista "Energy". Secondo Masahiro Mori l'uomo accetta che le macchine presentino alcuni aspetti di antropomorfismo, ma quando questi aspetti si accentuano oltremisura le macchine gli suscitano disagio e turbamento.

Proponendosi come una possibilità di esplorare la nostra reazione dinanzi ai desideri e alle paure stimolati dall'uso di una tecnologia avanzata, Valley sembra il logico sviluppo di una delle prime opere di Oursler, *Grand Mal* (1980), nella quale l'artista mostra i flash che una persona potrebbe avere durante una crisi epilettica o per effetto di un trauma cranico. Da quel momento la connessione tra racconto e contenuto diviene una costante del suo lavoro, come anche il rapporto vero-falso e il desiderio di agire sugli stati emozionali dello spettatore.

Diretti discendenti di Tony Oursler, gli artisti svizzeri Daniel Glaser e Magdalena Kunz da alcuni anni conducono una ricerca volta a sfruttare le potenzialità delle nuove tecnologie per coniugare al contempo la forma tridimensionale della scultura e la proiezione dinamica del video. I due artisti hanno ideato delle sagome parlanti, da loro soprannominate *Talking Heads,* "sculture cinematografiche", che prendono vita per mezzo di video-proiezioni completamente fuse e amalgamate ai calchi tridimensionali delle teste, generando uno sconcertante effetto di vita reale.

I personaggi inscenano diverse tipologie umane, in cui razze, culture e stili di vita sono agli antipodi. Assieme convivono accovacciati a terra su scatole di cartone o mimetizzati nei sacchi a pelo, interrogandosi incessantemente sul senso della vita e della morte e sulle implicazioni filosofiche e spirituali connesse alla propria visione o concezione del mondo (*Weltanschauung*) come concetto che trascende il singolo e attinge nel collettivo condiviso.

Queste conversazioni e i colloqui che si svolgono tra le figure proposte, mentre siedono in una macchina o stanno rannicchiate a terra, assumono spesso l'aspetto di recitazioni poetiche che ripetono ritmicamente versi e frasi all'interno di monologhi alternati.

La video-proiezione investe le teste delle sculture e le rende argentee e luminescenti, in quanto illuminate cinematicamente. La rappresentazione polisensoriale, cinestetica e senso-motoria di queste opere, non lasciando visibile la tecnologia che la anima, restituisce una forte parvenza di realtà virtuale, innescando l'empatia e il coinvolgimento dello spettatore. I personaggi sono infatti accattivanti, ci fissano negli occhi e ci trascinano nelle loro discussioni, facendoci immaginare di essere di fronte a organismi viventi. La dimensione della mimesi virtuale, acquisita con una tecnologia così eterea e immateriale come quella della video-proiezione, è fortemente connessa alla sfera psicosensoriale in quanto fondata sul concetto di corporeità scultorea e performativa: è il corpo il movente di quest'arte interattiva e dei suoi artefatti tecnologici, benché ridotto a modello simbolico, a corpo virtuale.

La ricerca espressiva di Glaser/Kunz coinvolge dinamiche delicate e fondamentali dell'esistenza, negli aspetti semantici, percettivi, psicologici, cognitivi, sensoriali, sinestetici di simulazione, e ribadisce l'importanza della funzione cognitiva, critica, comunicativa e sociale del processo artistico. Accanto a quella cognitiva si delinea poi un'altra funzione importante dell'espressione artistica di questi modelli esteticomentali, nella sperimentazione consapevole dei linguaggi dei nuovi media: quella della condivisione sociale. Le opere di Glaser/Kunz, piuttosto che in luoghi tradizionali come musei e gallerie sembrano trovarsi a proprio agio immersi nell'ambito sociale sia per il numero delle interazioni possibili che attivano sia per la varietà, la ricchezza e la natura di queste interazioni. Grazie alla partecipazione che richiedono al fruitore, alla loro dimensione aperta e al loro linguaggio relazionale, queste forme espressive estendono le possibilità del fare arte e del percepirla, riconciliandosi con la vita del mondo e con chi la abita.

Esploratrice di nuovi processi tecnologici che contaminano l'arte con la virtualità, Giuliana Cunéaz è stata pioniera nella creazione a fini estetici di animazioni 3D per schermi al plasma, investigando un'inedita forma d'arte per mezzo delle tecnologie digitali. Caratteristica fondamentale dei suoi lavori è l'animazione e la dinamicità delle forme, sempre rappresentate in 3D, dando forma a un universo parallelo che si alimenta delle nanotecnologie e delle nuove tecnologie mediali. Tra i principali lavori della sua ricerca gli *screen painting* funzionano come "una macchina poetica e anarchica" secondo una celebre definizione di Vannevar Bush (inventore dei link informatici). Riprendendo il concetto di ipertesto, così attuale oggi nella nostra società informatizzata, non esiste una versione finale del lavoro: le linee brillanti e luminose che intessono la fibra e il reticolato dell'immagine e sembrano in primo piano, costituiscono il dinamismo dell'immagine animata mentre le parti opache e più scure che sembrano creare un effetto di profondità sono invece gli strati di pittura applicati sulla superficie dello schermo. Si potrebbe assimilare questo fenomeno al rapporto che nelle vetrate policrome delle cattedrali gotiche si instaura tra le immagini colorate impresse sulle superfici e i riflessi luminosi provenienti dall'esterno. Per effetto di questi meccanismi di percezione visiva, gli *screen painting* si trasformano in organismi viventi che invitano lo spettatore a un contatto diretto e intersoggettivo con l'opera. La logica dell'ipertesto abolisce qualsiasi idea di un

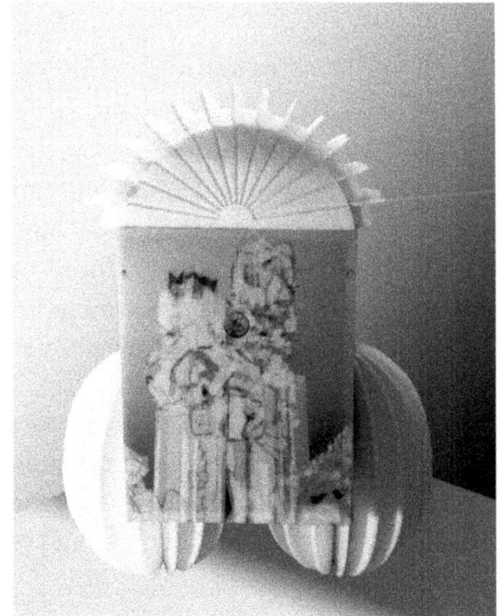

Giuliana Cunéaz, *Mobilis in mobili (I)*, 2012, plexiglass, metallo, pellicola fotografica, video

punto di vista principale per aprire a diverse possibili letture, a molteplici ingressi e uscite all'interno di una matrice di percorsi incrociati in cui il lettore, o lo spettatore, viene invitato a entrare in maniera casuale e rizomatica.

Dopo l'animazione 3D, la sua ricerca ha varcato l'ultima frontiera della visione stereoscopica (con l'uso degli occhialini) inaugurando l'era della fruizione dell'arte in 3D. Parole chiave delle ultime opere della Cunéaz sono diventate multisensorialità, interattività e immersività grazie all'uso delle nuove tecnologie e dei nuovi sistemi di proiezione tridimensionale. La visione stereoscopica 3D investe interamente il corpo di chi osserva permettendogli un viaggio immersivo ed emozionante nell'universo naturale che si mostra in tutta la sua dirompente energia. Il ciclo di animazioni stereoscopiche in 3D *Zone Fuori Controllo* è dedicato a problematiche particolarmente attuali quali le catastrofi naturali e i disordini ecologici. Le forme create e modellate con la tecnica digitale del 3D appaiono come sculture virtuali che prendono spunto da immagini nanomolecolari viste per mezzo di potentissimi microscopi ottici ed elettronici. Tra le recenti opere realizzate da Giuliana Cunéaz ci sono anche degli occhiali-scultura 3D, veri e propri prototipi per vedere i lavori esposti. Queste sculture molecolari, pur non perdendo la loro funzionalità, assumono un nuovo significato e diventano un pezzo unico. Alla base ci sta l'idea del travestimento, in quanto sono sculture che devono essere indossate, e di una maggiore interazione da parte dello spettatore che con questi occhiali-maschera personalizzati diventa parte dell'opera, creando un ribaltamento tra chi osserva e chi viene osservato.

3.9 Mediascapes e videomapping

La riflessione sulle pratiche di interazione attiva negli spazi della metropoli è un tema che sta assumendo sempre più importanza nel dibattito storico-artistico degli ultimi decenni. Dalla fine dell'Ottocento il paesaggio metropolitano è divenuto lo scenario di molti accadimenti socio-politici, economici e culturali, cambiando radicalmente la relazione tra abitante e contesto. La visione romantica, contemplativa e passiva, riservata alla natura ha ceduto il passo a un'idea di paesaggio urbano come territorio della percezione soggettiva, della costruzione di geografie personali e dell'azione materiale. Diversi movimenti artistici o singoli artisti hanno interpretato quest'idea dell'attivismo paesaggistico e urbano creando opere che implicano una forte volontà di ridisegnare il paesaggio per riconoscere allo spettatore un ruolo partecipativo all'opera stessa[46].

Abbiamo già analizzato nei precedenti capitoli le pratiche artistiche contemporanee che hanno avuto un atteggiamento attivo nella città, teso a modificarne il paesaggio e la relazione con i suoi abitanti, dal Dadaismo al Situazionismo, dagli Happening a Fluxus fino alle esperienze di public art e arte relazionale. La diffusione di nuove forme di comunicazione mediale e l'uso dei mezzi tecnologici, che esercitano un costante predominio nel nostro paesaggio e nelle nostre vite, marca e ricostruisce un campo ben più vasto di partecipazione negli spazi metropolitani che, secondo l'antropologo Arjun Appadurai[47], produce in generale *agency*, azione, immaginazione collettiva ed espressione estetica o di altro tipo.

Si sta sempre più profilando quella che Henry Jenkins chiama "cultura partecipativa"[48] che deriva dall'uso dei nuovi media partecipativi. I contenuti non sono più trasmessi da un singolo media, ma sono condivisi, allargati, diffusi attraverso modelli alternativi di partecipazione. Tra questi nuovi modelli di comunicazione vi sono quelli che Arjun Appadurai definisce "technoscapes" e "mediascapes", intesi come utilizzo delle nuove tecnologie e circolazione delle forme di comunicazione attraverso confini prima chiusi. I "mediascapes" forniscono agli spettatori di tutto il mondo vasti e complessi repertori di immagini e narrazioni facendo sperimentare i media stessi agli spettatori come un complesso e interconnesso repertorio di stampa, celluloide, schermi elettronici e cartelloni pubblicitari.

Alla ricerca di un'interazione con il pubblico che superi l'invadenza della pubblicità e dei mezzi di comunicazione di massa, Jenny Holzer[49] ha realizzato dei progetti artistici alla stregua di messaggi pubblicitari, proiettando su palazzi o monumenti pubblici i suoi *Truisms*: frasi sintetiche e aforismi poetici che incitano il lettore all'azione, all'intervento, alla rivolta secondo le modalità pubblicitarie o propagandistiche, dove l'uso del linguaggio, che ricorre spesso a caratteri luminosi o a proiezioni, avviene per il suo carattere evocativo e significante. La dimensione pubblica e urbana del suo lavoro dimostra la necessità di uno spazio che torni a essere luogo di dibattito, di scambio, di azione e di partecipazione attiva. In un mondo bombardato da immagini, il suo uso unico e ripetitivo del linguaggio è un modo per affermare che, nonostante il predominio della tecnologia sulle nostre vite, la scrittura conserva ancora il suo potere sovversivo e la sua capacità di comunicare. Che siano orizzontali o verticali, quadrati o rettangolari, stampati o elettronici, ogni superficie e ogni spazio, sia pubblico che privato, fanno da ospite alle parole della Holzer: i manifesti per strada, le targhe metalliche, i biglietti, le magliette, i corti televisivi, i tabelloni per le affissioni, i segnali elettronici, le panchine di pietra e, dal 1996, le proiezioni luminose[50].

Uno dei trend più recenti, nonostante il carattere effimero e la non completa individuazione dello *status* di opera d'arte, è la realizzazione di installazioni multimediali, *videomapping* o video proiezioni spettacolari sulle facciate di importanti palazzi e monumenti nazionali, con intenti di tipo comunicativo o celebrativo, ma anche come formula per creare un senso di civica appartenenza e di identità sociale.

Come dichiara Gabriel Menotti, la proiezione non è semplicemente uno strumento per esibire immagini in movimento, ma è una tecnica sofisticata per illuminare strutture specifiche. Questo metodo, propriamente chiamato *videomapping*, consiste nel distorcere le immagini video così che siano adattabili ai profili irregolari e alle caratteristiche estrinseche delle superfici tridimensionali su cui viene proiettato. Così, senza essere trasformata, la superficie dà l'impressione di essere brillante, di variare colore e anche - grazie a intelligenti trucchi di prospettiva e all'uso del chiaroscuro - di attraversare cambiamenti fisici[51].

Tra i lavori pioneristici di *videomapping* dal forte approccio interattivo, sublimato nelle più recenti installazioni multimediali, è il progetto di "Relational Architecture" intitolato *Body Movies* di Rafael Lozano-Hemmer[52], artista di origini ispano-messicane, che realizza spesso opere monumentali di notevole impatto ambientale che dialogano con le architetture delle città. Commissionato originariamente per il Cultural Capital of Europe Festival che si è tenuto a Rotterdam nel 2001, *Body Movies* ha animato gli spazi pubblici di diverse capitali europee con proiezioni interattive di grandi dimensioni (dai 400 ai 1800 metri quadrati). Il progetto si compone di migliaia di ritratti fotografici, catturati in precedenza nelle strade della città, e proiettati su grandi schermi o facciate mediante sistemi computerizzati. Quando i passanti attraversano la piazza o la strada di fronte alla gigantesca proiezione, la loro ombra appare sullo schermo e i ritratti vengono rivelati nei contorni delle silhouette, che possono misurare tra i 2 e i 30 metri, a seconda di quanto i partecipanti

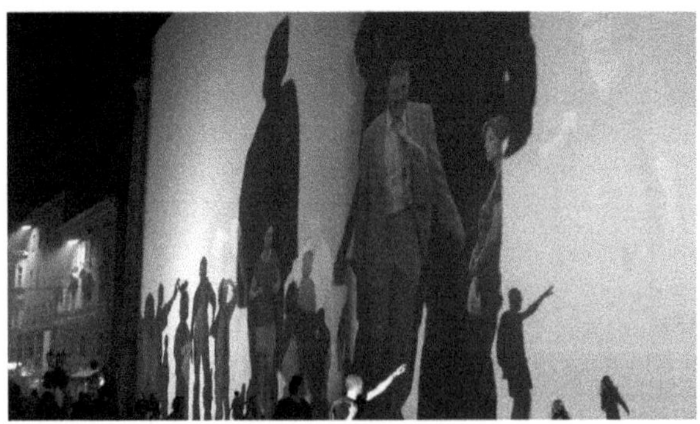

Rafael Lozano-Hemmer, *Body Movies*, all'interno di Ars Electronica Festival (Linz, Austria 2002)

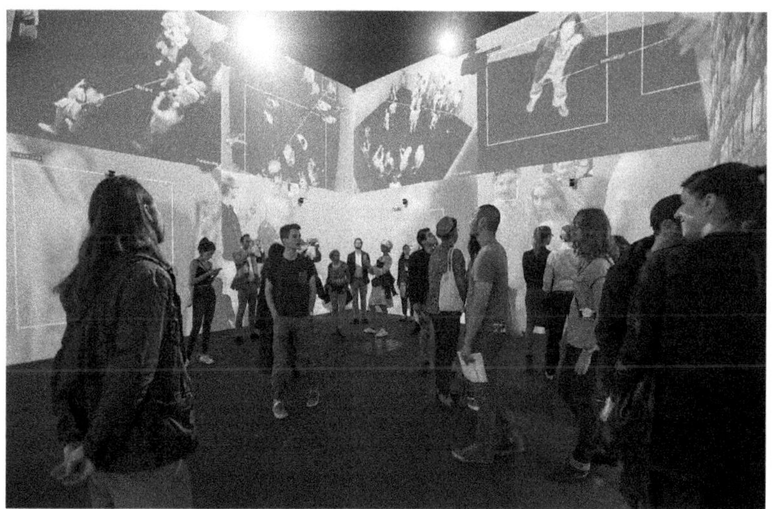

Rafael Lozano-Hemmer (con Krzysztof Wodiczko), *Zoom Pavilion*, 2015. Veduta dell'installazione ad Art Basel Unlimited – Art Basel 47, 2016

siano vicini o lontani dalle sorgenti di luce posizionate a terra. Le ombre e i ritratti all'interno delle ombre generano così un gioco teatrale di scambi di ruolo e personificazioni producendo differenti rappresentazioni narrative. Più di sessanta persone possono prendere parte a questa azione contemporaneamente, creando un'esperienza collettiva che si alterna con intervalli di partecipazione individuale.

Un altro esempio in questa direzione è lo *Zoom Pavilion* (2013)[53], pensato da Rafael Lozano-Hemmer in collaborazione con il polacco Krzysztof Wodiczko per la Fifth China International Architectural Biennial. Si tratta di un'installazione in realtà aumentata dove la presenza delle persone nello spazio pubblico è proiettata sul suolo utilizzando proiettori di massima potenza. L'opera è al tempo stesso una piattaforma sperimentale di auto-rappresentazione e un enorme microscopio urbano per mettere in relazione le persone le une alle altre e connetterle alla loro città. Non appena i cittadini camminano nell'area interattiva illuminata, sono individuati dai sistemi di tracciamento computerizzati che determinano la loro posizione, velocità e accelerazione. Significativamente, il sistema traccia non singoli individui ma gruppi di persone raccolte nello stesso punto. La propria immagine è immediatamente proiettata a terra, accanto alle altre, in scala 1:1. Quattro videocamere robotizzate zoomano le immagini fino ad amplificarle a una scala molto più estesa. Le sequenze zoomate del pubblico sono disorientanti, perché variano la resa del paesaggio da una foto facilmente riconoscibile della folla ad astratti *close-up* delle parti del corpo dei passanti. L'intera installazione è in costante stato di movimento, creando un'animazione continuamente variabile in base all'amplificazione ottica e al tracciamento. *Zoom Pavilion* prevede la trasformazione di uno spazio entropico già costruito usando le tecnologie della proiezione per "aumentare" il sito con storie alternative, connessioni e relazioni pubbliche.

Anche Miguel Chevalier, tra i primi sperimentatori nel campo della Computer Art, proietta tappeti digitali immersivi e interattivi, di dimensione ambientale, su cui far muovere e agire liberamente le persone. Come afferma il critico Vincent Huguet: "Quando Chevalier inizia a introdurre l'interazione nei suoi lavori, con l'aiuto di sensori sensibili alla presenza delle persone, la Wii console non aveva ancora invaso i nostri salotti e non erano ancora diffusi i video giochi nei quali il corpo del giocatore interagiva con quello che accade sullo schermo. È plausibile che coloro che appartengono alla generazione *post-joystick* – cioè coloro che sono nati a partire dal 2000 – non trovino nulla di sorprendente nel fatto che i propri corpi interagiscano con i lussureggianti fiori (*Fractal Flowers*) o con i pigmenti che fluiscono sulla superficie dello schermo, seguendo il movimento dei corpi (*Liquid Pixels*). In fondo, quello che l'interattività realizza è da un lato il vecchio sogno dello spettatore – nelle migliori circostanze di toccare e accarezzare il lavoro; nelle peggiori di lasciare un'impronta su di esso, causando qualche danno – dall'altro quello dell'artista, di presentare un lavoro che sia 'all'ascolto' dello spettatore o, piuttosto, che dia una risposta alla persona che lo sta osservando" [54].

In alcune installazioni della serie *Sur-Natures* (2000), costituite da piante frutto dello sviluppo di 18 algoritmi genetici, la presenza di sensori determina la reazione delle piante alla presenza e al movimento degli spettatori, ritraendosi da loro o accogliendoli tra le loro fronde.

Nelle installazioni in scala urbana, che riflettono sul tema della città, delle reti e degli arabeschi digitali, la presenza dello spettatore agisce sul sistema e determina il movimento e l'interazione con l'opera. Uno degli ultimi lavori di Chevalier, *The Origin of the World* (2014), è una installazione generativa e interattiva di Realtà Virtuale in cui l'autore invita lo spettatore a immergersi in un universo ispirato al mondo della biologia e della vita microcellulare, dove universi unicellulari si moltiplicano o si dividono assumendo l'aspetto di pixel fino a riprendere l'aspetto di spirali vivide e coloratissime. Quando lo spettatore si muove, la traiettoria delle cellule si interrompe e assume la forma di sinuose

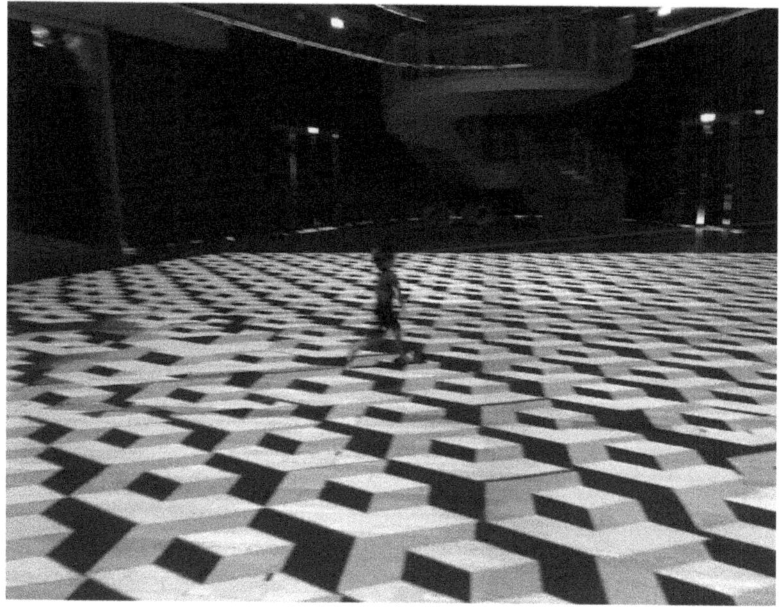

Miguel Chevalier, *Onde Pixel*, Unicredit Pavillion, Milano, 2016

curve ondulate che riportano in vita i "paradisi artificiali" e gli universi psichedelici degli anni Settanta.

Opere come *Pixels Wave*, *Fractal Cloud*, *Meta-Cities*, *Magic Carpets* o *Onde Pixel*[55] sono proiezioni pavimentali colorate che riconfigurano le architetture urbane di spazi reali, come la struttura ortogonale di Castel del Monte in Puglia, la Carrières de Lumières a Les Baux-de-Provence, la Cattedrale antica di Casablanca, il Palacio de Bellas Artes a Mexico City. Nelle sue enormi proiezioni, Chevalier invita lo spettatore a entrare in un universo di pattern geometrici, forme bidimensionali e tridimensionali, arabeschi orientali, motivi arborescenti creati attraverso software generativi di codici binari e formule matematiche. Il pubblico diventa attore e protagonista di una gigantesca opera caleidoscopica che si anima al passaggio delle persone, si modifica e muta in relazione al movimento, come già nei *Responsive Environments* di Myron Krueger.

Date queste premesse è comprensibile la grande diffusione di progetti di *videomapping* e di festival di proiezioni artistiche in grado di creare display dinamici che coinvolgono sinesteticamente lo spettatore. Tra i più famosi a scala europea, lo *Schlosslichtspiele* è un festival che ogni anno fa brillare in modo unico la facciata barocca del castello di

Karlsruhe. Come ha affermato il curatore Peter Weibel, in occasione dell'edizione del 2017: "Con l'intreccio di opere digitali (la proiezione) e arte analogica (gli edifici), la *Schlosslichtspiele* genera una nuova forma di architettura, una nuova equazione tra architettura virtuale e reale. Gli spettacoli creano un'architettura visionaria che mostra nuovi interstizi nel legame tra luce e pietra, e li fa sentire atmosferici"[56].

In Italia sono state realizzate diverse edizioni del *Kernel Festival*[57], un festival che ha raccolto le avanguardie della sperimentazione e della ricerca negli ambiti della musica elettronica, l'audiovisual mapping, l'arte digitale e interattiva e l'architettura effimera. Tra i più longevi, il *Magmart*[58] è un festival internazionale di video arte nato a Napoli nel 2005 e ormai operante nel panorama internazionale con l'obiettivo di diffondere e sostenere la videoarte e il videomapping, e di favorire il confronto degli artisti italiani e internazionali.

Dedicato all'interactive videomapping è l'opera *Invasioni Digitali*[59], performance autogenerativa ideata dall'agenzia GloWArp all'interno della Chiesa di San Vito Martire in cui i video sono stati creati dai cittadini sulla base delle note dello *Schiaccianoci* di Čajkovskij, modificate e rielaborate in tempo reale. Attraverso l'utilizzo delle nuove tecnologie (smartphone, tablet ecc.) i cittadini hanno creato i loro contenuti digitali come foto e video e li hanno poi condivisi in Rete sui più importanti social media, divulgando assieme ai video anche il patrimonio culturale della propria città.

In ambito internazionale una delle esperienze più sintomatiche rimane *Connecting Cities*[60], progetto multimediale che nasce come risposta alla crescente presenza, negli spazi pubblici delle nostre metropoli, di schermi digitali di grande formato a uso esclusivamente pubblicitario, prendendone in considerazione la possibilità di utilizzo sotto una veste culturale e comunicativa, sostenendo l'idea dello spazio pubblico come luogo per lo sviluppo della creatività, della visibilità e dello scambio culturale. L'evento in programma nel 2014, *Participatory City – From Passive Consumers to Active Citizens*[61], ha esplorato i concetti di comunicazione e di condivisione delle facciate multimediali urbane indagando nuove forme attraverso cui includere i cittadini nelle opere d'arte e renderli in grado di svolgere un ruolo attivo nel loro ambiente urbano invece di essere relegati allo stadio di consumatori passivi. Un esempio è il progetto *Giants of the Hoods* di Sini Haapalinna et al., una performance dove i cittadini hanno potuto creare il loro personaggio virtuale che è stato proiettato sulle facciate degli edifici locali e si è animato attraverso una performance di danza del pubblico. Questi progetti artistici hanno coinvolto nei processi creativi direttamente i cittadini e i passanti in modo da stimolare uno scambio interculturale e un dialogo diretto, al di là dei propri confini fisici e geografici. I cittadini hanno così condiviso le loro visioni e i loro desideri attraverso le facciate multimediali che sono diventate piattaforme locali per l'interazione globale.

Appare pertanto evidente che una tendenza dell'arte contemporanea, a livello internazionale sia quello di sfruttare l'elemento aggregativo sempre più presente e dominante, ma non per questo meno alienante, ovvero la città o la megalopoli in un contesto di interazione urbana che spinga il cittadino-spettatore a diventare fruitore partecipe e consapevole. In questo modo la città emerge ancora una volta nella storia dell'umanità come il fulcro e il mezzo per la comunicazione sociale.

3.10 *AUDIO WALKS* E URBAN EXPERIENCE

Rispetto all'utilizzo del suono e, dunque, all'implicazione del senso dell'udito nella ricezione dell'opera d'arte, abbiamo già accennato alle esperienze teatrali di Moholy-Nagy e del *Poeme électronique*, alle azioni di John Cage, alle performance di Fluxus, che contemplavano un concetto di fruizione polisensoriale e sinestetica.

Il suono, infatti, a partire dal Novecento, ha trovato un campo autonomo di sperimentazione come rumore, suono casuale, suono della quotidianità, a partire da Luigi Russolo con il suo manifesto *L'arte dei rumori*, per arrivare alle esperienze di Cage e Nam June Paik.

Negli anni recenti, l'artista canadese Janet Cardiff ha costruito un lavoro sul doppio binario della percezione tra spazio sonoro e spazio fisico, creando quelle che definisce delle "sculture di suono nello spazio"[62]. Assieme a George Bures Miller, suo compagno di viaggio, realizza architetture sonore mobili e liquide, che accompagnano lo spettatore in una sorta di stato intermedio, percettivo, in cui deve confrontarsi con due diversi livelli di fruizione: fisica e acustica.

In una installazione del 1993 intitolata *To Touch* si avverte la volontà di trasformare il fruitore in attore per modificare la sua percezione del suono. In una stanza buia c'è un tavolo di legno che, se viene toccato dalle mani dello spettatore, attiva dei sensori che fanno partire tracce musicali con rumori e piccoli frammenti di storie raccontate da voci diverse che invitano a visualizzare delle immagini. A seconda di come il visitatore muove le mani sul tavolo, le tracce si mixano e viene costruita una trama sonoro-narrativa personalizzata. Janet Cardiff, descrivendo l'opera, dice che: "La gente può suonare questo pezzo come un dj e questo crea addirittura un pubblico negli altri che potrebbero osservare l'azione" [63].

Anche in questa installazione, come già in Studio Azzurro, l'oggetto che fa da tramite per l'interazione con il pubblico è un normale tavolo di legno, di uso quotidiano, differente da un mixer o da un dispositivo tecnologico. La sensazione tattile del toccare si unisce all'ascolto sonoro per evocare mentalmente delle immagini. Restando nel solco delle ricerche sull'ascolto, dai futuristi a Fluxus, come afferma la stessa Cardiff, questo lavoro intende concepire l'opera come un territorio dell'esperienza condivisa, intima e pubblica allo stesso tempo[64].

Tra i suoi progetti più conosciuti, ci sono le *audio walks*, le "passeggiate uditive": l'artista realizza una serie di tracce sonore con un audio che comprende un racconto, delle indicazioni di percorso e dei suoni, sviluppando nell'insieme una storia. Allo spettatore viene dunque fornito inizialmente un walkman (poi un lettore CD ed ora un iPod) per seguire un itinerario reale e fisico nello stesso luogo della registrazione, lasciandosi guidare dalle indicazioni di percorso in audio. Come sottolinea Viviana Gravano: "Il fruitore si trova così a vivere due esperienze parallele: quella fisica/corporea del suo attraversamento a piedi del luogo; quella acustica, di un racconto fatto in prima persona con i suoni, i rumori, tratti dal medesimo luogo, impressi nella traccia sonora in un altro momento, che ascolta in cuffia. Nasce così un'estraniante e affascinante esperienza di percezione dicotomica, che pone lo spettatore in una condizione di contraddizione percettiva evidente. Mentre si attraversa materialmente un certo posto, la coscienza si divide a metà: da un lato i dati dei nostri occhi, delle nostre mani, delle nostre gambe ci trasmettono una situazione esperienziale; dall'altro le nostre orecchie ci trasmettono tracce di tutt'altro tipo, ma non così incongruenti da non potersi a tratti sovrapporre al visivo"[65].

Attraverso le *audio walks*, l'artista ridisegna, in tempo reale, con il fruitore, lo stesso paesaggio che lui sta attraversando, condividendone l'esperienza e la presenza. L'artista accompagna per mano lo spettatore a fare esperienza di un paesaggio che, ogni volta, verrà attraversato da un diverso ascoltatore, cambierà aspetto. La Cardiff richiede la socializzazione dello stato d'animo, fa richiesta di partecipazione e di complicità allo spettatore, che non è più chiamato ad ascoltare, ma anche a vivere e agire. La voce nel registratore diviene una sorta di alter ego con cui camminare, compiere la propria ricerca interiore e trovare una propria via.

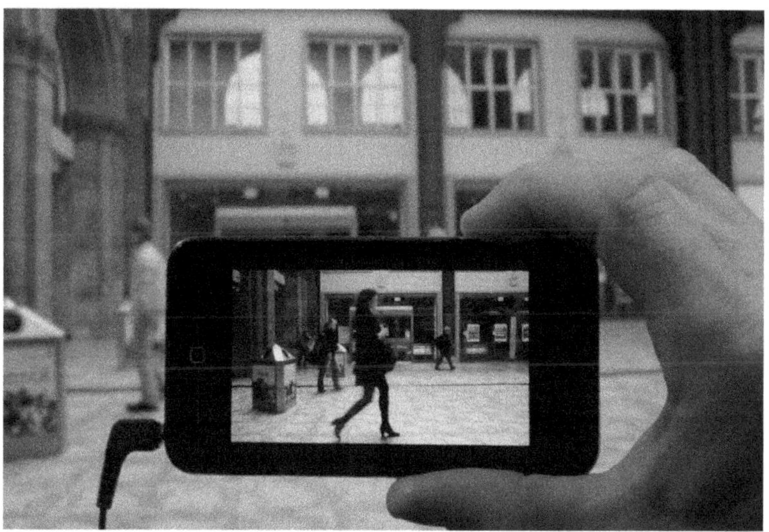

Janet Cardiff e George Bures Miller, da *Alter Bahnhof Video Walk*, Kassel, 2012

Dal 1999 Janet Cardiff ha iniziato la realizzazione di passeggiate audio-video che utilizzano le telecamere digitali di piccole dimensioni, con display a forma di piccolo schermo. *The Alter Bahnhof Video Walk* è stata progettata per la vecchia stazione ferroviaria di Kassel in occasione di Documenta 13. I partecipanti sono invitati a prendere in prestito un iPod e le cuffie da una cabina. Essi vengono poi diretti dalla Cardiff e da Miller attraverso la stazione e, nel frattempo, guardano le cose che si svolgono sul piccolo schermo, ma percepiscono in modo profondo la presenza di quegli eventi proprio perché sono situati nel luogo esatto in cui è stato girato il filmato. Mentre i partecipanti seguono le immagini in movimento (e cercano di inquadrare gli avvenimenti come se fossero gli operatori alla macchina da presa) si verifica una strana confusione tra realtà e finzione. In questa sovrapposizione perturbante, il passato e il presente si confondono e la Cardiff con Miller ci guidano attraverso una riflessione sulla memoria e ci rivelano alcuni momenti toccanti sul senso della vita e del vivere "qui ed ora".

La pratica degli audio walks è stata ripresa in Italia da Carlo Infante con i suoi *Radio-walkshow*, conversazioni nomadi con ascolti via radio, smartphone e web. Attraverso un percorso collettivo in città, i partecipanti, guidati da Carlo Infante, ascoltano in cuffia paesaggi sonori, inserti audio pertinenti, insieme alle voci itineranti di chi vuole intervenire. Mentre si cammina, sono generati *tweet* in diretta, in un'interazione tra web e territorio, per visualizzare in seguito la *tag cloud* generata dall'esperienza urbana (*Urban experience* si chiama il progetto)[66]. Il format incoraggia il conversare "di fianco" rispetto al solito parlare "di fronte" dove ci si rappresenta. In questo modo si condivide un cammino e il parlare trova un suo andamento, sollecitando la partecipazione.

3.11 Olfactory Art

Myron Krueger, l'inventore della Realtà Artificiale, aveva già ipotizzato nel 1992 la stimolazione del senso dell'olfatto attraverso la messa a disposizione di analizzatori e sintetizzatori di odori in tempo reale, con i quali analizzare gli odori in un punto e trasmetterli in un altro. "Un sintetizzatore di questo tipo darebbe modo inoltre di utilizzare i profumi come mezzo di rappresentazione"[67]. Se, come abbiamo visto attraverso questo progetto di ricerca, l'arte del Novecento ha cercato di sfatare il paradigma della contemplazione visiva e ha esteso la percezione dell'opera d'arte ai sensi dell'udito e del tatto, non ci sono state molte occasioni per coinvolgere le potenzialità dell'olfatto.

Nel 2015, il Museo Tinguely di Basilea presenta *Belle Haleine – The Scent of Art*, la prima di una serie di mostre con le quali il museo intende far luce sul complesso tema dei cinque sensi umani e sulla loro rappresentazione nell'arte dal XX secolo ai giorni nostri. La mostra tratta anche dell'affascinante fenomeno dell'odore e intende andare oltre la consueta forma di fruizione dell'arte, dominata dal senso della vista, per sollecitare invece il senso dell'olfatto, che raramente è stato protagonista di esperienze artistiche. In *Chemise de Nuit* (1993-2013) e *Container for Olfactive Portrait* (2004) di Jana Sterbak viene trattato il tema della complessa e attraente forza erotico - sessuale del nostro corpo. L'installazione partecipativa *The FEAR of Smell – The Smell of the FEAR* (2006-2015) del norvegese Sissel Tolaas, al contrario, colloca in primo piano l'emozionante connessione tra paura, odore e repressione. Nell'installazione percorribile *Volàtil* (1980-1994) di Cildo Meireles il visitatore si confronta con forti emozioni attraverso la sua partecipazione fisica diretta e olfattiva. Per mezzo della polvere di talco in una morbida nuvola, una candela e l'odore sintetico e sulfureo che si mescola con il gas domestico quale avvertimento di una perdita di gas, si creano associazioni destabilizzati tra l'idea di limbo e l'evocazione degli orrori dell'Olocausto.

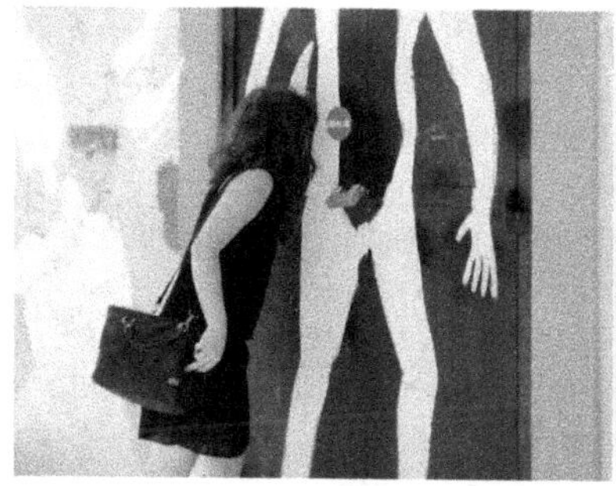
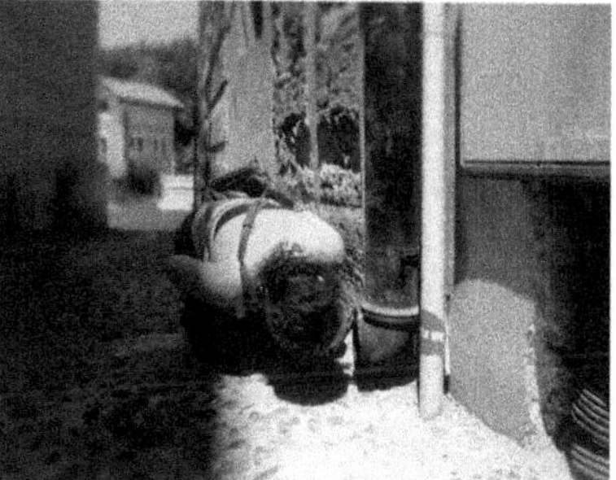

Peter De Cupere, *Scent City Walk*, Palermo, 2015

Tra gli artisti contemporanei a trattare il tema dell'olfatto, il brasiliano Ernesto Neto (Rio de Janeiro, 1964), a partire dagli anni Novanta, utilizza calze di nylon e altri materiali flessibili e d'uso quotidiano, per poi passare a tubi di maglia fina e translucida riempiti di spezie provenienti da ogni parte del mondo. I suoi lavori nascono in dialogo con lo spazio e con un intento interattivo, stimolando lo spettatore a un contatto diretto con l'opera. Tratto distintivo delle sue sculture e installazioni è la volontà di sollecitare i sensi del pubblico e in particolare l'olfatto, utilizzando spezie diverse che, con i loro profumi, invadono tutto l'ambiente e rievocano i sapori esotici delle cucine di ogni parte del mondo. Le sue sculture in lycra ricordano delle tende sciamaniche che si piegano nelle estremità a formare delle sacche, riempite di riso, piombo e spezie. Questo organismo organico mira a coinvolgere il pubblico in un'esperienza percettiva, fisica e sensuale, totale (tattile, visiva, olfattiva). Creando i presupposti per un'esperienza multisensoriale, Neto mostra come proprio i sensi siano il primo strumento per la conoscenza della realtà che ci circonda.

Per il Macro Hall di Roma, Ernesto Neto ha realizzato nel 2008 una grande installazione intitolata *While Nothing Happens*, una sorta di architettura fluttuante, dalle forme organiche e floreali, che invita il pubblico ad attraversarla. La scultura, agganciata alle capriate in ferro della copertura in vetro della galleria, arriva sospesa fino a circa un metro da terra. La lycra contiene cinque spezie macinate: il pepe, il cumino, i chiodi di garofano, lo zenzero, la curcuma. L'obiettivo dell'artista è quello di abbattere le distanze tra il visitatore e l'opera d'arte, dando vita a un'esperienza quasi mistica attraverso la scoperta del "respiro vitale" di queste enormi forme trasparenti e armoniose. Come afferma lui stesso in questa occasione, vuole creare "un'arte che unisce, che ci aiuta a interagire con gli altri, che ci mostra il limite, inteso non come un muro ma come un luogo di sensazioni, di scambio e di continuità"[68].

Un altro stimolatore del senso dell'olfatto, nel panorama artistico contemporaneo, è l'artista belga Peter De Cupere (Belgio, 1970) che genera un tipo di esperienza meta-sensoriale sfruttando la potenza associativa degli odori, spesso in combinazione con immagini visive. Peter De Cupere fa parte di quella generazione di artisti post-moderni e post-mediali che non finalizza più la sua ricerca alla realizzazione di un'opera bidimensionale da vedere, ma utilizza l'intero ambiente di azione dello spettatore, nell'accezione di "sperimentatore", attivatore di esperienze all'interno di uno spazio condiviso. "L'Arte circonda letteralmente il pubblico, che è ora un partecipante"[69], afferma Willem Elias della Vrije Universiteit Brussel presentando il lavoro di De Cupere. In questo contesto di "arte ambientale", l'installazione è la forma più adatta per far vivere un'esperienza a tutto tondo. "L'Arte non è più una cosa inizialmente aliena che uno vede da una certa distanza"[70] bensì è un ambiente come quello del sogno di cui fare esperienza e da rivivere come in una memoria.

Chiunque abbia mai "annusato" i lavori di Peter De Cupere, non può non riconoscere che le sue opere producono una reazione, che può essere gradevole oppure disgustosa. Per questo motivo gli odori nell'arte sono stati spesso evitati. Gli odori agiscono inconsciamente e direttamente sulla memoria e non danno l'opportunità e il tempo necessario per tradurre e metabolizzare la risposta, come si fa con il senso della vista. Le sue opere influiscono direttamente sul sistema limbico, l'insieme intricato di strutture cerebrali responsabili della nostra vita emotiva e della formazione dei nostri ricordi.

Peter De Cupere si definisce un artista multimediale, in quanto qualsiasi progetto parte dal computer, dove affina e sviluppa i suoi disegni che possono successivamente prendere vita come installazioni, eventi, happening, performance. Per quanto riguarda l'aspetto multimediale,

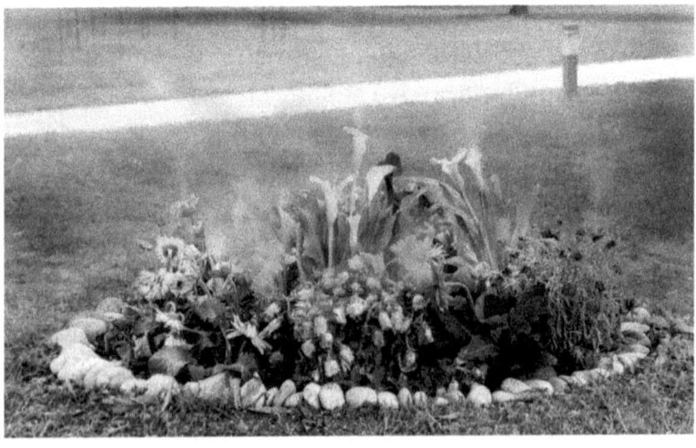

Peter De Cupere, *Smoke Flowers*, Spazio Thetis, Venezia, 2017

nel senso della pluralità dei mezzi utilizzati, De Cupere considera l'odore un "mezzo" estremamente importante per la fruizione artistica e soprattutto un "mezzo" a disposizione di tutti. "Chiunque abbia un naso può sentire l'odore"[71]: è il suo modo di dire più frequente per suscitare il coinvolgimento dello spettatore.

L'artista belga, dunque, disegna installazioni olfattive o ambienti multisensoriali dove i visitatori possono attivare e disattivare gli odori per vivere esperienze singolari: tra le essenze più particolari, per esempio, l'odore del sangue, dei soldi, della polvere da sparo, dello smog. L'impatto associativo, altamente personale, del profumo è qualcosa che non può essere del tutto controllato dall'artista, lasciando l'interpretazione finale esclusivamente nelle mani del singolo spettatore.

Tra i progetti che coinvolgono in modo attivo il pubblico, si dovrebbe menzionare *Scent City Walk*, passeggiata profumata ideata dall'artista in alcune città, tra cui Dordrecht (2013) e Palermo (2015)[72], che si struttura attraverso un itinerario prestabilito dall'artista. I visitatori possono camminare da una piazza all'altra e individuare i profumi sui muri, per terra, sulle panchine, sui bidoni della spazzatura, sui monumenti, etc. Aggiungendo profumi e odori a siti già connotati, l'artista attribuisce nuovo significato agli spazi o semplicemente lascia al pubblico il compito di ripensare il senso del luogo in base all'odore percepito. In altre opere l'artista richiede al visitatore di toccare o strofinare con le dita una porzione di un oggetto, di un foglio di carta o di un muro per far sprigionare la profumazione in essa contenuta, stimolando ancora una volta il senso dell'olfatto e le inedite associazioni di oggetti e situazioni.

1. Intervista a Studio Azzurro di Chiara Canali, in *Espoarte* n.57, Febbraio-Marzo 2009.
2. Martino Feyles, *La parte dell'osservatore: tra psicologia dell'arte e fenomenologia della percezione*, in www.giornaledifilosofia.net,Aprile 2013
3. Paolo Rosa, "Rapporto confidenziale su un'esperienza interattiva", in *Studio Azzurro. Ambienti sensibili*, op. cit., p. 28.
4. Mario Costa, *Il sublime tecnologico: piccolo trattato di estetica della tecnologia*, Castelvecchi, Roma 1998, p. 106.
5. Nam June Paik, in *Ars Electronica*, catalogo della mostra, Landesverg, Linz 1993, trad. it. in Lorenzo Taiuti, *Arte e media: avanguardie e comunicazione di massa*. Costa & Nolan, Milano 1996.
6. Walter Benjamin, *L'opera d'arte nell'epoca della sua riproducibilità tecnica. Tre versioni (1936-39)*, Donzelli Editore, Roma, 2012.
7. Ibidem, pp. 130-132.
8. Paolo Fabbri, *Introduzione*, in Algirdas J. Greimas, *Dell'imperfezione*, Sellerio, Palermo 1988.
9. Martino Feyles in *La parte dell'osservatore: tra psicologia dell'arte e fenomenologia della percezione*, in www.giornaledifilosofia.net, Aprile 2013.

10. Lorenzo Taiuti, *Arte e Media. Avanguardie e comunicazione di massa*, Costa & Nolan, Genova 1999, p. 180.

11. Pier Luigi Capucci, *Arte e tecnologie. Comunicazione estetica e tecnoscienze.* Edizioni dell'Ortica, Bologna 1996, p. 32.

12. Ibidem, p. 52.

13. Ibidem, p. 55-57.

14. Ibidem.

15. Ibidem.

16. Paolo Rosa, *Rapporto confidenziale su un'esperienza interattiva*, op. cit.

17. Paolo Rosa, *L'arte fuori di sé. Pensieri ancora sommari sull'estetica delle relazioni*, in *Arte tra azione e contemplazione: l'interattività nelle ricerche artistiche,* a cura di Silvana Vassallo e Andreina Di Brino, Edizioni ETS, Pisa, 2003, pp. 43-44.

18. Ibidem.

19. Sin dalla prima mostra a Vienna nel 1987 al Museum of Applied Arts (MAK), i dispositivi ottici di Schilling sono conosciuti come *Seeing Machines*. La mostra è stata infatti intitolata *Seeing Machines* dal direttore Peter Noever. Cfr. Romana Schuler, *Seeing Motion. A History of Visual Perception in Art and Science*, Dissertation, Berlin-Boston 2016, p. 215.

20. Romana Schuler, *Seeing Motion. A History of Visual Perception in Art and Science*, op. cit.

21. Ibidem, p. 225.

22. Ibidem, p. 256.

23. Ibidem, p. 187.

24. Si tratta del primo prototipo di casco per la Realtà Virtuale, che parte dal suo lavoro accademico del 1968 intitolato *Head-Mounted Three Dimensional Display*.

25. Hannes Leopoldseder (a cura di), *Prix Ars Electronica '92*, Catalogo Veritas Verlag, Linz 1992.

26. Lorenzo Taiuti, *Arte e media: avanguardie e comunicazione di massa*. Costa & Nolan, Milano 1996; *L'arte nell'era della producibilità digitale*, a cura di Antonio Caronia, Enrico Livraghi, Simona Pezzano, Mimesis Edizioni, Milano 2006; *Arte tra azione e contemplazione: l'interattività nelle ricerche artistiche,* a cura di Silvana Vassallo e Andreina Di Brino, Edizioni ETS, Pisa, 2003.

27. AA.VV., *Arslab. I sensi del virtuale*, Fabbri/RCS, Milano 1995.

28. Ibidem.

29. Florian Cramer, *Anti-Media: Ephemera on Speculative Arts*, Institute of Network Cultures, Amsterdam 2013.

30. Riccardo Boero, *Intervista a Piero Gilardi*, in occasione della *Biennale dei Giovani Artisti dell'Europa e del Mediterraneo*, Torino 1997.

31. Piero Gilardi, *Not for Sale. Alla ricerca dell'arte relazionale*, Mazzotta, Milano 2000, pp. 92-93.

32. Paolo Rosa, *L'arte fuori di sé. Pensieri ancora sommari sull'estetica delle relazioni*, in *Arte tra azione e contemplazione: l'interattività nelle ricerche artistiche,* a cura di Silvana Vassallo e Andreina Di Brino, Edizioni ETS, Pisa, 2003, p. 46.

33. Paolo Rosa, "Rapporto confidenziale su un'esperienza interattiva", in *Studio Azzurro. Ambienti sensibili*, op. cit., p. 28.

34. Valentina Valentini, *L' "imago": luce mescolata a tenebre*, in *Bill Viola. Visioni Interiori*, op. cit., p. 141.

35. Deidre Boyle, *Bill Viola, Womb with a View*, in "ARTnews", vol. 87, n. 1, January 1988. Tratto da: Deidre Boyle, *La parola silenziosa. Contemplazione e l'arte di Bill Viola*, in *Arte tra azione e contemplazione: l'interattività nelle ricerche artistiche,* a cura di Silvana Vassallo e Andreina Di Brino, Edizioni ETS, Pisa, 2003.

36. *Bill Viola in risposta alle domande di Jorg Zutter* in *Bill Viola. Visioni Interiori*, op. cit., p.180.

37. Giacomo Rizzolatti, Antonio Gnoli, *In te mi specchio. Per una scienza dell'empatia*, Rizzoli, Milano 2016.

38. http://www.domusweb.it/it/notizie/2009/01/30/pipilotti-rist.html

39. Carolyn L. Kane, *The Synthetic Color Sense of Pipilotti Rist, or, Deleuzian color theory for Electronic Media Art*, in Visual Communications, 2011, p. 475. Kane enfatizza il colore della Rist come una forma di percezione tattile e non cognitiva. L'utilizzo di colori elettronici, digitali, in questo senso, non allontana dal lavoro ma di fatto conduce verso un'esperienza sensoriale.

40. Marius Babias, *Il fattore rischio Rist. Quando i sogni si contorcono come pesci morenti*, in *Allo specchio*, a cura di Valentina Valentini, Lithos Editore, Roma 1998, p. 106.

41. Dorothy Spears, *Pipilotti Rist: MoMA*, in "Art in America" n. 97, January 2009, p. 105.

42. http://www.nytimes.com/2008/11/21/arts/design/21rist.html

43. https://www.moma.org/d/c/press_releases/W1siZiIsIjM4NzE2MiJdXQ.pdf?sha=7f4231851cb880c0

44. Catrien Schreuder, *Pour Your Body Out: Immersed in an Installation by Pipilotti Rist*, in *Elixir: The Video Organism of Pipilotti Rist*, catalogo della mostra, Museum Boijmans van Beuningen, Rotterdam 2009, p. 178.

45. Ibidem.

46. Viviana Gravano, *Paesaggi attivi: saggio contro la contemplazione: l'arte contemporanea e il paesaggio metropolitano*, op. cit., p. 136-137.

47. Arjun Appadurai, *Modernità in polvere: dimensioni culturali della globalizzazione*, Raffaello Cortina, Milano 2012.

48. Henry Jenkins, *Fan, Blogger e Videogamers. L'emergere delle culture partecipative nell'era digitale*, Franco Angeli, Milano 2008.

49. Jenny Holzer, *La bugia del potere*, in «Reset», n.100, marzo-aprile 2007pp. 5-16.

50. M.L. Bernardac, *Aforismi visivi nelle città*, in «Reset», n.100, marzo-aprile 2007, pp. 13.

51. Gabriel Menotti, *Façadelifts: new media installations, public space and the negotiation of civic identity*, in *The Media, Political Participation and Empowerment*, a cura di R. Scullion, R. Gerodimos, D. Jackson, D. Lilleker, Routledge, London and New York 2013, pp. 132.

52. http://www.lozano-hemmer.com/body_movies.php.

53. Rafael Lozano-Hemmer and Krzysztof Wodiczko, *Zoom Pavilion*, in Sterne, J., *The Participatory Condition in the Digital Age*, University of Minnesota Press, Minneapolis 2016, pp. 285-287.

54. Vincent Huguet, *Flower Power*, 2011. Tratto da www.miguel-chevalier.com

55. *Onde Pixel* è un progetto espositivo presentato da Miguel Chevalier a Milano, presso UniCredit Pavilion, dal 26 luglio al 28 agosto 2016. AA. VV., *Onde Pixel: lo sguardo di... Miguel Chevalier*, catalogo della mostra, Milano, Unicredit Pavilion, 26 luglio-28 agosto 2016, Unicredit 2016.

56. http://zkm.de/en/event/2017/08/opening-schlosslichtspiele-2017

57. http://www.kernelfestival.net

58. http://www.magmart.it

59. http://www.glowarp.com/invasioni-digitali-video-mapping/

60. http://connectingcities.net.

61. http://connectingcities.net/city-vision/participatory-city-2014.

62. Viviana Gravano, *Paesaggi attivi: saggio contro la contemplazione: l'arte contemporanea e il paesaggio metropolitano*, Costa & Nolan, Milano 2008, p. 136-137.

63. Ibidem.

64. Ibidem.

65. Ibidem, p. 138.

66. http://www.urbanexperience.it

67. Myron Krueger, *Realtà Artificiale*, Addison-Wesley, Milano 1992, p. 147.

68. AA.VV., *Ernesto Neto*, catalogo della mostra a cura di Dobrila Denegri, MACRO, Museo d'arte contemporanea, Roma, 30 maggio 2008 - febbraio 2009, Mondadori Electa, Milano 2008.

69. Willem Elias, *The Scent of a Colour, or the Colour of a Scent*, nella sezione testi del sito http://www.peterdecupere.net.

70. Ibidem.

71. Ibidem.

72. A Palermo il progetto faceva parte della rassegna *5 Piazze 5 Sensi. Arte e performance in Sicilia*, a cura di Chiara Canali e promossa dall'associazione canecapovolto, uno degli appuntamenti del Festival I ART, il grande contenitore di eventi multidisciplinari connesso all'omonimo progetto comunitario che, ideato e diretto da I World. http://www.i-art.it/it/press/comunicato-stampa/65ARTE5Piazze5SensiapprodaaPalermoconPeterDeCupereeiltemadellolfatto

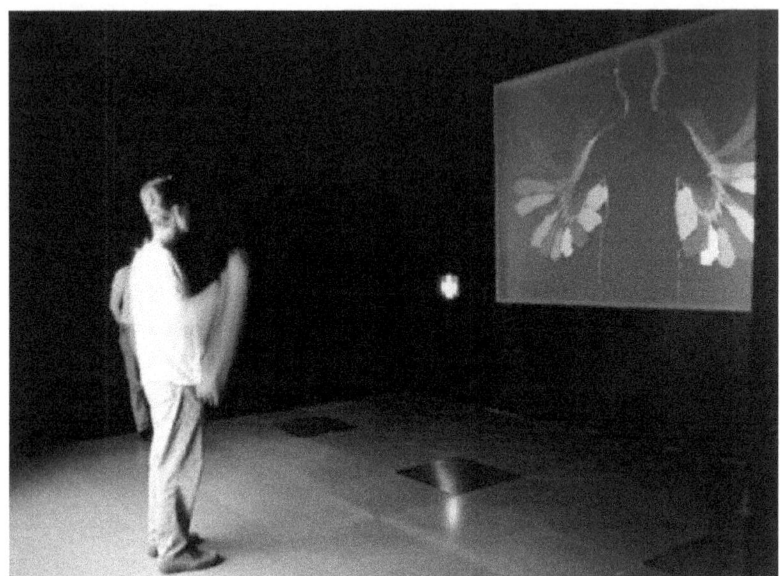

Myron Krueger, *Videoplace*, 1975-1985

4

Realtà Artificiale, Realtà Virtuale, Realtà Aumentata

4.1 La Realtà artificiale

Myron W. Krueger è stato il primo e per lungo tempo unico artefice di opere interattive. Artista, tecnologo, teorico, Krueger è l'ideatore del concetto di *Realtà Artificiale*. Quando conia questa espressione, a metà degli anni Settanta, nel libro omonimo, intende con essa l'avvento di un nuovo mezzo espressivo universale, in cui il corpo del fruitore possa partecipare alla rappresentazione, creata dal computer, con tutte le sue estensioni, a un livello talmente coinvolgente da considerare l'esperienza come se fosse reale. Il termine *artificiale*, rispetto a virtuale, sottolinea un aspetto ineludibile della questione: l'artificiosità delle costruzioni in esame; il loro essere non naturali, fatte a imitazione o superamento della natura, il loro essere prodotte da un artefice, un *artifex*.

Myron Krueger, nato nel 1942 in Indiana, consegue il Bachelor of Arts a Dartmouth, New Jersey, nel 1964 e frequenta corsi di informatica di base. Durante queste lezioni inizia a interessarsi al rapporto uomo-macchina e si iscrive alla facoltà d'Informatica del Wisconsin. Qui Krueger si concentra soprattutto sugli aspetti di interfaccia e interazione:

> Era chiaro che l'essere umano era la componente più importante di un sistema informatico. Ne conseguiva che l'interfaccia con l'uomo doveva essere il principale argomento di ricerca dell'informatica[1].

La sua costante ricerca di una interfaccia che permettesse l'interazione corporea, in un orizzonte che risente anche della sua formazione artistico-estetica, lo porterà a sviluppare *Videoplace*, un'opera di realtà artificiale, interattiva e ambientale "pura" che non richiede i dispositivi tecnici che diverranno propri della Realtà Virtuale, come visore e *data glove*. Deve essere il corpo, senza protesi, a interagire con l'immagine e gli strumenti che la producono e la modificano. L'interfaccia di *Videoplace* è ambientale in quanto i meccanismi di rilevamento sul comportamento dello spettatore sono distribuiti nell'ambiente anziché essere indossati (videocamere e processori d'immagine o sensori a terra): questa scelta produrrà influssi profondi sugli artisti interattivi successivi.

Antecedente di *Videoplace* è l'opera *Glowflow*, progetto universitario sviluppato nel 1969 assieme a Jerry Erdman (scultore minimalista), Dan Sandin (progettista di processori d'immagine) e Richard Venezsky (informatico). *Glowflow* era strutturato come un ambiente minimalista, luminoso e sonoro, caratterizzato da una limitata capacità di risposta alle azioni dei partecipanti; il ruolo di Krueger nel progetto si concentrava appunto su tale capacità di risposta. L'ambiente era costituito da un locale buio nel quale alcuni effetti luminosi creavano uno spazio illusorio: sulle pareti erano collocati una serie di tubi, illuminati da sostanze fluorescenti. Questi fornivano l'unico riferimento visivo ed erano disposti in modo da alterare la percezione dell'ambiente da parte degli osservatori. Il pavimento era suddiviso in aree sensibili alla pressione dei visitatori, pertanto se un ospite si sedeva in una certa zona o vi camminava sopra poteva circolare un certo suono o partire una determinata combinazione di luci. In generale i partecipanti però non avevano l'impressione di una reale interazione in quanto era stato calcolato un certo lasso di tempo tra azione e risposta; inoltre l'alto numero dei partecipanti rendeva impossibile capire chi avesse scatenato un certo effetto o meno. Non era possibile stabilire una relazione chiara di causa-effetto.

Nonostante il grande successo di *Glowflow*, Krueger ne individuò immediatamente le limitazioni interattive, dovute all'impostazione minimalista di Erdman e ne trae una serie di conclusioni interessanti:

1. L'Arte Interattiva è un mezzo potenzialmente versatile con una propria identità. Poiché si tratta di una novità, l'interazione deve costituire il punto focale e non un aspetto marginale.

2. Per poter rispondere in modo intelligente al comportamento dei partecipanti, il computer deve percepire il maggior numero possibile di particolari.

3. Il numero di persone da coinvolgere in questa esperienza deve essere limitato, in modo da mettere alla luce i rapporti esistenti tra l'ambiente e i partecipanti e non quelli che intercorrono tra i singoli individui.

4. I partecipanti devono essere consapevoli del modo in cui risponde l'ambiente.

5. La scelta dei sistemi di risposta sonori e visivi deve essere subordinata alla capacità del sistema di trasmettere un'ampia varietà di rapporti concettuali.

6. Le risposte visive non devono essere valutate come opere d'arte a se stanti, né i suoni come musica. L'unica preoccupazione estetica deve essere la qualità dell'interazione da valutare secondo i criteri generali: la capacità d'interessare, coinvolgere ed emozionare, di alterare la percezione e di definire una nuova categoria di bellezza[2].

La prima affermazione contiene l'enunciazione della definizione "Arte Interattiva", sostenendo che l'interattività ne deve costituire il punto focale. Dobbiamo storicamente dare atto a Krueger di questo merito teorico e terminologico. Non è corretto però affermare che l'importanza dell'interazione derivi unicamente dalla sua novità, quanto piuttosto, come già visto, dalla possibilità di sciogliere lo spettatore dalle sue catene di fruitore passivo, permettendo l'espansione nello spazio e la liberazione delle sue energie.

Dopo *Gowflow* è la volta di *Metaplay*, esposto alla Memorial Union Gallery (Università del Wisconsin) nel 1970: "Il mio obiettivo era quello di scoprire un mezzo interattivo. Se il risultato fosse stato arte tanto meglio, altrimenti sarei stato comunque soddisfatto perché ero sicuro che un mezzo interattivo avrebbe avuto valore a prescindere da come fosse stato classificato"[3]. *Metaplay* è un'installazione complessa, dove l'interazione avviene in realtà tra uomo e uomo, tra i partecipanti e un disegnatore digitale. Il progetto, composto da più parti, è disseminato in diversi luoghi: in un locale i partecipanti sono video ripresi e proiettati in scala naturale su di un grande schermo, mentre in un altro luogo un artista disegna immagini elettroniche che vengono sovrapposte alle immagini dei partecipanti. Sul grande schermo della sala convivono quindi insieme le immagini degli spettatori con immagini di grafica computerizzata, creando un primo esempio di *Realtà Artificiale*. Durante le settimane dell'esposizione vengono sperimentate diverse varianti: per esempio il grafico può comunicare direttamente con gli spettatori scrivendo messaggi o invitandoli a giocare, o può lavorare sull'immagine di un partecipante aggiungendo elementi grafici o modificando le loro sagome. Un'altra variante consente ai partecipanti di disegnare nello spazio: l'artista ne segue con il pennello elettronico il percorso della mano per disegnare in forma elettronica le linee.

Il successivo progetto di Krueger è *Psychic Space*, presentato per la prima volta nel maggio 1971 sempre alla Memorial Union Gallery. Questa è forse la sua prima installazione d'impianto concreto, basata su una piena esperienza d'interazione tra uomo e macchina. Come lui stesso afferma: "*Psychic Space* rappresentò un'esperienza totalmente diversa da quella di *Glowflow* e *Metaplay*. *Glowflow* costituiva un evento di gruppo, mentre *Metaplay* prevedeva l'intervento 'intrusivo' di un artista. *Psychic Space*, invece, rappresentava l'esperienza di una singola persona di fronte a un ambiente reattivo"[4]. L'esperienza di *Psychic Space* è estremamente personale, e l'intervento degli addetti all'installazione ridotta al minimo. La prima interazione che i partecipanti notano è che i loro passi provocavano suoni elettronici, e quindi che il pavimento (solcato da una griglia di sensori modulari che rileggono i passi dei presenti) può essere utilizzato come una tastiera musicale, che per di più ha comportamenti diversi nelle varie zone: note più alte in un settore e più basse in un altro. Ogni partecipante può comportarsi di fronte a questo "pavimento sonoro" in modo diverso. Ma i suoni generati dal pavimento sono solo uno degli aspetti di *Psychic Space*. Sul grande schermo da retroproiezione collocato nell'ambiente viene proiettato *Maze*, un labirinto interattivo che si percorre spostandosi nel locale. Un simbolo grafico rappresenta la posizione dello spettatore nel labirinto, e questo rapporto di causa-effetto viene individuato molto velocemente dai partecipanti. Ma il labirinto nasconde degli inganni, delle contromosse o delle modifiche nel programma che non consentono all'utente alcun successo. "Dopo la fase iniziale, in cui i partecipanti pensavano di trovarsi di fronte a un enigma da risolvere, si rendevano conto che in realtà *Maze* era un mezzo capriccioso, che sfruttava l'idea del labirinto e si prendeva gioco del loro impulso a percorrerlo"[5].

L'aspetto più intrigante di *Psychic Space* risiede in questo tranello concettuale che Krueger sviluppa per sedurre e rendere avvincente, e potenzialmente infinita, l'esperienza del partecipante. Da alcuni errori di trasmissione delle immagini di *Metaplay*, nasce l'opera più matura, che lo consegnerà alla fama: *Videoplace*. Accostando in maniera naturale le proprie mani al monitor, come se si trattassero di lavagne, le mani di Krueger vengono video riprese e si trovano così presenti nello spazio delle immagini. Quando l'immagine della propria mano si sovrappone inavvertitamente a quella del collega, si crea un certo disagio e il collega ritrae inconsciamente la mano per non avvertire il contatto. "La conclusione inevitabile fu che la convenzione sociale, esistente nel mondo reale, di mantenere una distanza fisica ed evitare il contatto, veniva applicata anche in quel momento, in una esperienza puramente visiva"[6]. Krueger scopre che due persone, di fronte all'accostamento delle rispettive immagini remote, interagiscono come se si trovano fisicamente insieme. "Quando viene impiegato un dispositivo di visualizzazione a due ingressi, si crea un ambiente visivo condiviso da più persone, che abbiamo definito *Videoplace*"[7].

Videoplace è un luogo in cui i partecipanti possono interagire in tempo reale tra loro e contemporaneamente con un ambiente artificiale prodotto dal computer, dotato di proprie regole, diverse da quelle naturali. Il primo prototipo viene installato al Museo D'Arte di Milwaukee nel 1975. *Videoplace* pone il partecipante di fronte a uno schermo che rimanda la propria immagine e quella degli altri spettatori, accostati a elementi grafici elettronici. Alcuni tubi fluorescenti retroilluminano un grande foglio di plastica, alle spalle del fruitore, per produrre un'immagine ad alto contrasto che consenta al computer di distinguere la sagoma della persona rispetto allo sfondo. Le immagini sono inviate a dei processori che le analizzano in relazione agli oggetti grafici e alle altre sagome. Il mondo simulato da *Videoplace* non deve necessariamente corrispondere alla realtà: le sue leggi fisiche non sono immutabili e il protagonista può volare, crescere, rimpicciolirsi, mutare di forma.

Negli anni successivi Krueger e i suoi collaboratori sviluppano innumerevoli interazioni grafiche (oltre cinquanta) su una serie di temi e motivazioni, alcune delle quali presentano legami con l'estetica tradizionale, altre introducono elementi delle realtà artificiali (come *Critter, Individual Medley, Body Surfacing, Fractal, Digital Drawing*, ecc.). Come giustamente Krueger comprende, "Le manifestazioni interattive inaugurano nuovi rapporti tra l'artista e il pubblico e tra l'artista e l'arte. L'artista opera a un metalivello, l'esecuzione diretta dell'esperienza spetta al partecipante"[8]. Il tema della partecipazione attiva da parte del pubblico spinge Krueger a riflettere sulle differenze tra l'arte interattiva e l'arte tradizionale: innanzitutto lo spostamento di interesse dall'artista al partecipante. Nel tentativo di coinvolgere il pubblico, la realtà artificiale ha più elementi in comune con gli happening degli anni Sessanta che con i modi convenzionali del fare arte. Nella realtà artificiale, inoltre, viene assunta una consapevolezza diversa della sensibilità corporea nel rapporto che si crea tra azione e risposta, causa ed effetto. Un ulteriore aspetto distingue le realtà artificiali dalle arti tradizionali esposte nei musei: mentre una scultura o un dipinto sono riferiti a una singola percezione in termini di spazio-tempo, le realtà artificiali non sono opere statiche e non vanno ammirate passivamente, ma necessitano di essere vissute in quanto propongono esperienze possibili sempre diverse e uniche. Infine possono diventare una forma di socialità in quanto non è centrale solo il rapporto tra artista e osservatore, ma può essere indagato il rapporto tra più osservatori. "A tal proposito - continua – invece di isolare gli individui ulteriormente, l'obiettivo delle realtà artificiali è inventare nuovi modi di avvicinarli"[9].

Nel 1990 Myron Krueger vince la prima edizione della sezione *Arte Interattiva* all'interno della manifestazione Ars Electronica di Linz. La giuria sottolinea il suo ruolo di pioniere dell'arte interattiva, la sperimentazione a più livelli nell'interazione uomo-uomo e uomo-macchina avvenuta in *Videoplace* e nelle opere precedenti, nonché il suo ruolo di teorico nello sviluppo del concetto di *Realtà Artificiale*[10].

4.2 Virtual Reality

Negli anni Ottanta, in anticipo sulla diffusione del termine "Realtà Virtuale", iniziano a vedersi prima nelle fiere e nei convegni specializzati, poi nelle sale giochi, negli ospedali e nei centri di ricerca, gli *head-mounted displays* (oggi superati dai vari Samsung Glasses, Google Cardboard o Oculus Rift) e i caschi della Realtà Virtuale. Le tecnologie di simulazione di ambienti artificiali che vanno sotto il nome di "Realtà Virtuale"[11], in effetti, affondano le loro radici negli anni Sessanta e Settanta, nel lavoro di ricercatori come Ivan Sutherland (inventore dello *head-mounted display*), Alan Kay, Nicholas Negroponte e altri, in sedi come l'Architecture Machine Group (poi diventato Media Lab) del MIT, e l'Atari Laboratory.

Le intuizioni di fondo risalivano a visionari come Douglas Engelbart e J.R.C. Licklider, la cui idea di una "simbiosi uomo-computer" avrebbe influenzato la diffusione del personal computer. Abbiamo visto come, tra la fine degli anni Sessanta e l'inizio dei Settanta, Myron Krueger aveva già costruito degli ambienti interattivi, che rispondevano ai movimenti e alle azioni del visitatore, tra cui *Videoplace* (1975-77). Krueger aveva adottato per questi ambienti il nome di *Realtà Artificiale*, un termine che non ebbe successo e che fu poi soppiantato da "Realtà Virtuale". Fu solo alla metà degli anni Ottanta che un geniale costruttore, Jaron Lanier, mise insieme il casco di Sutherland, il *data glove* di Thomas Zimmerman prodotto per la NASA, il suono stereofonico, e un nuovo linguaggio di programmazione visivo, per costruire il primo ambiente che si sarebbe chiamato "virtuale".

Nelle intenzioni dei suoi profeti, la Realtà Virtuale aveva tutte le caratteristiche di una nuova interfaccia uomo-macchina, uomo-computer: un'interfaccia che non aveva più bisogno di una sequenza di lettere, numeri o simboli astratti da digitare su una tastiera, ma dei soli movimenti del corpo. Nell'ambiente virtuale è il corpo a svolgere il ruolo dell'interfaccia, a costituire la storia relazionale dell'ambiente. "Il fruitore di un ambiente virtuale – afferma Roberto Diodato – non è seduto nella sua poltrona, non si trova di fronte a uno schermo in cui sfilano immagini animate a due dimensioni, la cui animazione è illusione di continuità e movimento, le quali propongono al suo sguardo un simulacro della percezione di realtà e soprattutto il suo sguardo non è sdoppiato nello sguardo altro della macchina da presa. Sente e agisce in un ambiente sensibilmente complesso che non è simulacrale, non è immagine di, in quanto i corpi virtuali rinviano letteralmente al loro essere. L'ambiente virtuale è innanzitutto un ambiente spaziale che non è mai soltanto spazio geometrico e prospettico, ma si forma come movimento e non è altro dallo spazio oculomotorio e cinestetico: è uno spazio che vive del movimento del corpo del fruitore e dell'interattività tra fruitore e corpo virtuale"[12]. Nell'ambiente virtuale lo spettatore è il "punto di vista, l'occhio della macchina da presa", e decide quali movimenti far compiere al suo occhio. Dunque per queste caratteristiche, l'esperienza di Realtà Virtuale è, secondo Diodato, multimediale e interattiva, dove multimedialità indica una peculiare "ricchezza rappresentazionale di un ambiente mediato"[13].

Il mondo virtuale generato dal computer e nel quale si è immersi tramite i piccoli schermi davanti agli occhi, all'interno del casco, può essere una replica del mondo fisico o può funzionare secondo leggi diverse, ma appare alla vista, all'udito ed, entro certi limiti, al tatto (se si indossava un guanto particolare), come il mondo reale: si possono prendere in mano oggetti virtuali, spostarli, sentirne il rumore, ci si può spostare da una stanza all'altra, calpestare un pavimento o un manto erboso sotto un cielo azzurro. "La Realtà Virtuale non è la prossima tappa nello sviluppo del computer, è qualcosa di più ampio. Un computer è uno strumento abbastanza specifico. La Realtà Virtuale è una realtà alternativa, o parallela (...)"[14].

Questo fenomeno investe molte sfere culturali e viene applicato nei settori della robotica industriale e della ricerca scientifica, nella medicina e anche nella didattica. L'applicazione commerciale più redditizia della Realtà Virtuale è stata quella dei videogames immersivi. Questa tecnologia implica infatti la traslazione sensoriale in una realtà parallela.

Tra i primi studiosi ad affrontare il concetto di "virtuale" e ad intuire l'importanza dell'utilizzo della Realtà Virtuale nell'ambito dei videogame è stato Tomás Maldonado, il quale è convinto che la frequentazione delle realtà virtuali sia in grado di contribuire a un arricchimento del nostro rapporto conoscitivo e operativo con il mondo reale. Secondo lo studioso il rapporto arte-virtualità è di estremo interesse e porterà vantaggi nella sperimentazione artistica e comunicativa[15].

Abbiamo visto come la storia delle installazioni interattive ha condotto progressivamente l'interazione da una partecipazione sensoriale a una partecipazione mediata da un'interfaccia pervasiva ma trasparente, per cui la macchina diventa organo della partecipazione dello spettatore, trasformandolo in attore-spettatore.

Esperienza di Realtà Virtuale nel settore dell'arte è *Home of the Brain* (1992) di Monica Fleischmann e Wolfgang Strauss. Si tratta di un dispositivo di immagine virtuale di cui fruiamo indossando visore e guanto direzionale per muoverci in uno spazio che rappresenta un labirinto che arriva a quattro case dedicate, metaforicamente, ai filosofi dei media e agli scienziati del computer. Entrandovi si sentono suoni e musiche, sedendosi sulle sedie dei filosofi si odono le loro enunciazioni, toccando le loro immagini appese ai muri scorrono documentari e, nell'aria, fluttuano brani delle loro opere. Secondo gli autori dell'opera: "Le nuove tecnologie, che ispirano tanto fascino, devono creare spazi pubblici di comunicazione. *Home of the Brain* è una metafora per una forma di spazio pubblico completamente nuovo che diventi il centro per la riflessione culturale sui nuovi media. [...] Chi guarda è 'dentro', non solo 'di fronte' all'immagine".

Fleischmann e Strauss hanno creato installazioni dove spesso analizzano e reinventano il mito di Narciso. In *Rigid Waves* (1993) il fruitore si vede rappresentato in una sorta di specchio, avvicinandosi al quale l'immagine tende a farsi confusa, fino ad esplodere e andare in pezzi quando si supera una certa soglia. *Skywriter* (1995) è invece ambientato in uno studio televisivo: l'utente, su una sorta di skateboard volante, viene proiettato in un mondo virtuale e può dirigere il suo volo mediante la propria percezione dell'equilibrio.

Un pioniere italiano di questa ricerca è Mario Canali che, assieme a Adriano Abbado e Riccardo Sinigaglia, nel 1985 fonda il gruppo Correnti Magnetiche[16] che indaga le possibilità espressive del linguaggio di programmazione e le relazioni tra musica e immagine in movimento. Dopo aver ricevuto vari riconoscimenti al Prix Ars Electronica nella categoria Computer Animation, a partire dagli anni Novanta inizia, assieme a Stefano Roveda, una ricerca nel campo della Realtà Virtuale. "Il Virtuale – afferma Mario Canali – è una nuova dimensione, laterale, spostata rispetto alla realtà, frutto di processi di traduzione e di sostituzione percettiva"[17].

L'installazione *Satori* (1993-94), prima installazione italiana di Realtà Virtuale immersiva, è costituita da ambienti in Realtà Virtuale da esplorare restando comodamente seduti su una poltrona che può ruotare. *Satori* (che nella filosofia Zen significa "illuminazione") è costituita da vari spazi collegati da portali nei quali compiere un viaggio d'avventura in cui si incontrano oggetti, architetture, personaggi dalla forte valenza simbolica e archetipale. Come afferma Mario Canali, il compito futuro dell'artista sarà quello di "mettere a disposizione scenari, mondi, personaggi, amici di comportamento; toccherà all'utente, non più osservatore passivo, ma esploratore, calarsi all'interno di quei mondi, prendersi la responsabilità delle vicende per sperimentare, vivere e consumare il proprio racconto"[18].

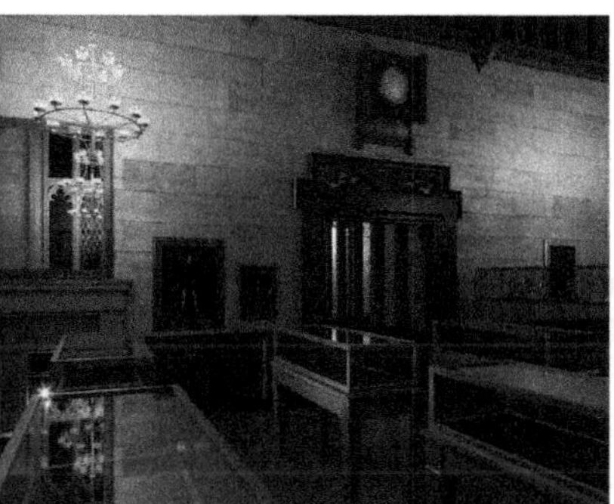
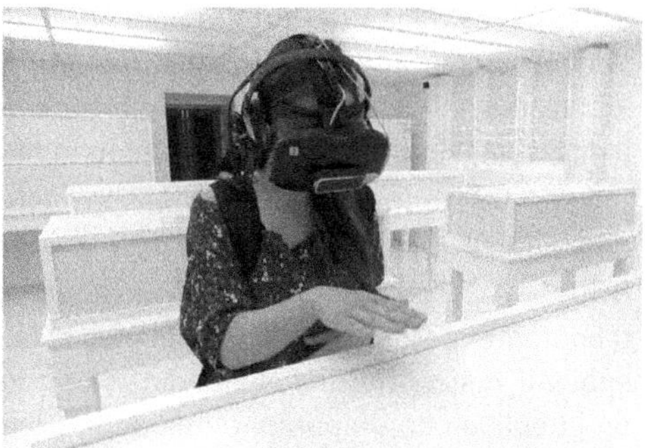

Mat Collishaw, *Thresholds*, 2017. Somerset House, London (17 maggio - 11 giugno 2017)

Sempre negli anni Novanta realizza un'altra opera interattiva dal titolo *Ulisse* (1995): lo spettatore-viaggiatore può sedersi su una specie di trono costruito in legno, fornito di sensori in grado di rilevare lo stato emotivo del partecipante mediante la rilevazione di parametri biologici del corpo (battito cardiaco, postura, movimenti involontari). I dati rilevati dai sensori sono in grado di interferire con le immagini di sintesi e i suoni generati dal computer. Per mezzo di un *joystick*, a forma di scettro, il partecipante può controllare queste immagini e suoni, sintomi del proprio stato emozionale, che viene quindi ulteriormente modificato dagli stimoli ricevuti, realizzando così un ciclo di retroazione. Il viaggio virtuale che si attua con la partecipazione a quest'opera ha come risultato una maggiore coscienza di sé, il desiderio di esplorare la propria interiorità, sia fisica che mentale, il desiderio della padronanza di sé stessi alla quale forse allude l'ironica forma delle interfacce (trono e scettro), intese metaforicamente come segnali di un dominio esercitato non verso l'esterno, ma verso l'interno di se stessi.

Mario Canali ha coniugato l'impegno nella ricerca artistica alla realizzazione di progetti di interazione sociale caratterizzati dall'uso delle tecnologie, dalla promozione delle arti performative e dalla diffusione di un pensiero digitale.

Dopo un certo periodo di silenzio, negli ultimi anni la Realtà Virtuale sta vivendo una seconda ondata di notorietà divenendo uno strumento sempre più utilizzato dagli artisti o dai registi come dispositivo per far vivere al visitatore un'esperienza di comunicazione diretta e immersiva, che coinvolge contemporaneamente tutti i sensi. Da Jon Rafman, che per la BB9 – Biennale di Berlino 2016 – ha proposto *Speculative Ambience*, un'opera in Realtà Virtuale utilizzando l'Oculus Rift, a Rachel Rossin, artist-in-residence del programma NWE INC del New Museum di New York e pioniera della VR, che realizza dipinti astratti visualizzabili attraverso le cuffie Oculus, per fornire agli spettatori un'esperienza immersiva ispirata in parte dai dipinti stessi.

Uno degli ultimi progetti dedicati alla Realtà Virtuale è a opera dell'inglese Mat Collishaw (artista proveniente dalle fila della Young British Art) che ha ideato *Thresholds* (2017). Sfruttando le ultime tecnologie per simulare virtualmente la realtà, grazie all'ausilio di speciali dispositivi indossati dai visitatori, l'artista ha riproposto per un pubblico contemporaneo una delle prime grandi mostre di fotografia della storia. I visitatori possono tornare indietro nel tempo fino al 1839, quando lo scienziato britannico William Henry Fox Talbot ha presentato pubblicamente le sue prime fotografie alla King Edward's School a Birmingham. L'esperienza permette un'immersione totale che include i sensi della vista, del tatto e dell'udito. Al visitatore è permesso di camminare liberamente in una sala ricostruita digitalmente. Si possono toccare vetrine, mobili e modanature su misura. È stato simulato anche il calore della stufa a carbone. Sensori a raggi infrarossi seguono la posizione dei visitatori e creano degli avatar virtuali che indicano la loro posizione e migliorano la sensazione di viaggio nel tempo. Collishaw ha creato anche un paesaggio sonoro che accompagna la mostra: le manifestazioni dei Cartisti, che hanno protestato nel 1839 per le strade di Birmingham, possono essere viste dalle finestre digitali. *Thresholds* non solo ripropone un'importante mostra storica ma offre al pubblico un modo inedito per visualizzare immagini che sono state perdute nel tempo. Così Collishaw ha dichiarato nel comunicato stampa della mostra: "Da diversi anni sto cercando di lavorare con la Realtà Virtuale e sono felice che ora sia diventata un mezzo fattibile da poter essere utilizzata in un'opera d'arte. La capacità della Realtà Virtuale di consentire ai visitatori di rivisitare la nascita della fotografia - un mezzo che è venuto a saturare la nostra vita - è sbalorditiva e convincente. È anche abbastanza appropriato perché la VR, intesa come immersione totale, a 360 gradi, dello spettatore all'interno di un'immagine, è una delle molte innovazioni derivate dall'invenzione della fotografia"[19].

4.3 Augmented Reality

Negli ultimi anni sono stati distribuiti sul mercato degli strumenti interattivi indossabili come i Google Glasses o gli HoloLens attraverso cui l'utente viene messo in condizione di effettuare una serie di operazioni (leggere posta elettronica, inviare messaggi, realizzare

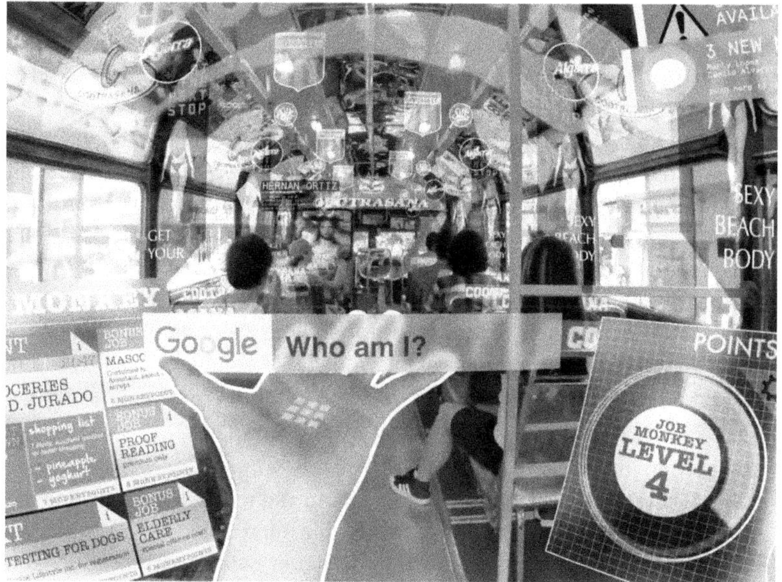

Still da Keiichi Matsuda, *Hyper-Reality*, 1975-1985

e condividere fotografie e filmati o consultare database) attivando un'interfaccia sensibile ai comandi vocali, agli spostamenti della testa, al tocco dell'asticella destra degli occhiali sui quali è posizionato un pulsante. Le informazioni vengono visualizzate su un piccolo schermo trasparente (il prisma) collocato nell'angolo superiore destro degli occhiali. Questi visori permettono di navigare non in un ambiente virtuale, artificiale e immersivo, come quello della Realtà Virtuale, bensì nel mondo reale, inclusivo che, attraverso questi visori o occhiali, ci invia delle informazioni per guidare le nostre azioni. Nella realtà aumentata (*Augmented Reality*), infatti, la persona continua a vivere la comune realtà fisica, ma usufruisce di informazioni aggiuntive o manipolate della realtà stessa. Le informazioni circa il mondo reale che circonda l'utente, possono diventare interattive e manipolabili digitalmente. Gli elementi che "aumentano" la realtà possono essere fruiti non soltanto attraverso gli occhiali o i visori sopra menzionati, ma anche mediante un dispositivo mobile, come l'uso di un PC dotato di webcam o altri sensori o uno smartphone con applicazione particolare (provvisto di GPS).

Il designer, artista e filmaker britannico di origini giapponesi Keiichi Matsuda ha realizzato una trilogia intitolata *Augmented (Hyper) Reality* (di cui fanno parte anche *Domestic Robocop* e *Augmented City 3D*) dove, attraverso una soggettiva che mescola oggetti fisici e informazioni interattive provenienti da device digitali, lo spettatore si muove per la città attraverso la cosiddetta Realtà Aumentata. Da tempo Matsuda indaga questa dimensione che per mezzo di vari dispositivi integra lo spazio fisico e il virtuale in un insieme contiguo, stratificato e dinamico, una vera e propria Hyper Reality. "Oggi – sottolinea Matsuda – possiamo prendere un grande numero di informazioni e metterle ovunque; non abbiamo più bisogno di guardare uno schermo, di essere seduti alla nostra scrivania o guardare il telefono. Possiamo semplicemente essere nel mondo. Questo significa che possiamo liberarci dei nostri devices e, invece di focalizzarci su questi rettangoli, torniamo improvvisamente a guardare il mondo. E questo è molto bello. L'Augmented Reality è una tecnologia centrata sull'uomo, è naturale e intuitiva"[20].

Tra i primi in Italia a sfruttarne le potenzialità in senso estetico, gli ideatori dell'innovativa startup *Bepart The Public Imagination Movement*[21] hanno lanciato una App disponibile per Android e iOS, che ha permesso agli utenti di visualizzare alcune opere di una mostra dedicata alla pittura cinese contemporanea sulle facciate di alcuni palazzi storici di Milano come il PAC, Palazzo Reale e il Castello Sforzesco. Il progetto, nato nel 2013 ha lo scopo di ridisegnare gli scenari urbani in maniera condivisa e democratica, riempiendo le città di tutto il mondo di arte, architettura, design, video, suoni e parole. Secondo Bepart, la realtà aumentata abbatte le barriere fisiche museali di fruizione dell'arte ed estende lo spazio espositivo nelle aree urbane, in modo analogo a quanto fa per certi aspetti la Street Art.

L'*App Bepart*, lanciata ufficialmente nell'ottobre 2015, ha acquisito una serie di installazioni che interagiscono direttamente con la conformazione delle superfici e dei muri della città. Queste opere costituiscono il primo passo per la formazione di uno spazio espositivo diffuso che si estende a numerosissime città del mondo. In molti casi le nuove opere sono nate in luoghi in cui erano già presenti murales e opere di Street Art, come per esempio il lavoro tridimensionale di Peeta sul muro dell'Archivio Diocesano o il progetto visionario di Revolution Dept sul murales di Kayone presso il Museo della Scienza e della Tecnica, o ancora le scritte di Gio Evan sul muro di Mork in Ripa di Porta Ticinese. Inquadrando questi siti, l'applicazione permette di visualizzare sullo smartphone installazioni e opere d'arte virtuali. Qui il collegamento concettuale ai luoghi è ancora più profondo, i nuovi disegni si contaminano con il tessuto urbano, i graffiti sbocciano sopra i graffiti, permettendo ai cittadini di riappropriarsi degli spazi urbani attraverso una nuova libertà di immaginazione pubblica.

La tecnologia della realtà aumentata non è più qualcosa di avulso dalla realtà, ma è uno strumento alla portata di tutti, capace di creare interazione, contenuti creativi e libera espressione.

4.4 *Postinterface* e telepresenza. Spazi virtuali di socialità

Tomás Maldonado, in *Reale e Virtuale*, dedica un paragrafo al tema della "telepresenza" e cita le cosiddette "macchine telearchiche" (*telearchic machines*) su cui avevano posto attenzione gli studiosi M.W. Thring e J.W. Clark, definite come dispositivi tecnici tramite i quali "l'uomo può compiere operazioni complesse in un luogo in cui (per mancanza di sicurezza) non è possibile essere (personalmente) presenti"[22].

La telepresenza[23] - intesa come la possibilità data dall'utilizzo di robot o di altre tecnologie di essere presente in qualunque posto del mondo, in tempo reale, anche se fisicamente a migliaia di chilometri di distanza da quel posto -, sembrava un campo improbabile fino a pochi anni fa, ma sta diventando sempre di più un settore di ricerca. Telepresenza e Realtà Virtuale coincidono solo quando una persona immersa nell'ambiente virtuale del Cyberspazio può controllare in remoto un vero robot nello spazio tangibile e ricevere feedback dalle sue azioni. D'altra parte, i ricercatori stanno già implementando la Realtà Virtuale in rete. Ciò significa che presto sarà permesso a persone provenienti da paesi diversi di incontrarsi regolarmente in un database remoto e di interagire attraverso le proprie proiezioni grafiche, usando sistemi di telecomunicazione.

Secondo il critico Mario Savini, l'uomo del XXI secolo vive totalmente immerso in un universo tecnologico e in una società dell'informazione da cui prende forma una Realtà Virtuale che scorre parallelamente a quella reale. Al giorno d'oggi non c'è più distinzione fra ciò che è reale da ciò che è virtuale ma la condizione attuale è quella di una *Postinterface*, secondo il neologismo coniato da Savini. *Postinterface* definisce una serie di fenomeni contemporanei tra estetica e comunicazione dove l'interfaccia perde la forma statica dello schermo e "configura un habitat comunicativo mobile, caratterizzato da un sistema mediale aperto dove soggetti sociali dalle appartenenze fluide riutilizzano in maniera performativa i media, riproponendo comportamenti estetici che richiamano l'artista bricoleur delle avanguardie. Come spilli segnaletici, [...] coprono alcune delle principali superfici della nuova morfologia sociale, luogo simbolico del movimento dove la partecipazione diventa attivismo concreto" [24].

L'uomo della *Postinterface* si trova, da una parte, in una condizione di solitudine di fronte al computer ma, allo stesso tempo, vive in uno spazio più ampio di comunicazione, all'interno di un gruppo esteso di amici virtuali, grazie a Internet, ai social network o ai forum. Partendo da questo punto di vista si può constatare come l'interfaccia sia diventata invisibile, completamente integrata e sempre più complementare alla realtà che ci circonda attraverso nodi interconnessi. Si va in direzione di un'*HyperArchitettura* o di una "Transgeografia"[25] dove gli oggetti di uso ormai comune necessari nelle funzioni quotidiane hanno di fatto diminuito il confine tra uomo e macchina, uomo e territorio urbano, proiettandoci in un ambiente interattivo dove le capacità umane coesistono e sono profondamente legate agli strumenti elettronici. Anche gli edifici delle città hanno una sensibilità e una intelligenza propria, i muri interagiscono con l'ambiente esterno e con il corpo, gli elettrodomestici intelligenti si possono attivare con un semplice messaggio del telefono (domotica).

Questa tematica è ribadita da Cecilia Guida, che introduce il modello interpretativo delle cosiddette *Spatial Practices*[26], basato sulla constatazione che non è possibile distinguere tra spazi della città e spazi della rete, perché ci sono solo procedure partecipative fluttuanti tra gli uni e gli altri.

Nel prossimo capitolo verrà considerata l'opera *Hole in Space* di Kit Galloway e Sherrie Rabinowitz che ha in qualche modo anticipato questa tendenza. Altra opera che sfrutta le potenzialità della telepresenza e della teleazione è *Vectorial Elevation* del già citato Rafael Lozano-Hemmer, proposta a Città del Messico (2000) e a Dublino (2003) in occasione di grandi eventi pubblici. In particolare l'installazione per Plaza Zocalo in Città del Messico consisteva in fari robotizzati posti sugli edifici che circondano la piazza i cui fasci di luce disegnavano degli spettacolari pattern nel cielo. Il movimento dei fari, pilotato da un software, era interattivo e le configurazioni luminose venivano create accedendo a un sito web pubblico e a un programma dedicato dalla semplice interfaccia con cui i partecipanti potevano intervenire in tempo reale sulla direzione dei fasci di luce e potevano lasciare qualsiasi messaggio, poesie d'amore o proposte di matrimonio.

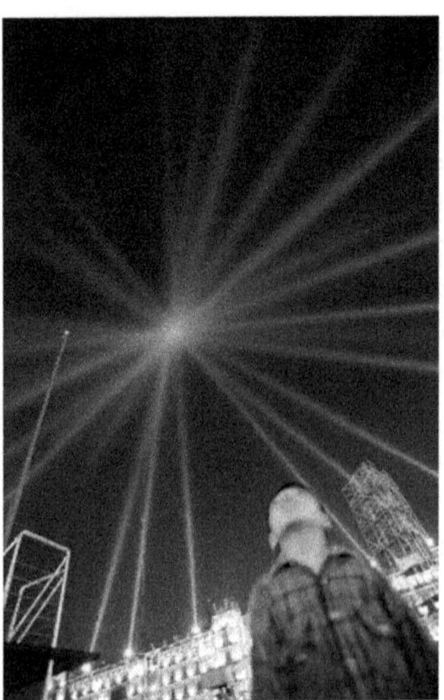

Rafael Lozano-Hemmer, *Vectorial Elevation, Relational Architecture 4,* Zocalo Square, Città del Messico 1999. Photo: Martin Vargas

Come ha teorizzato Mario Savini, "il paesaggio è in grado di immagazzinare, scambiare e modificare dati attraverso le reti informatiche, facilitando l'accesso alla sfera pubblica"[27].

Il britannico Peter Sermon ha realizzato nel 1993 installazioni in telepresenza, come *Telematic Vision* in cui gli utenti interagiscono con immagini di utenti situati in luoghi remoti.

Un altro progetto è *Telegarden* di Ken Goldberg e Joseph Santarromana, un'opera telerobotica, sviluppata presso la University of Southern California: il pubblico della Rete ha interagito con un giardino remoto che custodisce piante viventi. I membri della comunità hanno potuto muovere un braccio robotico industriale per piantare un seme e innaffiarlo e poi hanno monitorato la crescita degli organismi viventi. L'installazione artistica, presentata nel giugno 1995, è stata trasferita nella hall dell'Ars Electronica Center di Linz nel 1996 dove è rimasta online fino all'agosto 2004.

Nel 1996 Masaki Fujihata ha proposto *Light on the Net*, una scultura di 49 lampade ordinate in una matrice (7x7) che può essere controllata dagli spettatori e visualizzata grazie ad una webcam. L'opera è stata installata nel Gifu Softopia Center di Tokyo e il feedback è stato immediato. Attraverso un sito Internet (che registrava gli indirizzi IP delle ultime dieci azioni) gli utenti hanno potuto modificare l'illuminazione dello spazio pubblico.

Tra i lavori più enigmatici di telepresenza, *Rara Avis* (1996) di Edoardo Kac è un'installazione interattiva di telepresenza in Rete nella quale partecipanti locali e remoti esperiscono, dal punto di vista di un uccello tropicale telerobotico (Macowl), una grande uccelliera con trenta uccelli. Di fronte alla grande uccelliera il partecipante trova una cuffia per la Realtà Virtuale. Lo spettatore, mentre indossa la cuffia, è trasportato all'interno dell'uccelliera e la percepisce dal punto di vista del Macowl (i cui occhi sono due videocamere a colori miniaturizzate) e può osservare se stesso in questa situazione. Quando lo spettatore, ora partecipante, muove la

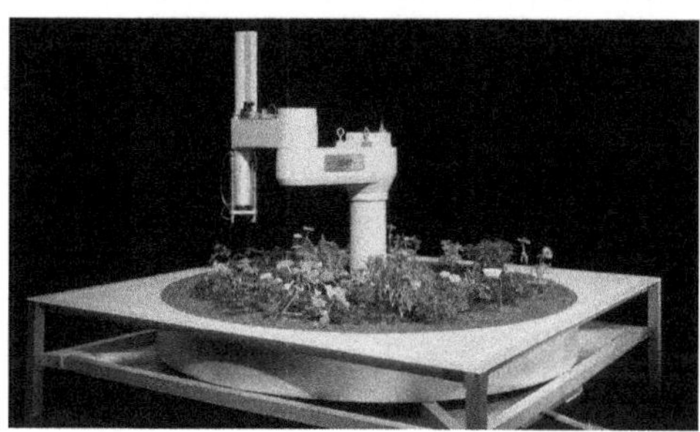

Ken Goldberg e Joseph Santarromana, *Telegarden*, 1995-2004

sua testa a destra o a sinistra, la testa del Macowl telerobotico si muove di conseguenza. L'installazione è rimasta connessa ad Internet per tutto il tempo ed è stata mandata in diretta, in tempo reale, la trasmissione video dal punto di vista dell'uccello telerobotico. Attraverso la Rete i partecipanti remoti hanno osservato lo spazio della galleria dal punto di vista del Macowl, condividendone il corpo con i partecipanti locali.

Un altro lavoro di arte pubblica per telepresenza è *SMSMS (SMS Mediated Sublime)*[28], un'installazione di Maurizio Bolognini che coinvolge lo spettatore nella manipolazione in tempo reale di immagini proiettate su grandi edifici. Collegando alcune delle sue *Macchine programmate*[29] alla Rete telefonica cellulare, ha potuto consentire a chiunque di interagire con l'installazione dal proprio telefono. Inviando SMS lo spettatore ha potuto cambiare certi parametri in modo semplice e comprensibile a chiunque, e ha potuto vederne immediatamente l'effetto sull'immagine. Questa modalità di intervento ha tenuto conto di tecniche di partecipazione desunte da un concetto di "democrazia elettronica" che va oltre la semplice comunicazione verticale tra spettatore e opera e, in prospettiva, può passare dalla interattività al decision-marketing interattivo, e quindi dall'interattività alla democrazia. "In queste installazioni l'idea era di avere un'interattività più evoluta, che comprendesse il concetto di intelligenza collettiva, che oggi è molto abusato, ma ha un fondamento scientifico. Ci sono esperimenti che dimostrano che, usando certe tecniche di comunicazione, l'intelligenza collettiva di un gruppo non è la semplice somma delle intelligenze individuali, ma è un dispositivo diverso"[30].

In riferimento al graffitismo, nel 2005 John Geraci ha proposto *Grafedia*, un modo originale di "cliccare" le scritte sui muri di luoghi pubblici per visualizzare immagini, video o altri documenti. Le *tag*, realizzate con gesso o vernice, sono parole blu e sottolineate come fossero hyperlink: inviando un messaggio dal proprio cellulare è possibile ricevere una risposta ed avere il contenuto di riferimento. Tutti possono partecipare allo sviluppo di una città interattiva simile ad una pagina web, scegliendo una parola, scrivendola ovunque ed associandole dei file[31]. Ormai diventa sempre più difficile capire dove finisce la simulazione e dove inizia la realtà. Il *prosumer* reinventa l'interfaccia in un modo assolutamente imprevedibile e inaspettato, determinando un interrogativo molto forte su cosa sia reale e cosa virtuale.

1. Myron Krueger, *Realtà Artificiale*, Addison-Wesley, Milano 1992, p. XXII
2. Ibidem, pp. 16-17.
3. Ibidem, pp. 17-18.
4. Ibidem, p. 24.
5. Ibidem, p. 30.
6. Ibidem, pp. 33-34.
7. Ibidem, p. 37.
8. Ibidem, p. 87.
9. Ibidem, pp. 91-93.
10. Hannes Leopoldseder (a cura di), *Der Prix Ars Electronica 1990. Internationales Kompendium der CompuerKunste*, Catalogo Veritas Verlag, Linz 1990, p. 167.
11. Cfr. Howard Rheingold, *La Realtà Virtuale*, Baskerville, Bologna 1993; S.K. Helsel, J. Roth, *Virtual Reality. Teoria, pratiche, prospettive*, ed. it. a cura di Antonio Caronia, Phoenix, Bologna 1994.
12. Roberto Diodato, *L'estetica del virtuale*, Bruno Mondadori, Milano 2005, pp. 173-174
13. Ibidem, p. 12.
14. Un mondo senza limiti. Intervista a Jaron Lanier, in "Alphaville", n. 1 (nuova serie), *F for Fake*, luglio 2008, p. 178, in Antonio Caronia, *Il Cyborg. Saggio sull'uomo artificiale*, ShaKe edizioni, Milano 2008.
15. Tomás Maldonado, *Reale e virtuale*, Feltrinelli, Milano 1992.
16. AA. VV., *Correnti Magnetiche. Immagini virtuali e installazioni interattive*, a cura di Maria Grazia Mattei, catalogo della mostra (Perugia, CERP – Rocca Polina, 11-25 maggio 1996), Arnaud – Gramma, Perugia 1996.
17. Mario Canali, *Virtuale, Archetipi, Corpo*, in AA. VV., *Correnti Magnetiche. Immagini virtuali e installazioni interattive*, op. cit., p. 50.
18. Mario Canali, *Quando l'informazione si fa mondo*, in "Virtual", Anno I, n. 1, settembre 1993.
19. https://www.somersethouse.org.uk/press/mat-collishaw-thresholds
20. http://www.meetthemediaguru.org/
21. http://bepart.net
22. Tomás Maldonado, *Reale e virtuale*, Feltrinelli, Milano 1992, p. 70.
23. http://www.ekac.org/telepresence.art._94.html
24. Mario Savini, *Postinterface. L'evoluzione connettiva e la diffusione del pensiero plurale*, Plus Pisa University Press, Pisa 2009.
25. Mario Savini, *Transgeografia. Le nuove esperienze dell'abitare tra ipaesaggi mediatici dell'arte*, in *Il Capitale culturale Studies on the Value of Cultural Heritage*, Vol. 10, Università di Macerata, Macerata 2014.
26. Cecilia Guida, *Spatial Practices. Funzione pubblica e politica dell'arte nella società delle reti*, Franco Angeli, Milano 2012.
27. Mario Savini, *Transgeografia. Le nuove esperienze dell'abitare tra ipaesaggi mediatici dell'arte*, op. cit., p. 615.
28. Maurizio Bolognini, *The SMSMS Project: Collective Intellingence Machinese in the Digital City*, in *Leonardo*, n. 37/2, The MIT Press, Cambridge, Massachusetts 2004, pp. 147-149.
29. *Macchine programmate* è un'opera che si compone di centinaia di computer programmati per generare flussi ininterrotti di immagini casuali e poi lasciati funzionare all'infinito.
30. *Lo spettatore emancipato. Quando il pubblico è parte attiva dell'opera*, a cura di Angela Madesani, catalogo della mostra, (Galleria Giovanni Bonelli, Milano, 18 settembre – 8 novembre 2014), PubliPaolini, Mantova 2015, p. 13.
31. Le istruzioni sono indicate sul sito www.grafedia.net

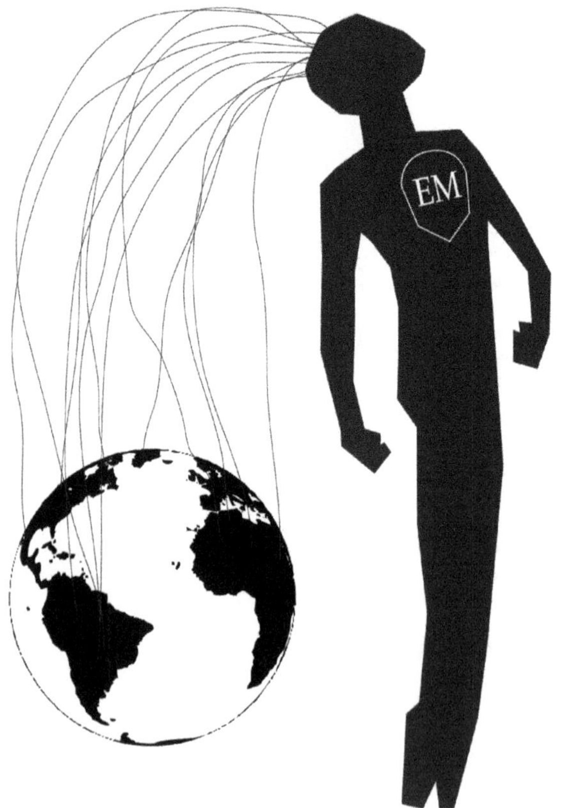

Salvatore Iaconesi (xDxD.vs.xDxD) e Oriana Persico
(penelope.di.pixel), *L'Uomo Elettronico,* 2011

5

Estetiche della tecno-socialità nell'era post-mediale

L'opera interattiva della contemporaneità si gioca su più livelli di fruizione: il primo, che ne costituisce la porta d'accesso, è immediato, diretto, interattivo, alla portata della capacità sensomotoria di tutti.

Dietro a questa prima soglia ve ne sono altre, via via più complesse dal punto di vista poetico, operativo, teorico, e tutti questi livelli di lettura coesistono, lasciando a chi fruisce il piacere di attraversarli e di scegliere le strade che preferisce. In queste opere viene sempre offerta al fruitore la possibilità di una partecipazione attiva, un ingresso diretto dentro l'opera, una libertà d'intervento, senza che le sue conoscenze siano misurate e senza che vi sia il confronto con schemi interpretativi consolidati e ufficiali, che possono essere distanti dalle sue competenze.

"Davanti a queste opere il fruitore è sempre competente, giacché è sempre possibile una sua partecipazione almeno al livello sensomotorio, di base, che può comunque costituire un punto di partenza per nuove esplorazioni, acquisizioni culturali, consapevolezze, e che rende quest'arte un'*ars maieutica* con strumenti molto più efficaci di quelli dell'arte tradizionale"[1].

Attraverso le nuove tecnologie l'arte, dal punto di vista formale, si riconcilia col mondo, col sociale, e con il fruitore, recuperando una scissione creatasi con l'ideale romantico, e abbattendo la barriera dell'esclusività che già nel Novecento aveva iniziato a vacillare. Con l'arte tecnologica il volto dell'arte è quello di un'interfaccia familiare e intuitiva.

Questa riconciliazione dell'arte con il sociale non va intesa alla stregua di un impoverimento ma, al contrario, come una nuova acquisizione di consapevolezza, anche perché questa apertura, questa sensibilità allargata, questa fruizione espansa, queste potenzialità comunicative possono combinarsi felicemente con riflessioni sulle ragioni fondamentali e sulle condizioni generali dell'esistenza, anche al di là della dimensione antropologica. Attraverso quest'arte vengono affrontate le tematiche nodali della complessità sistemica, dell'impatto delle tecnoscienze, delle questioni etiche, della percezione, della razionalità, del sociale, dell'unitarietà e della centralità del corpo, della vita artificiale, della genetica, dell'ingegneria biologica, dell'intelligenza artificiale, del rapporto tra naturale e artificiale, della creazione della vita.

Quest'arte già in sé possiede una vocazione speculativa generale, la stessa dimensione sociale entro cui si inserisce viene intesa come collettività informazionale, assunta come parte di una sistematica più ampia, di un'attività teorica più articolata e globale. Alla centralità, e all'autoreferenzialità, dell'artista e dell'opera si sostituisce la centralità del mondo e del suo pubblico, dell'umanità come oggetto e dell'uomo come soggetto attivo.

Peter Weibel teorizza il definitivo ingresso nella *Post-media Condition* dove "l'esperienza mediale è diventata la norma per ogni esperienza estetica. Quindi, in arte non c'è più nulla al di fuori dei media. Nulla può sfuggire ai media." E conclude:

> L'obiettivo finale di tutto questo è emancipare l'osservatore, il visitatore e l'utente. Nella condizione post-mediale sperimentiamo l'uguaglianza del pubblico laico, dilettante, filisteo, schiavo e soggetto. I termini 'user innovation' (innovazione dell'utente) o 'consumer-generated content' (contenuti generati dal consumatore) testimoniano la nascita di un nuovo tipo di arte democratica in cui tutti possono partecipare[2].

Verso l'inizio degli anni Novanta si inizia a riflettere sulle pratiche e forme estetiche *post-mediali* che numerosi gruppi stanno mettendo in atto con un uso disinvolto dei nuovi e vecchi media, dalle videocamere alle radio pirata alle reti telematiche, all'insegna del rovesciamento e della moltiplicazione del flusso comunicativo centralizzato e unidirezionale dei media di massa. Per definire queste pratiche comunicative fatte di ibridazioni, interferenze e disseminazioni viene elaborato il concetto di *tactical media* (di Benjaminiana memoria). I "tatticismi mediatici"[3] pongono l'accento sulla necessità di una riappropriazione creativa dei mezzi di comunicazione che valorizzi da un lato la fruizione come forma di trasgressione attiva e innovativa, e dall'altra la produzione generalizzata e diffusa di segni.

I media tattici si contrappongono a una visione assolutista dei media e dello spettacolo proponendo una pratica di azione ibrida che passa attraverso canali e fonti diverse, dall'azione fisica a quella in Rete, dall'analogico al digitale, dagli strumenti elettrici a quelli elettronici.

5.1 Cos' è la tecno-socialità

Coloro che hanno studiato il ruolo fondamentale giocato nella *Network Society* dalle nuove tecnologie della comunicazione, hanno evidenziato come esse abbiano provocato una sorta di "cambiamento tettonico" nella formazione dell'identità dell'uomo. Quest'ultima non è più, se non molto parzialmente, modellata dalle strutture tradizionali della socializzazione come la famiglia, il sistema educativo, le Chiese o i media di trasmissione (come la radio e la televisione), ma dalle nuove tecnologie digitali e mobili, come i portatili, ove immagini, suoni e parole si intrecciano reciprocamente generando una trasformazione quantitativa e qualitativa nell'esperienza della vita quotidiana degli utenti. Néstor García Canclini ha interpretato questa transizione/migrazione dai sistemi analogici ai sistemi digitali non solo come una rivoluzione tecnologica, ma come una mutazione antropologica legata alla nascita di una figura complessa, cioè quella del lettore-spettatore-internauta[4], i cui consumi culturali non sono più unici (la lettura fondata sul libro), ma di natura plurilinguistica e polivalente. Questa incorporazione delle tecnologie digitali nelle attività della vita quotidiana, specialmente da parte dei giovani e dei ragazzi, ha creato qualcosa che oltrepassa il dominio di ciò che i sociologi chiamano "abiti culturali", perché si tratta di uno stile di vita globale del tutto inedito, di un'autentica "sensibilità *tecnosociale*", la quale sta cambiando radicalmente le modalità, i valori e i fini dell'essere-nel-mondo degli umani, e di conseguenza sta ridisegnando l'ontologia sociale del presente.

Secondo Manuel Castells, non si deve intendere a questo punto "la *tecnosocialità* come un concetto della ragione strumentale, perché le nuove tecnologie della comunicazione non funzionano come semplici dispositivi meccanici, ma come dei contesti e delle condizioni ambientali che promuovono 'dei nuovi modi di essere, delle nuove catene di valori e delle nuove sensibilità quanto al tempo, allo spazio e agli eventi della cultura"[5].

Si sta sempre più profilando quella che Henry Jenkins, professore dell'University of Southern California e autore di *Cultura convergente*[6] e di *Fan, blogger e videogamers*, chiama "cultura partecipativa" e che deriva dall'uso dei nuovi media partecipativi. Se, infatti, prima vigeva un'idea di egemonia culturale in cui i possessori dei mezzi di comunicazione o di posizioni di potere diffondevano i loro messaggi o idee colpendo il pubblico passivamente (quella che Castells chiamava la "società moderna"), ora c'è un declino dei mass media tradizionali a vantaggio di media come la Rete ("società della Rete"), in cui ognuno può far sentire la propria voce e contribuire alla creazione e alla diffusione della cultura. I contenuti non sono più trasmessi da un singolo media, ma sono condivisi, allargati, diffusi attraverso modelli alternativi di partecipazione.

I fruitori sono invitati a partecipare attivamente alla creazione di contenuti, sia in forme minimali come il blogging e i commenti ai blog fino alla edizione di enciclopedie create dagli utenti (Wikipedia), software *opensource* sviluppati online e così via.

E ancora afferma Allucquere Rosanne Stone, "Quando definisco la vita nelle Reti come *tecnosociale*, intendo (...) evoluzione delle forme sociali che si costituiscono in una tecnologia concepita come natura"[7]. Quelle forme sociali per le quali la tecnologia è divenuta oggi invisibile; quelle forme sociali per le quali la tecnologia è naturale.

Dunque, più ipotesi convergono nell'attribuire alla trasformazione della vita nella tecno-socialità come una trasformazione naturale del paradigma ontologico che colpisce, da un lato, tutte le sfere della vita sociale e privata e, dall'altro, le prospettive di ricerca, al punto da spingere il filosofo francese Gilbert Simondon a parlare di "*tecno-estetica*", idea formulata in un breve testo del 1982 ripreso da Pietro Montani[8].

Nel suo testo Simondon si riallaccia alle riflessioni sul rapporto tra tecnica ed estetica e parla della necessità di pensare alla fondazione di una "*estéto-technique ou techno-esthétique*". Tale prospettiva dovrebbe indagare non solo il rapporto tra funzionalità e bellezza, ma anche la capacità degli oggetti tecnici, quando il loro uso avviene in modo facile e fluido, di produrre un piacere "sensomotorio". L'arte, insomma, non è soltanto un insieme di oggetti da contemplare, ma anche un insieme di azioni sulla materia, mediate da diversi oggetti tecnici, ognuno dei quali può produrre un piacere specifico. Riprendendo questo concetto di tecno-estetica all'interno del panorama post-mediale, Montani afferma che la relazione tra il soggetto (fruitore) e l'ambiente mediale che lo circonda può essere elaborato attraverso la logica di un'immaginazione intermediale e interattiva. L'arte e l'uso artistico della tecnologia può svolgere, secondo Montani, un ruolo fondamentale in un quadro in cui l'esperienza ha luogo all'interno di "ambienti associati".

L'arte può, dunque, contribuire a un'esplorazione proficua, aperta e indeterminata dell'orizzonte estetico, *tecnosociale*, contro ogni forma di standardizzazione del nostro rapporto con la tecnologia e di impoverimento della nostra esperienza sensibile.

5.2 L' "ABBRACCIO TELEMATICO"

Ancor prima che la definizione di *NetArt* prendesse piede, un ambiente tecnologico fonte di potenziali interazioni tra artisti e fruitori è quello delle reti telematiche e del loro spazio di comunicazione.

Dal 1980 Roy Ascott, pioniere della cibernetica e dell'interattività nell'arte, ha indagato la relazione tra arte e tecnologia, articolandola nelle teorie sull'arte telematica.

Ascott è stato il primo teorico del campo, il primo a usare nel 1983 il termine "telematica" in riferimento alla sfera dell'arte. "Telematica", come la definisce Ascott, "è il termine usato per indicare le comunicazioni mediate dal computer che coinvolgono il telefono, il cavo e il satellite, per collegare individui e istituzioni dispersi geograficamente che si interfacciano con sistemi di elaborazioni di dati, dispositivi di rilevamento a distanza e capienti banche di stoccaggio dei dati. Essa coinvolge la tecnologia di interazioni tra esseri umani e tra la mente umana e i sistemi di intelligenza e percezione artificiali"[9].

L'arte telematica ha dato un forte impulso a rendere lo spettatore sempre più agente attivo negli scambi estetici, aspetto centrale per l'arte del ventesimo secolo. Cruciale per la teoria di Ascott e per la pratica dell'arte telematica è la trasformazione dello spettatore in un partecipante attivo che collabora alla creazione del lavoro, intenso non come produzione statica, ma come processo in evoluzione.

Nel suo saggio *Is There Love in the Telematic Embrace*? (*C'è amore nell'abbraccio telematico?*) (1990), Ascott tenta di attribuire all'arte elettronica la capacità di incarnare amore. Memore dello scisma tra le prospettive utopistiche e distopiche sul formalismo tecnologico applicato all'arte, Ascott rivolge la propria attenzione alle critiche sull'arte elettronica che incarnano la paura che la tecnologia possa distruggere e disumanizzare le arti, ultimo bastione dei valori umanisti. Se può essere dimostrato che l'arte telematica ha la capacità di incarnare l'amore (un contenuto umano), può non essere un paradosso per l'arte essere elettronica e contemporaneamente mantenere i propri principi umanistici. "Nel tentativo di districare il contenuto umano dalla forma tecnologica, la questione è resa più complicata dalla nostra crescente tendenza come artisti a riunire immagini, audio e sistemi testuali in ambienti interattivi che sfruttano gli ipermedia di ultima generazione e che impegnano a pieno la dimensione sensoria, anche se con mezzi digitali. [...] La questione del contenuto deve di conseguenza essere indirizzata alla *Gesamtdatenwerk* – l'opera integrata con i dati – e alla capacità di coinvolgere l'intelletto, le emozioni, e la sensibilità dell'osservatore. Qui, tuttavia, si sollevano più problemi, giacché l'osservatore, in un sistema interattivo telematico è per definizione un partecipante"[10].

Intorno al 1960, Ascott inizia a esplorare la disciplina della cibernetica[11] nel contesto dell'arte interattiva ed educativa. Nel 1964 pubblica *The construction of change (la costruzione del cambiamento)*, un testo sulla relazione tra arte, sistemi teorici, cibernetica e comportamento. La cibernetica introduce un metodo per pensare alla relazione tra i vari elementi interrelati di un sistema, concentrandosi sulle regolazioni di questi elementi per controllare il risultato finale del sistema.

In numerosi scritti Ascott traccia parallelismi tra la cibernetica di secondo ordine, la fisica quantica e la sua stessa pratica artistica. In *Is There Love in the Telematic Embrace*? riporta al riguardo anche l'opinione di Wheeler e Zureck: "Per descrivere quanto succede si deve cancellare la vecchia parola 'osservatore' e mettere al suo posto 'partecipante'. In un certo strano senso l'universo è un universo partecipativo"[12].

Allo stesso modo avviene, per Ascott, nel contesto dei sistemi telematici, dove si riscontra un movimento parallelo nell'arte dallo status di "osservatore" a quello di "partecipante". Cita, tra le altre cose, il lavoro *La Sposa messa a nudo dai suoi scapoli, anche (o Grande vetro)* di Marchel Duchamp e afferma che "l'amore è contenuto in questo abbraccio totale, tutto ciò che sfugge è la ragione o la certezza. Partecipando all'abbraccio, lo spettatore viene a essere un progenitore della questione semantica"[13]. Anzi, afferma che la stessa metafora della interazione in Rete, dove l'osservatore è creatore e il significato è instabile, è presente implicitamente in tutto il lavoro di Duchamp. "Altrettanto profetica, nel *Grande Vetro*, è la barra orizzontale che unisce le parti superiore e inferiore del lavoro e serve come una metafora per l'obbiettivo onnicomprensivo, e inclusivo, della sua visione. Ciò è in opposizione all'osservazione verticale dello spazio rinascimentale, incarnata nella tradizione pittorica occidentale, in cui la metafora della verticalità è impiegata con insistenza nei suoi monumenti e architettura. [...] L'orizzontale, dall'altra parte, è metafora per la vista a volo d'uccello, onnicomprensiva, sistemi olistici di visione delle strutture, relazioni ed eventi-osservazioni che possono includere l'ironico, lo sfocato, e l'ambiguo. Questa è precisamente la condizione di percezione e comprensione a cui il networking telematico aspira"[14]. E ancora: "Il nuovo ordine artistico emergente è quello dell'interattività, della 'autorialità diffusa'"[15].

Allo stesso modo lo statuto dell'oggetto d'arte cambia. L'arte diviene un processo partecipativo (come opposto a un oggetto o evento osservato) definito non da parametri formali, ma da relazioni comportamentali nelle quali l'artista, lo spettatore e l'ambiente (incluso il network telematico globale) sono tutti integrati in un sistema interattivo di relazioni morfologiche (la cibernetica di secondo ordine).

Come risultato finale Ascott prevede che "Nella telematizzazione del processo creativo, i ruoli di artista e spettatore, designer e consumatori, diventano distribuiti; le polarità di produttore e utente vengono destabilizzate. Questo porterà alla fine, senza dubbio, delle istituzioni culturali, o almeno a cambiamenti nel loro stato e nel loro uso: insomma a una ri-descrizione (e rivitalizzazione, forse) dell'Accademia, del museo, della galleria, dell'archivio, dei laboratori e dello studio. Si può prefigurare una fusione di arte, scienza, tecnologia, educazione e intrattenimento in un tessuto telematico di apprendimento e creatività"[16].

Egli conclude affermando che la tecnologia del *telematic networking* possieda l'abilità di coltivare l'amore nell'abbraccio telematico, e sia in grado di offrire "la stessa infrastruttura per lo scambio spirituale che potrebbe portare all'armonizzazione e allo sviluppo creativo di tutto il pianeta"[17].

L'articolo di Ascott *Is There Love in the Telematic Embrace?* (1990) offre dunque una teorizzazione provocatoria di quanto le relazioni amorose tra arte/intuizione e tecnologia/ragione, rafforzate dai sistemi telematici, permettano estensioni sistemiche della percezione umana e l'unificata espansione planetaria della conoscenza.

Quasi una decade prima dell'uscita del primo personal computer, e un quarto di secolo prima dell'avvento delle tecnologie del *web*, Ascott ha previsto l'emergere dell'arte creata interattivamente con il computer e la collaborazione artistica attraverso il *telematic networking* (operazioni in Rete computerizzata).

Nel 1980, produce il primo progetto di *telematic networking* tra l'US e l'UK. *Terminal Art* collegò gli artisti da una parte all'altra dell'Atlantico mediante un sistema di conferenze "a distanza" realizzate con il computer. Come Ascott racconta, mandò i terminali portatili a un gruppo di artisti in California, a New York e in Galles per partecipare collettivamente alla generazione di idee dai propri studi particolari.

Lo stesso processo telematico è presente nel lavoro *La plissure du texte* (1983) che fu identificato da Roger Malina, editore della rivista Leonardo, come un'opera insuperata nella storia dell'arte telematica. Quest'opera esplora il potenziale della *computer networking* per lo scambio interattivo e creativo tra i partecipanti remoti. Il progetto fu creato per partecipare all'esposizione *Elettra* organizzata nel 1983 dallo storico dell'arte Frank Popper al Museo dell'Arte Moderna de La Ville

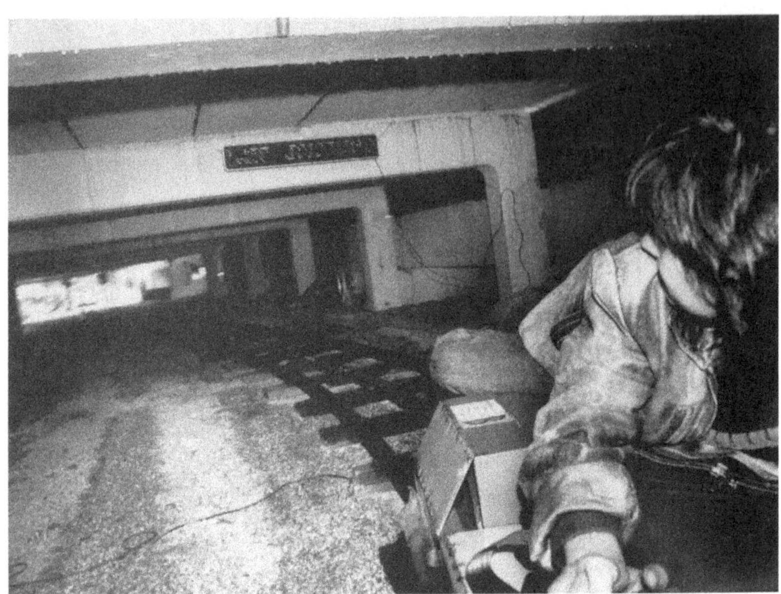

Roy Ascott, *Aspects of Gaia*, 1989, installazione ad *Ars Electronica*, Linz, Austria

di Parigi. Nei lavori di *telematic networking* come *La plissure du texte*, viene eliminata la tradizionale dicotomia tra artista e spettatore e vengono offerte a tutti opportunità per partecipare a un evento creativo che implica il diretto coinvolgimento di più persone di formazione diversa e provenienti da luoghi diversi, le quali concorrono alla creazione del significante e del significato, secondo quel concetto di "autorialità diffusa" caro ad Ascott. Di fatto l'"opera d'arte" risiede nella realizzazione di un progetto collaborativo policulturale, senza confini geografici, il quale si offre appieno nell'interazione di più culture, poetiche, produzioni. In Rete, infatti, i messaggi possono potenzialmente essere fruiti da tutti in maniera interattiva e tutti possono collegarsi, dialogare, ricevere e spedire messaggi, testi scritti, iconici, sonori, audiovisuali, ipermediali, ovunque vi sia una connessione attiva. Non esiste più fisicamente un luogo di fruizione circoscritto, ma una piattaforma planetaria aperta e infinita, ubiqua e autonoma, con i propri codici e modelli.

Aspects of Gaia, presentato al festival Ars Electronica a Linz nel 1989, è un'opera telematica interattiva multimediale che, fondandosi sulla teoria di James Lovelock della Terra intesa come organismo vivente unitario, ha come oggetto la visione della Terra vista da una molteplicità di prospettive spirituali, scientifiche e culturali. Sono stati invitati a partecipare al progetto via email, via fax o per posta "artisti, scienziati, poeti, sciamani, musicisti, architetti, visionari, artisti aborigeni dell'Australia, artisti nativi delle Americhe" e altri operatori culturali, provenienti da trenta nazioni dei cinque continenti. Tutti i partecipanti sono stati invitati a inviare, mediante la Rete telematica, testi, immagini digitali, suoni, audiovisivi a un'unità centrale di elaborazione. Questi testi di varia natura venivano fatti interagire tra loro in tempo reale in una gigantesca struttura ipermediale, un'installazione-interfaccia globale in continuo mutamento, una "noosfera digitale" continuamente rimodellata dal flusso di dati. Il *telematic networking*, secondo Ascott, "finisce col cancellare le antiche dicotomie fra artista e spettatore, produttore e consumatore. Piuttosto, potremmo riferirci ai partecipanti di questi *networks* come a dei *fruitori* [...] I fruitori, gli *users*, sono impegnati in negoziazioni del significato (se è questo che definisce l'arte) o nella celebrazione della comunicazione umana.[...] Nel *telematic networking* la paternità autoriale viene dispersa lungo tutto il sistema"[18]. Il vecchio modello comunicativo di emittente / ricevitore, dove il creatore inviava un messaggio a uno spettatore più o meno passivo è stato sostituito "da un nuovo ordine di rapporti dinamici fra *fruitori* o *users*, impegnati in una interazione creativa senza chiusure finali"[19].

In *Art and Telematics: Towards a Network Consciousness* descrive quanto i valori estetici dell'arte telematica costruiscano un paradigma sovversivo: "In questo senso l'arte stessa diventa non un insieme discreto di entità, ma piuttosto una Rete di relazioni tra idee e immagini in costante flusso, a cui non è attribuibile una singola paternità e i cui significati dipendono dalla partecipazione attiva di chiunque entri nel network. [...] L'osservatore dell'opera d'arte è un partecipante che, nell'accesso al sistema, si trasforma in esso. [...] Impegnarsi nella comunicazione telematica è essere al tempo stesso dovunque e in nessuna parte. Questo è sovversivo. Sovverte l'idea di paternità avanzata con l'individuo solitario. Sovverte l'idea di proprietà individuale del lavoro di immaginazione. Sostituisce i mattoni e la malta delle istituzioni culturali e dell'apprendimento, con un *college* invisibile e un museo galleggiante, la cui portata è sempre in espansione, per includere nuove possibilità dell'intelletto e nuove intimazioni di realtà"[20].

Nell'ambito delle ricerche sull'arte telematica, Pier Luigi Capucci ricorda ancora, oltre a Roy Ascott, gli "storici" Katsuhiro Yamaguchi e Fred Forest, ma vanno citati anche Paul Sermon, Agnes Hegedüs, in Italia

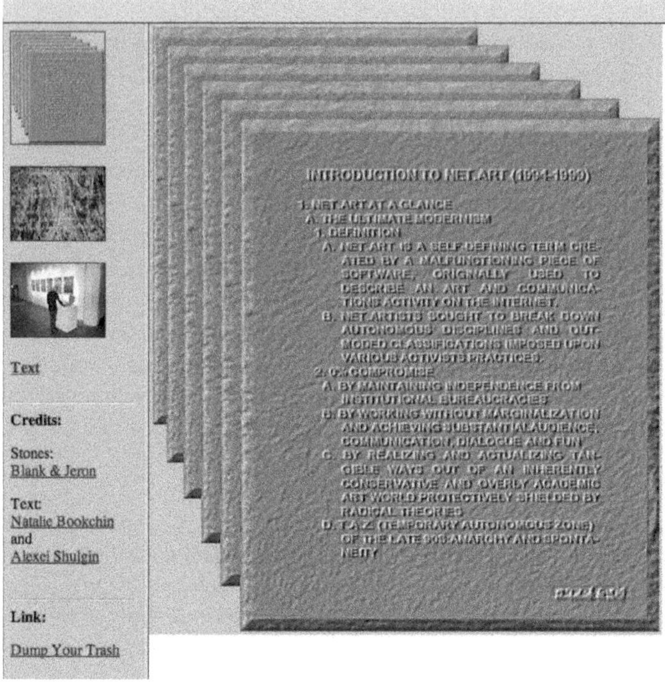

Alexei Shulgin e Natalie Bookchin, *Introduction to net.art*, 1997

Tommaso Tozzi, nonché alcuni ensemble, sovente provenienti dall'ambito cyberpunk, come Van Gogh TV, Station Rose, Stadtwerkstaat TV[21].

Gran parte di questi artisti si sono rivolti a una comunicazione dialogica, realmente interattiva, democratica, attuata mediante i mezzi di comunicazione. Le reti telematiche vengono utilizzate per creare arte, elaborando percorsi ipertestuali e multimediali, in cui vari individui possano interagire tra loro in tempo reale e dare vita a poetiche fondative delle "comunità virtuali".

Alcune delle linee portanti dell'arte contemporanea, non solo di quella telematica, sottolineano come l'espressione artistica sia sempre più destinata alla policontestualità, ad essere dialogica, processuale, evenemenziale, prospettandosi senza luogo, nomade o ubiqua.

5.3 *Net Art*. L'arte della connessione

Secondo la definizione di Natalie Bookchin e Alexei Shulgin, "*Net Art* è un termine autoreferenziale creato da un pezzo di software malfunzionante, originariamente utilizzato per descrivere un'attività estetica e comunicativa su Internet. I Net Artist hanno tentato di abbattere le discipline autonome e le categorizzazioni sorpassate affibbiate a varie pratiche di attivismo"[22].

Il riferimento è a una curiosa vicenda narrata da Vuk Cosic quando nel dicembre 1995 ricevette tramite la posta elettronica un messaggio in caratteri Ascii, praticamente illeggibile, di cui l'unico frammento che sembrava avere un senso era appunto *Net. Art*.

Il termine *Net Art* viene usato sia per riferirsi specificatamente a un' "arte di fare network", e non solo come arte veicolata e diffusa attraverso Internet. Una pratica che esalta il carattere interattivo, processuale e collaborativo; una pratica che mira a sostituire le opere con le operazioni e le rappresentazioni con la produzione di nuovi circuiti comunicativi e di senso.

Nella sua concezione originaria la *Net Art* ha avuto poco a che vedere con gallerie e musei, più o meno virtuali, ma si è servita della Rete non solo come destinataria, come veicolo di diffusione, ma come possibilità di elevare a oggetto della propria indagine la comunicazione direzionata a molti in ambiente tecno-sociale.

Come scrive Derrick De Kerckhove nel 1986:

> L'estetica della comunicazione non è una teoria – benché qualcuno potrebbe essere tentato di ricondurla a questo – ma una pratica. Non produce oggetti ma allaccia relazioni. [...] Quello che è rivelatore è il fatto che la maggior parte degli artisti della comunicazione non ha spesso, in realtà, assolutamente nulla da comunicare. È per loro sufficiente costituire dei circuiti e delle interazioni diverse in modo tale da fare dello stesso fruitore il contenuto[23].

Le prime forme di telecomunicazione dei Net Artist consistono nella integrazione di diverse modalità tecno-sociali di comunicazione. Tra i precursori di questa pratica, nel 1980 Kit Galloway e Sherrie Rabinowitz realizzano *Hole in Space* (Buco nello spazio), un'installazione ad accesso pubblico che si svolgeva tra il Broadway Store di Los Angeles e il Lincon Center di NewYork. Due schermi presenti nei due centri vengono collegati via satellite per tre sere consecutive, riproducendo in tempo reale le immagini provenienti dall'altra costa. I passanti potevano così ascoltare

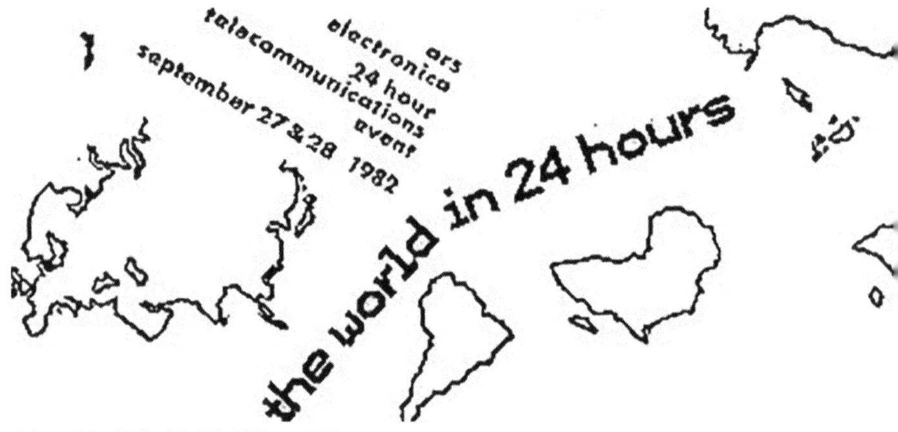

Robert Adrian X, *The World in 24 Hours*, 1982

e vedere, a figura intera, le persone dell'altra città, ma non sé stessi. La novità di *Hole in Space* consiste nell'uso tecno-sociale del mezzo, nella possibilità di interazione offerte dal "buco spaziale" per chiunque fosse passato nei due spazi urbani di pubblico dominio.

Nel 1982, in occasione della terza edizione di Ars Electronica, Robert Adrian X dà vita a *The World in 24 Hours*, un progetto che mette in collegamento, per 24 ore, artisti di sedici località in tre continenti, attraverso tecnologie a basso costo come un network di *computer timesharing* o un telefax.

Come abbiamo visto nel precedente paragrafo, già dai primi anni Ottanta Roy Ascott sperimenta dispositivi telematici per la realizzazione di testi ad opera di autori dislocati lungo i nodi della Rete attivata, secondo un principio di "autorialità diffusa".

Altre forme embrionali di *Net Art* sono il *King's Cross Phone-In* del londinese Heath Bunting basato sull'intersezione di vari sistemi di comunicazione come quello della stazione ferroviaria e metro londinese e quello telefonico internazionale per sviluppare forme di socialità a distanza: ad una certa ora i telefoni di trentasei cabine telefoniche pubbliche di King's Cross cominciavano a suonare simultaneamente. Oppure le sperimentazioni di Alexei Shulgin che utilizzano l'interazione come oggetto di ricerca lasciando al fruitore la scelta dell'operazione da svolgere.

Un "classico" della *Net Art* è *Refresh* (1996), un progetto, nato congiuntamente da Cosic, Shulgin e Broeckmann, che rende automatico il trasferimento da un sito all'altro attraverso l'uso di *hyperlink*, porzioni di testo o immagine attivati dall'utente con un click. Il progetto viene lanciato su diverse mailing list invitando chiunque possedesse un sito Web a collegarlo ad un altro, in una catena infinita. *Refresh*, suggerendo una poetica del networking, rende labili i confini "tra la fruizione dell'evento (semplice navigazione lungo l'anello dei siti) e la partecipazione diretta con la propria pagina Web: la funzione dello spettatore-attore o del fruitore interprete diveniva così una prospettiva concreta e alla portata di tutti"[24].

Un altro "classico" della *Net Art* è 404, un sito lanciato sempre nel 1996 dal duo Jodi. Il sito prende a prestito uno degli errori comuni della Rete, il 404 - *file not found* – per offrire all'utente uno stimolante livello di interazione. Nel campo vuoto in fondo alla pagina, l'utente è invitato a esprimersi ma, non appena digita una frase, scopre che le vocali o le consonanti non sono rappresentate in elenco, lasciando al visitatore l'opportunità di scegliere la modalità di interazione da adottare.

Un esempio paradigmatico di "dirottamento digitale" è ideato dal gruppo etoy che dal 1994 danno vita a un vero e proprio brand online www.etoy.com che non vende prodotti, ma uno stile, un modo di comunicare. Tra il '95 e il '96 etoy mette a punto una serie di software che, agendo contemporaneamente, raggiungono il motore di ricerca da punti diversi, in modo da dirottare gli utenti di *search engines* come Altavista, Lycos, Infoseek.

Dal 1999 il duo bolognese costituito da Eva e Franco Mattes e dal nome emblematico 0100101110101101.org opera nell'ambito del *plagiarismo* dedicandosi al plagio di siti di Web Art che sembrano muoversi in contraddizione con il principio della libera circolazione delle informazioni. Con i loro plagi telematici il duo sferra un attacco al concetto di originalità e unicità della paternità o autorialità. Ciò che i due sostengono è che la *Net Art* deve trovare forme di valorizzazione alternative all'arte tradizionale. Dunque la clonazione e duplicazione accresce le possibilità di diffusione di un sito anziché indebolirle.

"Un'opera d'arte in Rete o no – affermano – non può essere interattiva di sé stessa, sono le persone che devono usarla interattivamente, è lo spettatore che deve usare un'opera in modo imprevedibile. Copiando un sito, stai interagendo con esso, lo stai riutilizzando per esprimere dei contenuti che l'autore non aveva previsto. Interagire con un'opera d'arte significa essere fruitore/artista simultaneamente; i due ruoli coesistono nello stesso momento. Per cui dovremmo parlare di meta-arte, di caduta delle barriere nell'arte; lo spettatore diventa un artista e l'artista diventa spettatore: un testimone privo di potere su ciò che accade al suo lavoro"[25].

La vicenda della clonazione o del plagio di altri siti, come nel caso di 0100101110101101.org non è fine a se stessa ma è in funzione di "un pubblico creativo e interattivo che smonta e riutilizza i materiali altrui senza paura, che si fa artista per poi tornare spettatore e che rende l'artista spettatore di un uso totalmente imprevisto del suo lavoro. Se non è interattività questa..." conclude Valentina Tanni nel suo articolo *0100101110101101.org: Non arte ma Artivismo*[26].

Questa poetica viene ulteriormente evidenziata in *Life_sharing* (2000), una sorta di manifesto per la libera circolazione delle informazioni che rimanda al principio del *file sharing* e che riflette sulle questioni che il web 2.0 ha reso centrali come la proprietà intellettuale e la privacy. Più precisamente si è trattato di portare alle conseguenze più radicali l'applicazione dell'*open source*, visto che Eva e Franco Mattes hanno aperto e permesso agli utenti di entrare per 24 ore nell'intero contenuto del loro computer, con la possibilità di seguire in tempo reale il lavoro da loro realizzato direttamente sul server.

In questa direzione è stata pensata l'opera *The File Room* (2000) di Antoni Muntadas, un database da arricchire con la partecipazione degli utenti, un progetto collaborativo che ha riscosso molto successo in Rete. Realizzata in forma di installazione sia offline che online, si presenta come un archivio aperto che Antoni Muntadas immagina come una sorta di stanza degli schedari dove diversi monitor sono a disposizione del pubblico che vuole visualizzare i casi di censura della storia fino ad oggi. I dati sono liberamente consultabili attraverso il collegamento in Rete. Inoltre nuove informazioni possono essere aggiunte da chi vuole contribuire con testi e immagini e questo avviene da parte di centinaia di utenti da tutto il mondo attraverso la comunicazione Internet. Quello che era stato privato diventa pubblico, gli utenti diventano archivisti e consumatori di una collezione di materiali originali. *The File Room* è un'opera aperta, che non può essere terminata essendo aperta (*open source*) a un uso che è anche scambio e aggiunta di dati.

Tra la fine degli anni Ottanta e l'inizio dei Novanta, la volontà di fare network attraverso un uso alternativo di Internet porta alla creazione delle mailing list e delle bacheche elettroniche che costituiscono un altro piano in cui si dispiega il lavoro di composizione tecnosociale delle comunità digitali.

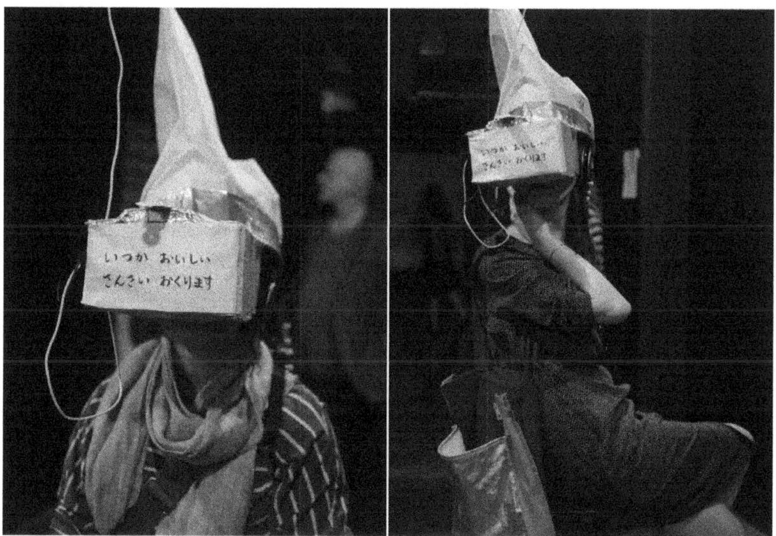

Eva e Franco Mattes, *Don't Follow the Wind: A Walk in Fukushima,* Art in general, 16 aprile 2017, New York

La prima è *The Thing*, fondata nel 1991 come *Bulletin Board System* dall'austriaco Wolfgang Staehle e da Gisela Ehrenfried proponendosi come impresa di servizi e piccolo Internet Service Provider per l'area metropolitana di New York. Col tempo si è arricchita di un ampio archivio di progetti artistici, articoli, interviste e documenti diventando, nel corso degli anni, un punto di riferimento per i circuiti underground e dell'attivismo.

La più longeva è *Nettime*, fondata nel 1995 alla Biennale di Venezia in occasione di un incontro di operatori culturali sparsi in tutta l'Europa che avevano iniziato una riflessione sulle prospettive culturali e politiche aperte dai nuovi scenari della comunicazione elettronica. L'obiettivo era quello di dare vita a una mailing list che si occupasse dei molteplici aspetti teorici, culturali e politici della società delle reti, in cui far dialogare artisti, attivisti, critici, intellettuali, hackers. È proprio in seno a Nettime che si dibatte la questione sul termine *Net Art* e sulla scena culturale che verrà battezzata *Net Culture*.

Un'altra mailing list dedicata alle forme estetiche della Rete è *Rhizome*, nata a Berlino da un'idea di Mark Tribe, studente d'arte di San Diego come spazio di discussione legato all'arte elettronica e ai new media. Tribe ne parla nei termini di una "scultura sociale" (alla Joseph Beuys) alla quale collaborano migliaia di persone e che, oltre alla lista, contiene l'*ArtBase*, un ricco database indicizzato per opere e testi critici sull'arte digitale.

5.4 Hacktivism

"Il termine *hacktivism* deriva dall'unione delle parole *hacking* e *activism*. L'*hacking* è la messa in opera di una particolare attitudine verso le macchine informatiche che presuppone sia lo studio dei computer per migliorarne il funzionamento - attraverso la cooperazione e il libero scambio di informazioni tra i programmatori - sia la condivisione del sapere che ne risulta per dare a tutti accesso illimitato alla conoscenza in essi incorporata. *Activism* in senso stretto è il termine americano che indica le modalità dell'organizzazione e della propaganda politica proprie dei movimenti politici di base (*grassroots movements*) e, in particolare, indica le forme dell'azione diretta come i sit-in, i cortei, i picchetti, il boicottaggio delle merci e dei consumi, l'occupazione di stabili e di strade, l'autogestione degli spazi e l'autoproduzione di beni, merci e servizi"[27].

Con il tempo i movimenti ambientalisti e pacifisti hanno adottato idee e tecniche proprie della cultura hacker e le varie forme di attivismo sociale e militanza politica si sono evolute attraverso un uso efficace degli strumenti di comunicazione e, in particolare, delle reti telematiche. Così si è passati dai volantini alle petizioni elettroniche e dalle manifestazioni di piazza ai sit-in elettronici o ai *Netstrike*.

Nel 1989 Tommaso Tozzi teorizza l'idea dell'attivismo artistico in Rete definendolo *Hacker Art*: "*Hacker Art* come sviluppo parallelo a ogni tipo di guerriglia clandestina. *Hacker Art* come definizione di una soglia entro cui l'operazione virtuale e l'operazione reale si scambiano indistintamente i ruoli mantenendo stabile la gestione e lo scopo dell'atto trasgressivo"[28]. Nel 1990 *Hacker Art* diventa una BBS (*Bulletin Board System*) intorno a cui successivamente si aggrega un nucleo di persone dell'area artistica e dell'antagonismo, che nel 1993 dà luogo alla formazione del gruppo Strano Network. Nel 1995 Tozzi propone un *Netstrike* – tradotto in italiano come "corteo telematico" e non "sciopero telematico" – mondiale che viene organizzato da Strano Network contro ben dieci indirizzi in contemporanea, per protestare contro gli esperimenti nucleari francesi. È l'inizio di una nuova pratica di arte in Rete.

A gennaio del 1996 Strano Network organizza un *Netstrike* contro il Governo Messicano per protestare contro le politiche nel

Chiapas. Particolare successo ha avuto anche il *Netstrike* promosso dall'Anonymous Digital Coalition (1998), che ha bloccato alcuni siti finanziari messicani in sostegno alla lotta zapatista.

Il *Netstrike* nel frattempo viene adottato, come forma di protesta, da numerose organizzazioni per gli obiettivi più disparati non solo in Italia (fra gli ultimi realizzati quello ad Havana contro la censura in Rete e quello di Tommaso Tozzi e Giacomo Verde contro la pena di morte), ma in tutto il mondo (Corea, Arabia Saudita, Medio Oriente ecc.) come forma di mobilitazione dai toni più o meno accesi e con risultati alterni.

I *Netstrike* evidenziano come la Rete diventi uno strumento di partecipazione civile per gli individui che non riconoscono i modelli della rappresentanza politica territoriale. "A questi la Rete, soprattutto attraverso nuove forme di relazioni comunitarie, potrebbe forse restituire una dimensione di azione come individui 'sociali', al posto della condizione di individui 'atomizzati' - o perché totalmente isolati rispetto a riferimenti di tipo collettivo, o perché del tutto intrappolati nelle dinamiche massificanti delle organizzazioni di tipo verticistico"[29].

In ambito artistico gli *happening* ne sono il diretto precedente, in quanto hanno visto il coinvolgimento di pratiche partecipative in cui non è più in primo piano un pensiero unico trasmesso a molti attraverso l'evento artistico, bensì il recupero della molteplicità dei pensieri attraverso il fare arte collettivamente. Gli *happening* implicano la partecipazione attiva del pubblico che, come nel caso dell'opera musicale *Fuori* del 1965 di Giuseppe Chiari, prende coscienza di essere egli stesso l'autore della musica. In seguito gli *happening* sono approdati nella telematica dapprima, all'inizio degli anni Settanta, attraverso forme spontanee come le discussioni creative all'interno di luoghi di dibattito comune, in cui le persone si scambiano le proprie opinioni; quindi negli anni Ottanta attraverso la nascita di nuovi linguaggi creativi come ad esempio l'Ascii-art e l'uso delle faccine telematiche (*Emoticons*, icone emozionali). In seguito gli happening telematici, da evento spontaneo e non organizzato in rete, si sono trasformati in pratica artistica di rottura nei confronti della cultura artistica dominante.

Le BBS o, in seguito, le mailing list e i siti Internet, hanno rappresentato la possibilità per chiunque di esprimersi creativamente senza dover passare attraverso il filtro del sistema artistico ufficiale. A chiunque viene data la possibilità di partecipare allo sviluppo di una comunità virtuale all'interno della quale si confrontano e crescono le creatività di ogni membro. Un esempio in tal senso è la già citata "Hacker Art",

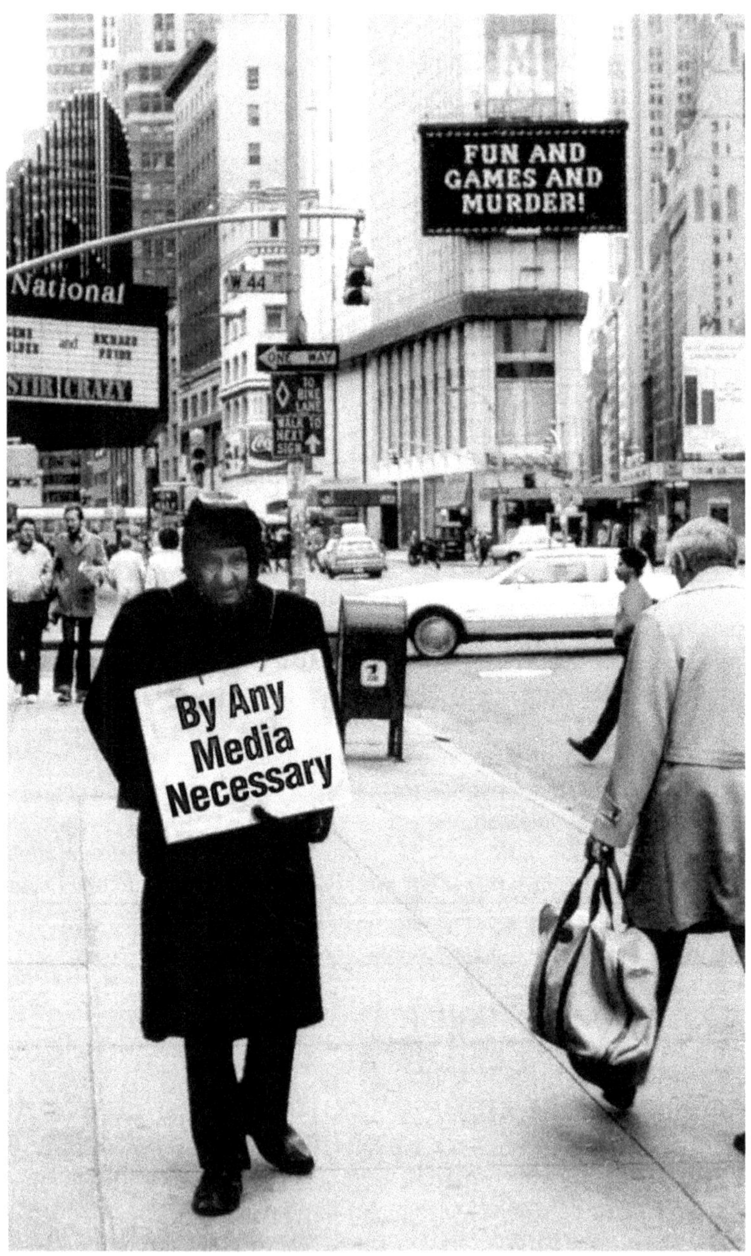

The Critical Art Ensemble, dal libro *Digital Resistance: Explorations in Tactical Media*, Autonomedia, New York 2001

teorizzata da Tommaso Tozzi nel 1989, presentata come galleria d'arte online nel 1990 seguendo l'idea che gli scambi partecipativi online possano essere considerati come un'opera d'arte. Nel giugno del 1991 viene esposta alla Galleria d'Arte Moderna di Bologna all'interno della mostra *Anni Novanta* a cura di Roberto Barilli. Questa BBS, che nel 1995 aveva raggiunto i cinquemila utenti registrati, è stata per dieci anni un luogo dove chiunque poteva confrontarsi con la comunità e autogestire spazi virtuali di libera espressione. È la prima volta nel mondo che una comunità virtuale viene presentata come opera d'arte all'interno di una manifestazione artistica ufficiale di un certo rilievo. È uno degli eventi che anticipano e creano le premesse per il riconoscimento della *Net Art* negli ambienti artistici istituzionali.

Nel 1991 esce l'antologia *Opposizioni '80*, sempre a cura di Tozzi, una raccolta di testi scritti da musicisti, artisti, intellettuali, graffitisti ed hacker di area cyberpunk degli anni Ottanta. Tommaso Tozzi prosegue, dunque, la sua attività ideando eventi di "happening telematico" con chat, improvvisati tramite Videotel, che organizza alla galleria Murnik nel 1991 e che diventa poi un luogo stabile all'interno dell'omonima sezione "happening chat" di Virtual Town BBS. Nel testo *Happening/Interattivi sottosoglia* si legge: "... ritengo una prima condizione necessaria, ma non sufficiente, per poter un atto essere opera d'arte, come il fatto che non possa essere riconosciuta come tale (...) *Happening* e *interattivi* poiché quello era il problema principale dell'happening, la partecipazione del pubblico all'evolversi dell'azione. Non un oggetto d'arte, ma un'interazione tra cose e individui. *Interattivi* come sembra iniziare a essere la prevalenza dei sistemi di informazione attuali; dunque nella 'normalità' della pratica interattiva quotidiana, nell'anonimità della norma, si può mascherare la propria azione interattiva. (...) *Sottosoglia* perché devono agire come virus, virus in un dischetto del computer. Bisogna fare arte come la fanno gli hackers (...). Bisogna, come da sempre, lavorare negli interstizi che il sistema lascia aperti e incontrollati"[30].

Nel 1992, in occasione dell'omonima mostra di Tommaso Tozzi alla Galleria Paolo Vitolo a Roma, esce il libro *Conferenze telematiche interattive*[31], una raccolta di messaggi telematici sulla politica, sull'area cyberpunk e sull'intelligenza artificiale che documentano un dibattito nato in seguito all'inserimento di alcuni messaggi emessi da Tozzi e che riportano testi scritti da altri. Durante lo svolgimento della mostra "Tozzi, tramite computer permetteva il collegamento in tempo reale del pubblico con la Rete Telematica Antagonista Cyberpunk per lasciare o leggere messaggi a/da vari utenti"[32].

Un altro esperimento comunitario partito nel 1985 a Londra è quello che prevede l'uso di un nome collettivo "Karen Eliot" per firmare lavori artistici realizzati da chiunque. Il progetto mira a minare le basi del concetto di autore e di copyright nella cultura artistica. Dieci anni dopo, nel 1994, nasce il progetto Luther Blissett per cui diverse soggettività in Italia e all'estero cominciano a usare il nome multiplo Luther Blissett per firmare le proprie azioni. L'idea appartiene a un'etica del fare collettivo che ritiene più valido ciò che il lavoro mette in moto a livello sociale che non l'identità di chi ha prodotto tale lavoro. Quando parte il progetto Luther Blisset a Bologna, il fenomeno ha una sua immediata diffusione nelle BBS nazionali, dove l'anonimato era fortemente rivendicato nell'area delle reti cyberpunk. Il progetto si sviluppa contemporaneamente non solo nell'ambiente della mail art e delle reti telematiche, ma anche in quello dei media in generale.

A livello mondiale si diffonde il libro *Disobbedienza civile elettronica* (1996) del Critical Art Esemble (una cellula di radical americani formata da teorici, video-attivisti, poeti e performer nata a Talahasse in Florida) che, con il suo lavoro sull'immaginario tecnologico, influenzerà la scrittura cyberpunk. Il testo ha notevole influsso su tutto l'attivismo digitale mettendo al centro il tema delle nuove forme organizzative. Il Critical Art Esemble ipotizza un modello di guerrilla elettronica con cellule anarchiche in cui hacker e attivisti devono lavorare a fianco a fianco, sul modello del già teorizzato *hacktivism* di Tozzi.

La storia degli *hacktivisti* è la storia "di coloro i quali nel loro agire hanno sempre avuto e continuano ad avere come obiettivo primario un impegno attivo e consapevole per migliorare qualcosa del mondo attraverso l'uso del computer. E di migliorare le condizioni di libertà, di uguaglianza e di fratellanza tra i popoli attraverso un modello di reti telematiche finalizzato a questi obbiettivi"[33].

5.5 Artivismo politico e mediatico

Un teorico della *Net Art*, Lev Manovich, evidenzia come la creatività sia direttamente proporzionale alla capacità di fare network[34]. Un'intuizione che s'inscrive nella cultura hacker e *open source*, per esplicitarsi a miglior grado nella dimensione etico-politica dell'*hacktivism*, che già abbiamo visto nel precedente paragrafo. Tra gli ulteriori protagonisti italiani di queste declinazioni della cultura hacker e partecipativa si segnala in particolar modo Giacomo Verde, autore che ha attraversato diverse pratiche mediatiche – video-arte, tecnoperformances, spettacoli teatrali, installazioni, opere di arte interattiva e di *Net Art* – privilegiando l'utilizzo di tecnologie "low tech" e forme di arte relazionale in cui le istanze estetiche non sono mai disgiunte da un forte impegno etico e politico.

L'operare artistico di Giacomo Verde si orienta verso pratiche di coinvolgimento pubblicitario e di creatività condivisa che si attuano spesso in contesti partecipativi al di fuori del sistema dell'arte convenzionale, facendo dunque parlare di "attivismo" mediatico.

Tale attitudine informa gran parte del lavoro dell'artista, volto a coinvolgere il pubblico in modo da farlo sentire "necessario all'evento", per citare una sua frase. La sua attività artistica, più che consistere nella produzione di oggetti da esporre in mostre e gallerie, si traduce in "oper-azioni" che convocano la presenza dello spettatore in un cerchio relazionale dove è "vietato non partecipare", e questo vale in particolar modo a partire dagli anni Novanta, quando Giacomo Verde ha cominciato, tra i primi in Italia, ad occuparsi di arte interattiva: "qualsiasi opera interattiva si può comprendere e giudicare soltanto se la si abita completamente, se ci si sta dentro senza riserve, ovvero mettendo in gioco i propri desideri e le proprie aspettative in prima persona... il vero soggetto è il comportamento dei fruitori"[35]. L'interesse per l'interattività rappresenta lo sbocco naturale del percorso artistico di Verde che ha da sempre privilegiato modalità performative, a partire dalle prime esperienze formative degli anni Settanta come animatore teatrale, cantastorie e musicista, attività che attestano un legame forte con le tradizioni popolari e l'esigenza di lavorare a stretto contatto con il pubblico. Allo stesso modo, le sperimentazioni con le tecnologie elettroniche e digitali che sempre più, a partire dagli anni Ottanta, caratterizzano il suo lavoro, sono strettamente intrecciate al bisogno di intervenire sui mezzi di comunicazione di massa, per proporne usi alternativi, al di fuori delle logiche di mercato. Il suo approccio privilegia pratiche collaborative e connettive, in modo da mettere in relazione persone e competenze diverse, contaminando linguaggi e generi. "Mi piace molto mettere in relazione diversi linguaggi, così si possono fare opere più complete e plurisignificanti. E mi piace molto lavorare in gruppo, affidare parte del lavoro ad altre persone"[36].

L'impegno in ambito sociale e politico è un altro aspetto fondamentale che contraddistingue l'estetica relazionale di Giacomo Verde e che si traduce in svariate pratiche di attivismo artistico, azioni di *Netstrike*, di sostegno e partecipazione attiva a campagne di controinformazione e ad iniziative no-profit, in una costante ricerca di un punto di equilibrio, non sempre facile da attuare, tra "bellezza" e "giustizia", fra atteggiamenti etici, morali e politici. Distante dagli aspetti più vistosi e spettacolari del sistema dell'arte contemporanea, l'operare artistico di Giacomo Verde attecchisce e prolifica in territori decentrati ma vitali, per dar voce a bisogni e ad immaginari che non trovano spazio nei media ufficiali. Molti dei suoi progetti si configurano come kit creativi dotati di "istruzioni per l'uso", opere aperte, o meglio *open source*, il cui codice sorgente è a disposizione di tutti, per incentivare sia la creatività individuale che collettiva[37].

Coniugare la creatività con l'impegno sociale e politico e coinvolgere attivamente lo spettatore sono, quindi, tra le principali motivazioni che stanno alla base della poetica di Giacomo Verde, assieme a un'attitudine ludica e liberatoria.

Lo spettatore che Giacomo Verde intende convocare attraverso le sue opere è uno spettatore vigile, consapevole dello scarto tra realtà e rappresentazione, che non si lascia trasportare passivamente nel gioco illusionistico dell'arte. Mettere in scena il linguaggio oltre che i contenuti, mostrare i processi di trasfigurazione del reale che ogni atto rappresentativo comporta, sono strategie estetiche e cognitive che le avanguardie artistiche e teatrali, da Duchamp a Brecht, hanno adottato per evidenziare l'artificialità e la convenzionalità delle procedure rappresentative e mimetiche. È nel solco di questa tradizione che si collocano le "strategie di smascheramento" e di rottura della cornice illusionistica costantemente adottate da Giacomo Verde, come nel *Tele-Racconto*, dispositivo ideato dall'artista negli anni Novanta, in cui si intrecciano narrazione, micro-teatro e macro-ripresa in diretta, divenuto poi una sorta di prototipo per altre oper-azioni performative, quali la realizzazione di video-fondali-live in concerti, recital di poesia e spettacoli teatrali.

5.6 Art is Opensource

Artisti e ricercatori impegnati nella vita e nel lavoro sul fronte delle arti digitali e delle nuove tecnologie elettroniche, Salvatore Iaconesi e Oriana Persico, sotto il marchio di *Art is Opensource* e *FakePress,* si sono costantemente impegnati, azione dopo azione, per attuare una visione possibilistica del mondo in cui l'arte faccia da collante tra scienze, politica, antropologia, economia.

Proprio sul piano dell'*open source* si muove uno dei progetti più importanti dei due artisti. *L'Uomo Elettronico* è un progetto che si ispira all'omonima teoria del massmediologo canadese e a quelle di Derrick de Kerckhove, realizzato in occasione della celebrazione del Centenario di McLuhan per la mostra *McLuhan: Tracce del futuro*, a cura di M.P. Rossignaud, su commissione dell'Osservatorio TuttiMedia, Media2000 e Amici di MD.

L'Uomo Elettronico produce un corpo connettivo globale attraverso una performance che, simultaneamente e in tempo reale, si svolge in tutto il mondo. La performance si articola attraverso tre elementi: un'interfaccia web, degli sticker urbani contenenti un QRcode, un'applicazione mobile. Gli stickers dell'*Uomo Elettronico* sono stati distribuiti dagli utenti di Internet in cinque continenti, portando il suo corpo digitale dal monitor al mondo fisico. Scannerizzando il QRcode contenuto nello sticker, la persona si connette al corpo dell'*Uomo Elettronico* che ogni volta riceve uno stimolo e lo registra. L'interfaccia web consente di scegliere dalla lista lo stato emozionale che si desidera comunicare; il sistema richiede di rilevare la propria posizione geografica, che sarà associata all'emozione. In tal modo si crea una mappa emozionale del mondo in costante evoluzione. Scaricando l'applicazione, disponibile per iPhone, iPad e iPodTouch, ogni volta che qualcuno si connette al corpo dell'*Uomo Elettronico* via web o QRcode, lo smarphone del suo possessore vibra. Un nuovo sistema nervoso esteso a tutto il pianeta prende vita, un vero e proprio "senso" aggiunto, esternalizzato su una protesi tecnologica che ci portiamo in tasca ogni giorno: il cellulare.

Nel 2012 a Salvatore Iaconesi viene diagnosticato un tumore al cervello. Richiesta la sua cartella clinica digitale, gli viene consegnata nel formato DICOM: un formato destinato agli specialisti, e a lui inaccessibile. Decide pertanto di intraprendere un gesto radicale, mutuato dalla sua pratica quotidiana di hacker: apre i suoi file, li trasforma in semplici .jpeg e .html, li pubblica integralmente e lancia *La Cura*. Il 10 settembre 2012 il suo messaggio è caricato su youtube: *La Cura* è ufficialmente nata. Lo stesso giorno tutti i media nazionali, da Repubblica, al Corriere alle reti Rai e Mediaset riprendono la notizia, che nel giro di pochi giorni fa il giro del mondo. *La Cura* è un progetto *open source* applicato alla medicina e al suo rapporto col corpo umano, una storia personale raccontata a due voci in un libro, una performance biopolitica il cui scopo non è stato solo trovare una cura medica, ma riappropriarsi dei concetti di vita e umanità, cambiando il significato della parola cura.

Secondo gli autori Iaconesi e Persico: "La ricerca affronta i temi che emergono dalla storia. Cos'è l'iperconnettività? Perché oggi ha senso parlare di 'interface politics', la politica della interfacce? E cos'è la 'biopolitica dei dati'? Come muta il potere nell'era degli algoritmi? Cosa sono e come usare i modelli collaborativi peer-to-peer? Cosa possiamo fare con i big data? E molto ancora. Uno strumento per navigare i conflitti e le opportunità della società delle reti con cui ci confrontiamo ogni giorno"[38]. Dal suo lancio nel 2012, *La Cura* ha toccato cinque continenti coinvolgendo centinaia di migliaia di persone nel mondo e generando in Rete più di un milione di connessioni. Ogni modalità aveva caratteristiche diverse e ha creato relazioni complesse tra i partecipanti, dando vita a interazioni non solo virtuali ma anche umane. Dalla Cura sono nate centinaia di opere d'arte, dalla danza, al *projection mapping*, alla stampa 3D, alla poesia; paper e ricerche scientifiche; servizi e nuovi dispositivi.

> La Cura ha dimostrato di essere un metodo per affrontare temi sociali – dall'istruzione alla salute, dall'ambiente all'innovazione – usando le reti, le tecnologie e soprattutto le relazioni umane, scoprendo nuove forme di solidarietà e nuovi modi di agire insieme. Un metodo in cui l'arte e la creatività svolgono il ruolo di sensori e di catalizzatori dell'immaginario, capace di attraversare contesti differenti, perché basato sul desiderio, non sulla competizione[39].

5.7 Estetiche del flusso

Tra le recenti pratiche artistiche contemporanee, vi è quella di "trasmissione del flusso artistico" al fine di stabilire una connessione tra l'artista e il fruitore.

Davide Coltro può essere considerato l'inventore del quadro elettronico (System) in quanto ha ideato una tecnologia nuovissima, che consiste in veri e propri quadri da appendere ma potenzialmente infiniti, dotati di apparato wireless per il controllo remoto da parte dell'artista, che permette il flusso continuo delle immagini. Nel caso del quadro elettronico, il flusso che viene inviato dallo studio dell'artista alla tela elettronica non risente del frutto della relazione che invece è vincolante per intessere l'accordo iniziale tra le parti. In questo caso vi è una relazionalità interattiva che rimane a latere del processo di formazione del flusso pur potendone godere tutti i benefici nella fruizione.

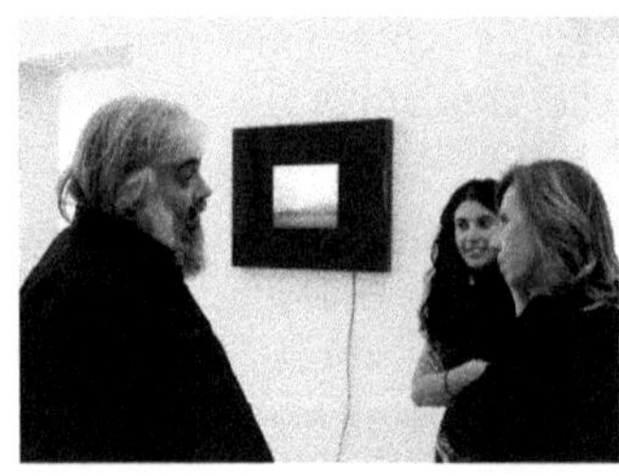

Davide Coltro, *System*, Parma 2005

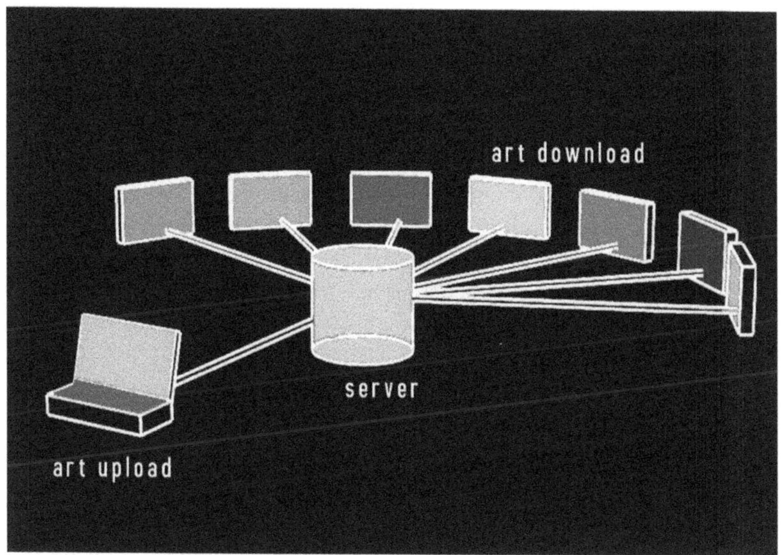

Davide Coltro, *System*, 2005

Davide Coltro considera come opera le icone digitali che crea utilizzando tutte le tecniche della fotografia e pittura digitali, il software di trasmissione e ricezione che ne sincronizza la visione sui quadri elettronici quanto la stessa architettura generale del sistema. Altra caratteristica importante del quadro elettronico è infatti la sua posizione all'interno di un network di "terminali artistici remoti", come opera d'arte che partecipa dell' "Internet of things". Le opere d'arte sono anch'esse oggetti, "cose" che possono diventare intelligenti e connesse, quindi il quadro elettronico, come opera d'arte, si inserisce a pieno titolo in questo universo ancora in fase magmatica ed in via di definizione. Coltro, creando un flusso di esperienze estetiche, le distribuisce sui suoi "terminali artistici remoti", gli schermi divengono tele elettroniche che mettono in relazione autore e fruitori, trasformando questi ultimi in "spettattori" attivi in una costruzione di senso che li coinvolge.

L'intento non è più quello di rendere visibile un'immagine digitale o una sequenza filmica su un supporto elettronico di tipo tradizionale, quanto di ideare un nuovo sistema relazionale e iconico che unisce l'artista allo spettatore tramite la fitta trama di contenuti e relazioni che il materiale estetico è in grado di attivare. Nuovo è il modello di questa relazione, diretta, spontanea e bilaterale; nuova è questa modalità dialettica, che si attua secondo i tempi e le scansioni di volta in volta definite dall'autore.

La novità del *System* di Davide Coltro consiste non tanto in un readymade delle immagini su supporto elettronico, ma nell'attività di un artista che cattura dal mondo suggestioni e immagini per creare opere visive da trasmettere alle persone. Le potenzialità creative del mezzo si realizzano secondo un'iconografia e uno stile attinti dai generi classici della pittura – dal paesaggio al ritratto –, interpretati alla luce di un'estetica nuova che usa, senza esserne vincolata, le nuove tecnologie di visione.

Davide Coltro può dunque considerarsi il creatore-inventore di una formula di tecno-socialità che unisce le proprietà tecnologiche della trasmissione d'immagini all'istanza di rapportarsi sempre e comunque con le esigenze esistenziali dell'essere sociale. L'artista tesse relazioni tra la gente con l'aiuto di segni, forme, azioni o gesti, nel tentativo di stabilire uno scambio comunicativo tra partecipanti e osservatori. Egli apre a nuove possibilità di formazione dell'opera, riferendosi sia al soggetto individuale, che a gruppi sociali, intersezioni tra persone che formano nuove ed estemporanee possibilità relazionali, senza dimenticare i valori universali che si ammirano nella grande arte di ogni tempo.

Un altro concetto fondamentale per Coltro è quello della "Sintonia Modale". Oggi la tecnologia propone nuovi modi per creare un'opera d'arte, ma questi strumenti nascondono l'inganno di poter essere utilizzati solo creativamente, cioè senza neppure sfiorare la consistenza

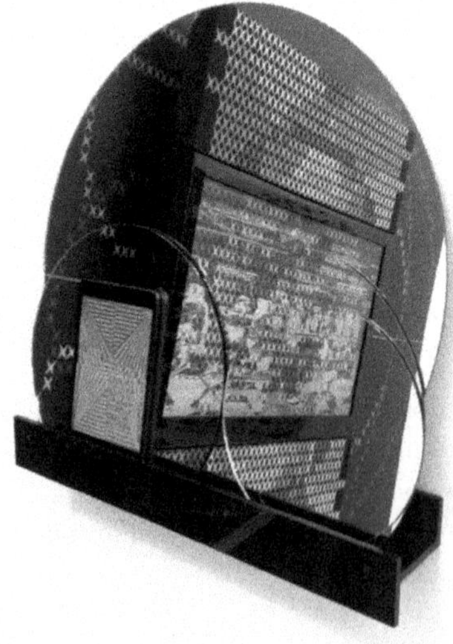

Vincenzo Marsiglia, *Interactive Star App Circle*, 2015
cm 55,5x55,5, specchio, plexiglas, iPad mini, applicazione per iPad

di un'opera autentica. La "Sintonia Modale" è una qualità delle opere d'arte che viene attivata a monte dalla sensibilità dell'artista come componente fondamentale per il quale esiste continuità e coerenza su tutti i piani tra contenuto e contenitore, tra vettore espressivo e media che lo manifesta. Non è una prerogativa tipica dell'arte tecnologica contemporanea ma accompagna l'impegno della creazione artistica in ogni tempo.

Tra gli autori che contribuiscono alla creazione di connessioni virtuali tra artista e spettatore, l'opera di Vincenzo Marsiglia potrebbe essere interpretata come un *ipertesto*, in quanto presenta un progetto espositivo a più livelli che alterna il manufatto artistico a forme più complesse digitali e tecnologiche, non da ultimo un'applicazione iPhone e iPad, pubblicata nell'AppStore, dal significativo titolo *Interactive Star App*.

Ipertesto è un termine coniato da Theodor H. Nelson: "Con ipertesto intendo una scrittura non sequenziale – un testo che si dirama e consente al lettore di scegliere; qualcosa che si fruisce meglio su uno schermo interattivo. Così come è comunemente inteso, un ipertesto è una serie di brani di testo tra cui sono definiti dei collegamenti che consentono al lettore differenti cammini"[40]. L'ipertesto insomma viene visto come multilineare o multisequenziale.

Come nel paragone dell'ipertesto, così nella ricerca visiva di Marsiglia si realizzano alcune possibilità, cioè alcuni mondi possibili, con una moltiplicazione delle possibilità di interazione, sollecitando più canali sensoriali e percettivi dello spettatore. Da questo punto di vista il lavoro dell'artista è una macchina estetica decisamente classica ed è tanto più perfetta quanto più varie parti interagiscono per suscitare rappresentazioni fisiche, cognitive, sensitive ed emotive.

Una delle linee della sua ricerca è la creazione di *specchi polarizzati* dotati di webcam che generano variazioni cromatiche e percettive differenti a seconda dei comportamenti e dei tempi che lo spettatore tiene di fronte all'opera. Mediante le sue opere interattive, collegate a un programma di rielaborazione delle immagini e a un'applicazione appositamente studiata per iPad, il pubblico entra a far parte della texture digitale dell'opera come elemento attivo e performante. Gli specchi polarizzati intercettano l'immagine del fruitore e la rielaborano in una tessitura di stelle digitali, pixel colorati e rumori animati. Lo spettatore entra nell'opera e ne varia la versione cromatica operando un'interferenza visiva e diventandone co-autore per il tempo che si pone di fronte e in dialogo con essa.

5.8 *Post-Internet Art*

Una dimensione peculiare dell'arte contemporanea riguarda, dunque, le forme di creatività partecipata e diffusa messe in gioco da parte dei pubblici connessi e dalla cultura partecipativa in Rete. Il sistema informatico rappresenta, attualmente, la forma più intrigante e controversa di cultura partecipativa, in grado di modificare le regole di un sistema aggregativo già compromesso.

A partire dalle pratiche di interattività considerate nei precedenti capitoli, come possibilità concessa dall'arte, ma anche promossa dall'artista in nome del coinvolgimento del pubblico, si arriva alle forme della coproduzione creativa in cui il fruitore diventa *prosumer* del lavoro artistico stesso, fino alle forme spontanee di partecipazione, creazione e ridefinizione dei prodotti culturali[41]. Lo schema tradizionale con il creativo-produttore e il fruitore-spettatore comincia ad essere messo in discussione quando un'opera viene pensata appositamente per essere arricchita da contributi creativi esterni.

Questo tipo di clima culturale ha portato gli artisti a riscoprire da un lato il valore estetico e sociale delle pratiche rituali e comunitarie incentrate sul coinvolgimento fisico dei partecipanti e dall'altro lato a indagare il valore estetico ed espressivo dei media e delle tecnologie cogliendo in essi nuove possibilità di relazione e partecipazione. L'idea è stata quella di promuovere azioni in cui l'esperienza della fruizione fosse considerata parte dell'opera e del suo risultato comunicativo. I passaggi di questa transizione sono quelli che vanno dal coinvolgimento attivo del pubblico ai diversi gradi di interattività offline e online, fino alla condizione di un pubblico performativo, potenziato dalla Rete e generatore a sua volta di contenuti creativi.

Una prima serie di esempi a sostegno del principio della creatività diffusa, basato sulla logica del network e sui dispositivi del web, è già stata presentata nei precedenti paragrafi.

Qui stiamo entrando nell'ambito di quella che viene chiamata *Post-Internet Art*, in riferimento a una tendenza attuale dell'arte e della critica che pone in risalto l'impatto di Internet sull'arte e la cultura. Prendendo a esempio la corrente del Post-Modern come reazione o rifiuto al modernismo, il Post-Internet non implica un tempo "dopo" l'avvento di Internet, ma piuttosto un tempo "che riguarda" Internet. Mentre la *Net Art* degli anni Novanta ha utilizzato Internet soprattutto come un mezzo, le pratiche della *Post-Internet Art* considerano Internet ormai come una condizione e un ambiente di vita e utilizzano entrambi i formati - online e offline -per occuparsi di cultura digitale e indagano gli effetti

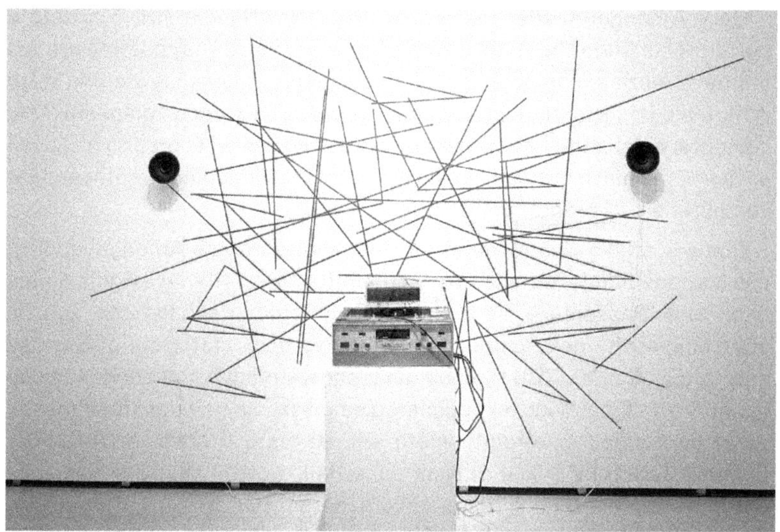

Nam Jun Paik, *Random Access*, 1963. Courtesy: Solomon R. Guggenheim Museum

dell'ubiquità della Rete all'interno di una più matura comprensione del mondo contemporaneo, come unità intrinseca di reale e virtuale. Concetto coniato da Maria Olson nel 2008 nell'ambito del Surfing Club e ulteriormente rielaborato dal critico Gene McHugh nel 2009 come titolo di un suo blog influente, il termine Post-Internet continua a evolversi. Mostre recenti come *Art Post-Internet* del 2014 presso l'Ullens Center for Contemporary Art, a Pechino, *Surround Audience* per la Triennale del 2015 presso il New Museum di New York, hanno probabilmente contribuito a canonizzare il termine.

Ora può essere utile mettere in evidenza come la *Post-Internet Art*, cioè quell'arte creata con la consapevolezza che verrà comunque condivisa e visualizzata in Internet, sta scalando il sistema dell'arte contemporanea tradizionale e sta entrando a far parte delle gallerie commerciali, come nel caso del lavoro di Cory Arcangel. Le premesse per questa transizione sono rintracciabili, come afferma Chiara Moioli, nella presenza di un medium ormai maturo e, conseguentemente, nell'esistenza di un pubblico vasto e informato, consapevole cioè delle dinamiche e del funzionamento del network e familiarizzato alla cultura della Rete[42].

Cory Arcangel, leader indiscusso della New Media Art, è artista e performer digitale che vive e lavora a Brooklyn. Per la sua costante pratica di interferenza e manipolazione dei new media, è considerato uno degli artisti più importanti della sua generazione. Utilizzando i dispositivi del computer e della Rete come mezzo espressivo, egli si appropria e spesso sovverte in chiave critica i nuovi media, tra cui videogiochi, software per computer e altri programmi Internet.

Come sostiene Tina Kukielski[43], in alcune sue opere Arcangel applica una nozione di interattività ormai superata, che si riferisce agli sviluppi degli anni Sessanta e Settanta, dove di fatto risponde con astuzia alle complessità della cultura partecipativa democratizzata di oggi, ad esempio in *Masters* (2011), in cui una leggera modifica di un videogioco di golf invita il pubblico a impugnare una mazza da golf. Inevitabilmente, però, ogni colpo è riprogrammato per mancare il buco. A differenza di *Participation TV* (1963) di Nam June Paik, dove il suono di una voce potrebbe cambiare l'immagine sullo schermo per arrivare a un effetto straniante, *Masters* si avvale di un metodo di partecipazione che si traduce in una completa frustrazione. Sfidando le fantasie e gli obiettivi dei nuovi media Arcangel, pertanto, continua a realizzare opere che evocano una forma di partecipazione più sfumata.

Tina Kukielski introduce qui il concetto di "prosumer", termine che, come abbiamo visto, ha guadagnato sempre più popolarità e pervasività dalla crescita del web 2.0. Arcangel gioca in maniera decisiva con l'attuale tendenza ad adottare modelli di partecipazione "prosumer". Il modello si basa su sistemi ben stabiliti per uno scambio: la grande tendenza a condividere qualcosa con altri utenti online, la connessione tra esperti e non addetti ai lavori semplificata dalla condivisione sul web, un forte sentimento di connessione sociale costruito attraverso moduli online, e le interdipendenze e le interconnessione di persone e prodotti. Riflettendo su questo paradigma, Arcangel afferma: "Dove si riconosce l'arte se chiunque è un suo produttore?" [44].

Il suo lavoro sperimenta un modello di sviluppo che incarna le trasformazioni fondamentali ed essenziali dei modi in cui noi interagiamo e socializziamo nel ventunesimo secolo. L'effetto è fortemente differente da quello che viene esplorato dalla tendenza dell'estetica relazionale di Nicolas Bourriaud. Le opere "relazionali" e "partecipative" di Arcangel a volte incarnano un forte senso di alienazione e disconnessione, come risulta evidente nella misteriosa, profonda e asciutta brillantezza della scultura cinetica *Permanent Vacation* (2008), composta da due computer Mac programmati per inviarsi risposte automatiche di "Out of Office"

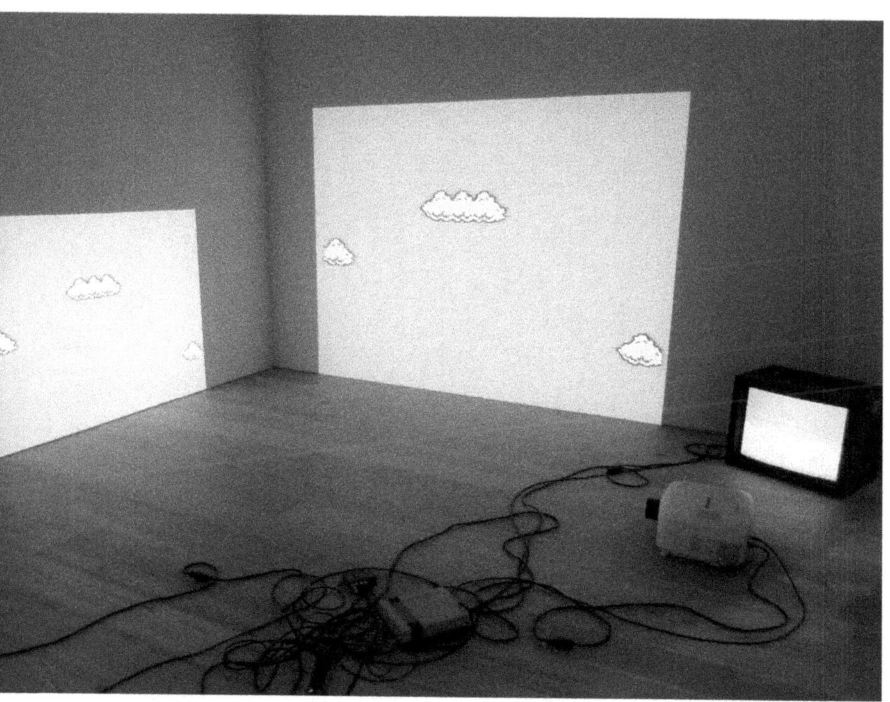

Cory Arcangel, *Super Mario Clouds*, 2002. Installazione al Whitney Museum of American Art, New York

avanti indietro, l'uno all'altro, con qualche secondo di ritardo, rimbalzando all'infinito tra presenza e assenza, o almeno fino a quando uno dei due hard disk andrà in crash per sovraccarico di memoria. L'utopia implicata da una macchina che si comporta come un essere umano ragionevole, diventa velocemente uno scherzo distopico non appena tutte le email di risposta si accumulano senza fine sullo schermo, fino al definitivo punto di rottura. Questo per dire che alcune delle opere di Arcangel che giocano con le tecnologie dei *prosumer* hanno assunto un livello di gelida automazione macchinistica. Recentemente l'artista ha formato un inconsapevole gruppo di interesse attraverso la performance online *Working on My Novel,* nella quale ha riunito assieme scrittori reali e aspiranti tali che hanno usato quella frase. Dal 2009 Arcangel ha raccolto frasi e applicazioni di quelle quattro parole trovate in vari Twitter feed e ha ritwittato i risultati, come per esempio "Lavorando sul mio racconto e guardando la Famiglia Griffin. Oh yeah!". Per coloro che lavorano in quegli ambiti lavorativi, l'esperienza del procrastinare, del ritardo e

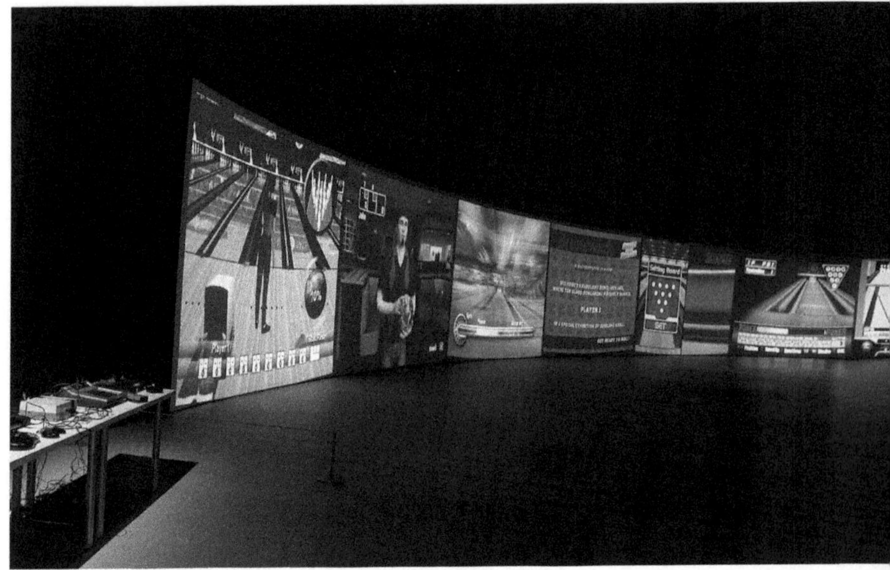

Cory Arcangel, *Beat the Champ*, 2011. Installazione a The Curve, Barbican Centre, London

della distrazione è una vera minaccia per la produttività e i social media forniscono un accogliente, anche se ironico, luogo per perdere tempo. La rivelazione di Arcangel, in questo caso, è evidente: segnala la relazione interrotta tra tecnologia e creatività, tra l'individuo e il collettivo.

5.9 Videogame e Gamification. L'arte in gioco

Johan Huizinga in *Homo Ludens* afferma che il gioco sia un vero e proprio fenomeno culturale alla base della società: "È indispensabile all'individuo, in quanto funzione biologica, ed è indispensabile alla collettività per il senso che contiene, per il significato, per il valore espressivo, per i legami spirituali e sociali che crea, insomma in quanto funzione culturale. Soddisfa a ideali di espressione e di vita collettiva"[45]. Se il fattore ludico sembra aver avuto meno incisione all'interno dei processi di creazione artistica dell'arte figurativa, rispetto a ciò che avviene in altre forme artistiche, così non si può dire in riferimento alla sua ricezione nell'ambiente sociale. In un punto della trattazione Huizinga sembra alludere alla dimensione ludica come momento presente in una fase successiva alla creazione, quella cioè della fruizione: "Anche se l'opera d'arte viene creata, imparata, o notata in un primo tempo, essa non avrà vita che in seguito nell'esecuzione, nella rappresentazione,

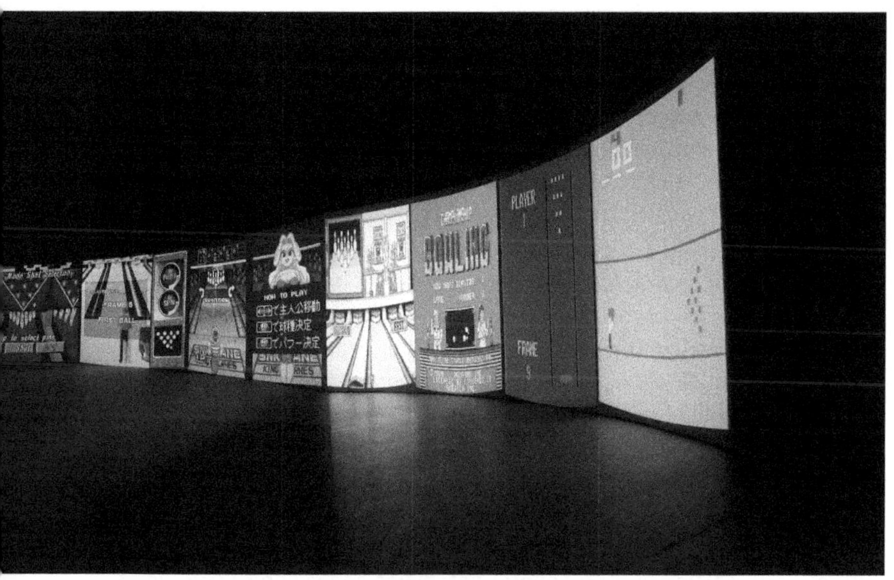

insomma nella *productio*, in quel senso letterale che la parola conserva ancora in inglese"[46]. E ancora: "Quando viene a mancare un'azione pubblica nella quale l'opera d'arte si fa viva ed è goduta, sembra che nel dominio delle arti plastiche o figurative non ci sia più posto in fondo per un fattore ludico"[47].

Se lo storico olandese conclude il suo saggio nel 1939 affermando che la società a lui contemporanea non è quasi più "giocata", uno dei fenomeni che possiamo riscontrare nella società attuale è quello della *gamification*, termine coniato nel 2010 da Jesse Schell per indicare la tendenza a introdurre le modalità di pensiero e i meccanismi del gioco in diversi campi e aspetti della vita. Con la *gamification* ci si propone di applicare dinamiche ludiche ad attività che non hanno direttamente a che fare con il gioco, per modificare il comportamento delle persone e favorire la partecipazione attiva degli utenti verso il messaggio da comunicare, anche in ambito aziendale.

Jane McGonigal, figura chiave dell'Institute for the Future e autrice del libro *La realtà in gioco. Perché i giochi ci rendono migliori e come possiamo cambiare il mondo*[48], tra le prime ha intuito le potenzialità dell'esperienza motivazionale del gioco e della connettività del web per dare vita a una relazionalità sociale più forte e, al tempo stesso, per ridisegnare la realtà esterna. La *gamification* recupera quindi gli stilemi del gioco, con la massima propensione nei confronti di quelli digitali, come i videogame, proprio perché i giochi sono degli "ostacoli non necessari" che generano accessibilità, interesse e felicità, partendo dal presupposto che anche i videogame iniziano con un livello base (*tutorial*) per poi elaborare schemi di comportamenti e azioni sempre più complessi in modo da far vivere al giocatore la sua esperienza ludica.

I quattro elementi fondamentali del gioco (*obiettivi, regole, feedback, volontarietà della partecipazione*) teorizzati dalla McGonigal e i criteri di accesso, flusso e fruizione sono presenti in alcune delle più recenti tendenze dell'arte contemporanea: gli artisti utilizzano spesso le stesse regole della *gamification* per offrire inizialmente al pubblico una visione semplice e immediata della loro opera, che attivi emozioni felici e positive, per portarlo poi verso elaborazioni più articolate e comprensioni più profonde ed epiche, stimolando l'indagine dei molteplici significati che l'autore ha nascosto sotto i vari livelli di lettura.

Oggi, grazie all'utilizzo delle nuove tecnologie e di dispositivi di tipo interattivo, gli artisti si sono riappropriati di una concezione video-ludica del fare, partendo da sperimentazioni che utilizzano proprio i videogame come principio che consente un accesso rapido e immediato all'opera d'arte.

L'interattività, a cui la modalità dei videogame si riferisce, consente al fruitore di assumere un ruolo non più passivo, determinando una esperienza ludica mediante l'immersione sensoriale e percettiva dell'utente. "La capacità di succhiare il giocatore, di coinvolgerlo e stravolgerlo rappresenta uno specifico del medium videoludico. Il gioco elettronico possiede un potenziale di immersività e attrazione che altri media non hanno"[49]. Il processo interattivo porta il fruitore a contribuire alla creazione di un'opera, diventandone co-autore.

Come abbiamo già visto, tra i primi artisti a indagare le intersezioni tra arte e videogame, in chiave critica, come medium da manipolare, decostruire e ricostruire, è Cory Arcangel, che nel 2002, tra le sue prime opere, decide di alterare una vecchia versione del videogame di Super Mario Bros rimuovendo i personaggi, le scenografie e i suoni, così che nulla fosse lasciato sullo schermo ad eccezione delle nuvole che lo attraversano. L'installazione, che ora fa parte della collezione permanente del Whitney Museum[50], può essere allestita in modi diversi, ma la console Nintendo è sempre messa in bella vista assieme ai proiettori, agli schermi e ai fili di collegamento, creando l'archetipo di un'esperienza ludica che milioni di teenager, ora adulti, hanno vissuto in prima persona.

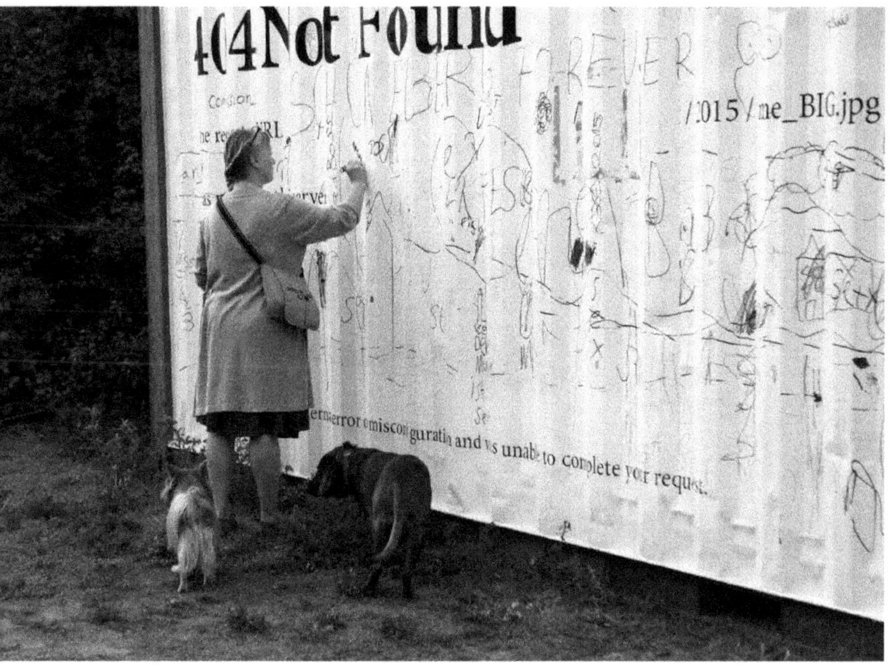

Carlo Zanni, *Localhost*, 2015. Foto: Luisa Galdo. Parte del progetto espositivo internazionale *Contain[era], materialized Information Transfer in the Post-Internet Era*, Praga, Bratislava, Varsavia, Budapest, Roma, Zurigo, Berlino e Vienna, dal 20 agosto al 24 ottobre 2015

Dopo Cory Arcangel, molti artisti hanno utilizzato schermate, formule ed elementi dei videogame all'interno di progetti artistici come per esempio Alessandra Rigano e Federico Castronuovo di "Serenata", IOCOSE, Mauro Ceolin, Eva & Franco Mattes, Carlo Zanni, Miltos Manetas, e altri ancora, tutti protagonisti della mostra *Neoludica. Art is a game 2011-1966*, evento presentato alla 54. Esposizione Internazionale d'Arte – Biennale di Venezia. Secondo i curatori del progetto "i videogiochi sono anch'essi un'arte e hanno avuto, negli ultimi anni, un impatto determinante sulle altre arti: dal cinema alla letteratura, dalla musica alle arti visive". In particolare, i più recenti prevedono un'interazione più diretta tra il corpo del giocatore e l'azione su schermo, ed è soprattutto la dimensione software del videogioco a offrire spunti di riflessione sul suo carattere di fruibilità interattiva che sta diventando predominante anche in certe pratiche artistiche contemporanee.

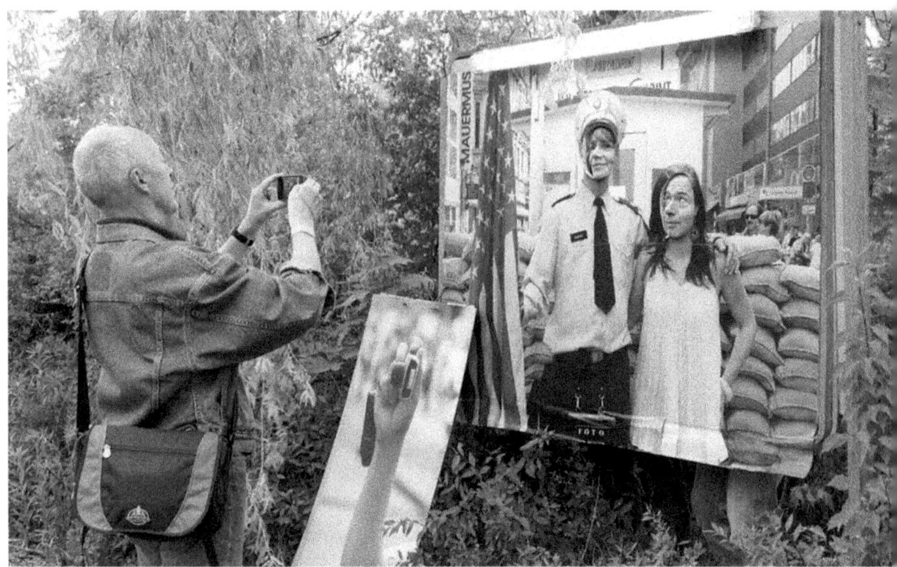

invisible playground, *Spreezone Berlin,* 2011

È il caso del progetto *Street Crosser* di Noobware & Nutone, parte del programma *Participatory City 2014 – From Passive Consumers to Active Citizens*[51], che ha messo in scena un'installazione interattiva in forma di videogame, studiata per far insorgere consapevolezza sociale e intellettuale in merito ad uno dei grandi problemi diffusi nella città di San Paolo: gli incidenti stradali che coinvolgono i pedoni. I giocatori, attraverso una consolle, sono introdotti in uno scenario in cui si devono cimentare nell'attraversamento pedonale in un punto in cui mancano i semafori, cercando di scansare auto, bus, scooter e bici nel tentativo di arrivare sani e salvi a destinazione.

Non solo i videogame sono sinonimo di opera ludica multimediale, ma esistono altre espressioni artistiche che sfruttano le strutture del gioco, i programmi digitali di simulazione e la stimolazione dei sensi per attivare la partecipazione e la riflessione del pubblico.

L'interattività è sicuramente una delle forme espressive attuali più ludiche che coinvolge gli spettatori in giochi di ruolo, mettendo in primo piano il corpo e la polisensorialità come piattaforme di condivisione. Come afferma Silvana Vassallo, "Il fatto che l'azione di un potenziale pubblico sia inscritta nei parametri compositivi delle opere interattive comporta un radicale mutamento delle condizioni di fruizione: allo spettatore viene richiesto di assumere il ruolo di performer o co-autore, di immergersi in un'esperienza partecipativa e sinestetica, al contempo psichica e fisica, secondo modalità associate frequentemente ad una dimensione ludica"[52].

Parte da Berlino, ma è attivo in tutto il mondo il gruppo Invisible Playground[53], un collettivo di artisti, game designers e studiosi. Invisible Playground collabora con le istituzioni culturali per creare *divertissement* site-specific e progetti di varia dimensione ed entità. "Progettiamo sistemi giocosi che mettono in cortocircuito le connessioni tra le persone, gli ambienti in cui vivono e le tecnologie che utilizzano. Ci piace quando i giochi sono divertenti e ci fanno stare felici insieme, in questo mondo". Invisible Playground sviluppa infatti modalità sperimentali di partecipazione interattiva nello spazio urbano, come per esempio in occasione del progetto *72 Hours Urban Action* dove sono stati ideati degli interventi nella città di Witten per far divertire le persone nello spazio pubblico e farle intervenire attivamente nella città dando libero sfogo alla loro creatività.

In Italia, dagli anni Novanta, Studio Azzurro si appropria di elementi ludici e interattivi per costruire i suoi *ambienti sensibili,* così definiti perché reagiscono agli stimoli dei visitatori. In questo caso il meccanismo artistico si basa sul tatto e sul respiro che, innescando una reazione negli strumenti tecnologici ormai rigorosamente invisibili, producono un segno, una traccia, anche semplicemente calpestando una superficie come nel caso di *Coro*.

La sperimentazione poetica del linguaggio di Studio Azzurro mette in luce sia l'aspetto estetico legato alla visione, sia quello antropologico connesso alla reazione emotiva e sensoriale delle persone. Gli *ambienti sensibili* sono costruiti secondo delle regole che permettano allo spettatore di essere parte integrante dell'evento: l'utilizzo delle mani, delle espressioni corporee, dei movimenti diventano esigenza necessaria affinché lo spettatore, come nei giochi, si possa mettere in contatto con lo spazio circostante e con l'ambiente.

Gli *ambienti sensibili* di Studio Azzurro affrontano dunque il tema della componente ludica, che costituisce forse l'elemento maggiormente caratterizzante dell'arte interattiva, o almeno il più evidente per il pubblico. Come afferma Silvia Bordini, "nella produzione di molti protagonisti dell'arte elettronica (e anche nelle parole con cui spesso la commentano), i modi di partecipazione si strutturano come un invito al gioco. E non senza motivo: il gioco è una forma primaria di interazione; è un'attività strutturata da regole, libera da finalità pratiche, mirata ad una gratificazione individuale e/o collettiva. Il gioco stimola l'esperienza, la conoscenza, la comunicazione, l'immaginazione, l'apprendimento, esplora il mondo e i comportamenti, ha un carattere rituale e significati simbolici; si associa alla competizione, alla verifica di capacità, produce situazioni ed eventi. Metafora del reale e insieme distrazione e allontanamento in un'altra dimensione, il gioco rilassa e rassicura, dà spazio e sfogo a impulsi e desideri, anche a quelli remoti e inconfessabili, vietati dalle convenzioni sociali"[54].

Il rapporto tra arte e gioco ha radici profonde nella storia dell'arte: dalle provocazioni libertarie del Futurismo a quelle del Dada e del Neodada, dal gioco destabilizzante di Duchamp a quello creativo di Picasso, dagli stimoli meccanici di Munari ai giochi inquieti di Tinguely, fino ai giochi percettivi dell'Arte Cinetica, che fanno crollare l'ultimo divieto di non toccare le opere d'arte. La nuova regola dell'arte interattiva sembra essere proprio quella di dover giocare, con il corpo e con la mente, attivando un'esperienza che coincide con l'esperienza dell'opera.

Un gioco di pura interazione, non prefigurato, come afferma Paolo Rosa: "L'aspetto ludico è una componente intrinseca dell'interattività, di qualsiasi forma di interattività, anche la più arcaica. L'aspetto divertito può suonare come sinonimo di superficiale: cadere ingenuamente nelle regole di un gioco prefigurato. Ma come tutti sappiamo, giocare vuole soprattutto dire conoscere attraverso una simulazione, comporre un'esperienza attraverso un'avventura immaginativa. [...] Il gioco è una soglia di accesso. In quanto tale deve condurti a strati di progressiva complessità"[55].

Come tutti i trend che facilitano la fruizione artistica, la dimensione ludica propria della *Gamification* sta riscontrando una sempre maggiore diffusione poiché permette di abbandonare una definizione gerarchica dell'arte a favore di una sua progressiva democratizzazione, ampliandone i livelli di accesso e di comprensione e ottenendo successo in un pubblico sempre più variegato.

5.10 Musei online

Il concetto del Museo tradizionale, costituito da un luogo fisico e da uno spazio web, negli ultimi anni è stato interamente rivisitato e aggiornato dalla creazione di musei interamente virtuali che svincolano la fruizione dalla pratica fisica della visita e auspicano una partecipazione attiva dell'internauta, consentendone la navigazione e favorendone l'interazione.

Per alcuni critici, come Hans Belting[56], l'avvento dei media elettronici ha messo in crisi l'idea auratica di separatezza del museo e ha portato a una fase conclusiva quel processo di democratizzazione dell'esperienza artistica che era stata individuata nella sua fase di partenza da Walter Benjamin. La nascita della cosiddetta "Arte Globale" o della "Transgeografia" di cui si è parlato nel precedente capitolo, ha coinciso con il costruirsi di una geografia reticolare della produzione estetica che ha sfidato l'unicità del museo come garante esclusivo dell'arte e ha esteso la fruibilità verso la collettività.

Lo Streaming Museum è il primo museo online, un museo ibrido, ideato e fondato da Nina Colosi[57]. Si tratta di spazio pubblico globale che sviluppa mostre multimediali collaborando con sedi e centri culturali dislocati nei sette continenti. Nato il 29 gennaio 2008, in occasione del secondo anniversario dalla morte di Nam June Paik, lo Streaming Museum è stato ispirato dalla teoria dell'artista coreano che nel 1970 immaginò Internet come "un'autostrada dell'informazione", un mezzo aperto e libero per l'immaginazione e lo scambio di idee e cultura. Per l'evento inaugurale venne trasmesso il video *Good Morning Mr. Orwell* (1984) in simultanea sugli schermi pubblici di ogni continente. Da allora, le mostre dello Streaming Museo sono rimaste accessibili online in oltre 50 sedi internazionali, in partnership con festival d'arte e centri culturali. Sebbene la base operativa sia New York City, lo Streaming Museum ha comunque una presenza globale e collabora con una varietà di organizzazioni culturali e di istituzioni pubbliche, con molteplici artisti visivi e performativi, curatori e creativi visionari.

Il sito presenta le mostre in corso negli spazi pubblici internazionali e fornisce informazioni sulle mostre passate e sui programmi correlati dal punto di vista tematico, quali spettacoli performativi, eventi di apertura e conferenze. La sezione *The Arts In World Focus* comprende un vasto elenco di articoli, saggi e presentazioni video.

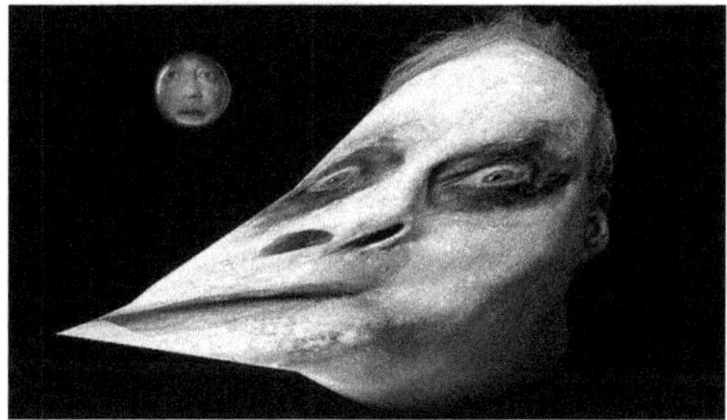

Tony Oursler, *Valley*, installazione all'Adobe Museum of Digital Media

Nel suo percorso lo Streaming Museum ha messo in mostra l'importante ruolo che la tecnologia e l'arte hanno giocato nella società globale e ha creato nuove opportunità per favorire la comprensione del mondo artistico e culturale. Inoltre, l'interesse a esporre arte in spazi pubblici e con una programmazione online in diretta ha assicurato una maggior fruizione democratica alle arti. Tra le varie manifestazioni realizzate, è stata inaugurata una iniziativa di tributo a John Cage che è stata trasmessa online nello StreamingMuseum.org per tutto il 2012, con la presentazione di una collezione di opere di arte visiva e di video dedicati a storie di artisti multimediali che hanno influenzato il grande genio.

L'Adobe Museum of Digital Media (AMDM) è un museo digitale architettato interamente online, inaugurato nell'autunno del 2010. Si tratta di un ambizioso progetto nato dalla collaborazione dell'azienda Adobe con Piero Frescobaldi, co-fondatore della società di produzioni digitali unit9, con sede nel Regno Unito, e Goodby, Silverstein and Partners, agenzia pubblicitaria con sede a San Francisco. L'incontro dei visitatori con questa nuova e innovativa formula museale si sviluppa su vari livelli, attivati dalla connessione web al sito di riferimento[58]. La piattaforma interattiva offre tre possibilità: il primo pannello apre a un tour virtuale della struttura fantasmagorica e aerodinamica dell'edificio che ospita il museo, studiata in toto dall'architetto italiano Filippo Innocenti, che presenta un ampio spazio centrale con auditorium per le mostre temporanee, mentre le torri laterali ospitano le mostre passate e le opere della collezione permanente. Come recita la directory di presentazione del Museo, guidata da una voce metallica femminile...

> La mission dell'Adobe Museum of Digital Media è di mostrare e preservare opere innovative e di mettere a disposizione un forum per commentare con esperti il grado in cui i media digitali modellino e influenzino la società d'oggi. Aperto 365 giorni l'anno, 24 ore al giorno e accessibile da ogni parte del mondo, AMDM è un luogo per riflettere sull'importanza e l'impatto dei media digitali sulle nostre vite. Il Museo è un deposito sempre in cambiamento di mostre. I percorsi espositivi saranno curati dalle personalità leader nel campo dell'arte, della tecnologia, dell'industria culturale, per stimolare dibattiti sempre freschi intorno al continuo evolversi del paesaggio digitale[59].

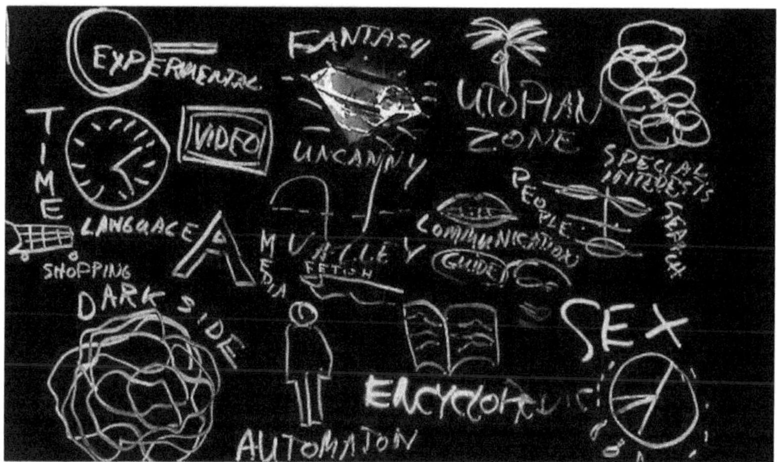

Tony Oursler, *Valley*, installazione all'Adobe Museum of Digital Media dal 6 ottobre al 2 dicembre 2010. Courtesy Lehmann Maupin, New York .

Il pannello al centro espone un benvenuto del primo curatore dello spazio, Tom Eccles (Executive Director del Bard College Center for Curatorial Studies di Annandale on Hudson, New York), che per la prima mostra del museo ha invitato l'artista americano Tony Oursler. La sua video-conferenza ha fatto da guida ad alcune parti della mostra motivando le ragioni di questa scelta. Infine il terzo pannello introduce direttamente alle mostre temporanee. Con *Valley*, Tony Oursler ha ideato un progetto site-specific per riflettere sul modo attraverso cui sono state esplorate e utilizzate le nuove tecnologie nel nostro tempo. Si tratta di un lavoro che, attraverso video, schermi televisivi e modelli interattivi ed elettronici, indaga il tema della "valle del perturbante" coniato dallo studioso di robotica Masahiro Mori e relazionato a quella serie di pratiche e attività connesse con il mondo ramificato e tentacolare di Internet, che l'artista qui suddivide in diciassette aree. Selezionando l'ingresso alla mostra, appare una lavagna nera in cui sono possibili diversi percorsi, appositamente studiati da Tony Oursler, che fanno interagire lo spettatore con un'opera in continua evoluzione. Dopo la mostra *Valley* è stato realizzato un evento a opera dell'artista giapponese Mariko Mori e del grafico americano John Maeda, Presidente della Rhode Island School of Design.

1. Pier Luigi Capucci, *Arte e tecnologie. Comunicazione estetica e tecnoscienze.* Edizioni dell'Ortica, Bologna 1996, p. 97.

2. Peter Weibel, *The Post-Media Condition*, 19 March 2012 in http://www.metamute.org/editorial/lab/post-media-condition

3. Matteo Pasquinelli (a cura di), *Media Activism. Strategie e pratiche della comunicazione indipendente*, DeriveApprodi, Roma 2002.

4. Néstor García Canclini, *Lectore, espectadores e internautas*, Gedisa, Barcellona, 2007, p. 40.

5. Manuel Castells, M. Fernàndez-Ardèvol, J. Linchuan Qiu, A. Sey, *Mobile Communication and Society. A Global Perspective,* The MIT Press, Cambridge-London 2006.

6. Henry Jenkins, *Cultura convergente. Dove collidono vecchi e nuovi media*, Apogeo, Milano 2007.

7. Allucquère Rosanne Stone, *Desiderio e tecnologia. Il problema dell'identità nell'era di Internet*, Feltrinelli, Milano 2007, pp. 52-53.

8. Pietro Montani, *Tecnologie della sensibilità. Estetica e immaginazione interattiva*, Cortina, Milano 2014.

9. Roy Ascott, *C'è l'amore nell'abbraccio telematico?*, traduzione a cura di Gabriella Galati, a partire dall'edizione critica Roy Ascott, *Is There Love in the Telematic Embrace*, in Id., *Telematic Embrace: Visionary Theories of Art, Technology and Consciousness*, a cura di Edward A. Shanken, University of California Press, Berkeley – Los Angeles – London 2003, pp. 232-246. La traduzione è stata inserita nel volume AA. VV, *Mondi Altri. Processi di soggettivazione nell'era postumana a partire dal pensiero di Antonio Caronia*, a cura di Amos Bianchi, Giovanni Leghissa, Mimesis Edizioni, Milano 2016.

10. Roy Ascott, *C'è l'amore nell'abbraccio telematico?*, in AA. VV, *Mondi Altri. Processi di soggettivazione nell'era postumana a partire dal pensiero di Antonio Caronia*, op. cit, p. 166.

11. La cibernetica si occupa dello studio unitario dei processi riguardanti «la comunicazione e il controllo nell'animale e nella macchina» (secondo la definizione di N. Wiener, 1947): partendo dalle ipotesi che vi sia una sostanziale analogia tra i "meccanismi di regolazione" delle macchine e quelli degli esseri viventi e che alla base di questi meccanismi vi siano processi comunicazione e di analisi di informazioni, la cibernetica si propone da un lato di studiare e di realizzare macchine ad alto grado di automatismo, atte a sostituire l'uomo nella sua funzione di controllore e di pilota di macchine e di impianti, e dall'altro lato, inversamente, di servirsi delle macchine per studiare determinate funzioni fisiologiche e dell'intelligenza. Sotto il segno della cibernetica si è avviato un movimento di idee inteso a promuovere una più intensa collaborazione fra campi di ricerca assai disparati: da quelli propri dell'ingegneria, della fisica, della biologia, a quelli propri di scienze quali la psicologia, l'antropologia, la sociologia, l'economia.

12. Roy Ascott, *C'è l'amore nell'abbraccio telematico?*, in AA. VV, *Mondi Altri. Processi di soggettivazione nell'era postumana a partire dal pensiero di Antonio Caronia*, op. cit., p. 168.

13. Ibidem, p. 169.

14. Ibidem, pp. 169-170.

15. Ivi.

16. Ibidem, pp. 176, 177.

17. Ibidem, p. 179.

18. Roy Ascott, *L'arte, la tecnologia e la scienza del computer*, in Marie-George Gervasoni (a cura di), XLII Esposizione Internazionale d'Arte La Biennale di Venezia. Arte e scienza, Venezia, Electa, 1986, p. 187.

19. Ivi.

20. Roy Ascott, *Art and Telematics: Towards a Network Consciousness,* in Id., *Telematic Embrace: Visionary Theories of Art, Technology and Consciousness*, a cura di Edward A. Shanken, University of California Press, Berkeley – Los Angeles – London 2003, pp. 199-200 (mia traduzione).

21. Pier Luigi Capucci, *Arte e tecnologie. Comunicazione estetica e tecnoscienze,* op. cit., p. 76.

22. Marco Deseriis, Giuseppe Marano, *Net_Art. L'arte della connessione*, ShaKe Edizioni, Milano 2003, pp. 63-64.

23. Derrick De Kerckhove, *L'estetica della comunicazione: per una sensibilità planetaria dell'uomo*, in *L'estetica della comunicazione*, a cura di Mario Costa,

Castelvecchi, Roma 1999.

24. Marco Deseriis, Giuseppe Marano, *Net_Art. L'arte della connessione*, op. cit., p. 39.

25. Ibidem, p. 84.

26. http://www.exibart.com/notizia.asp?IDNotizia=945

27. Arturo Di Corinto, Tommaso Tozzi, *Hacktivism: La libertà nelle maglie della rete*, Manifestolibri, Roma 2002.

28. Tommaso Tozzi, *Arte subliminale – Hacker Art*, in Tommaso Tozzi (a cura di), *Opposizioni '80. Alcune delle realtà che hanno scosso il villaggio globale*, Amen, Milano 1991, pp. 283-284.

29. Ibidem.

30. Tommaso Tozzi, *Happening/Interattivi sottosoglia*, Autoproduzione, Firenze 1989.

31. Tommaso Tozzi, *Conferenze telematiche interattive*, Edizioni Paolo Vitolo, Roma 1992.

32. Teresa Macrì, in "Titolo", n. 11, inverno 1992-93, p. 14.

33. Arturo Di Corinto, Tommaso Tozzi, *Hacktivism: La libertà nelle maglie della rete*, op. cit.

34. Lev Manovich, *Il linguaggio dei nuovi media*, Olivares, Milano 2002.

35. Giacomo Verde, *Artivismo tecnologico. Scritti e interviste su arte, politica, teatro e tecnologie,* BFS Edizioni, Pisa 2007, p. 99.

36. Ibidem, p. 54.

37. Ibidem, p. 8.

38. http://opensourcecureforcancer.com

39. Ibidem.

40. Theodor H. Nelson, *Literary Machines*, Swarthmore, Pa. 1981, trad. it. *Literary Machines 90.1*, Padova, Muzzio 1992, pp. 1-2.

41. *Prosumer* è una crasi mutuata dall'inglese, formata dall'unione delle parole professional (oppure producer), con consumer. Il termine ha assunto molteplici significati a seconda degli ambiti di utilizzo. Nel 1972, Marshall McLuhan e Barrington Nevitt suggerirono nel loro libro *Take Today*, che con la tecnologia elettrica, ogni consumatore sarebbe diventato un produttore. Nel libro, *The Third Wave*, del 1980, Alvin Toffler coniò il termine "prosumer" quando predisse che il ruolo di produttore e consumatore avrebbe cominciato a fondersi e confondersi (sebbene ne parli già nel libro *Future Shock* dal 1970). Toffler immaginò un mercato fortemente saturo dal momento in cui la produzione di massa di merci standardizzate cominciava a soddisfare domande basiche dei consumatori. Per continuare l'incremento dei profitti, le aziende avrebbero avviato un processo di personalizzazione di massa, cioè la produzione massiva di prodotti altamente personalizzati.

42. Chiara Moioli, *Cloning Aura. Art in the age of copycats*, Link Editions, Brescia 2016

43. Tina Kukielski, *Doing assembly: the art of Cory Arcangel*, in *Mass Effect. Art and the Internet in the Twenty-first century*, a cura di Lauren Cornell and Ed Halter, The MIT Press, Cambridge, Massachusetts, London, England, USA 2015.

44. Ibidem.

45. Johan Huizinga, *Homo Ludens*, Einaudi, Torino 2002, p. 18.

46. Ibidem, p. 208.

47. Ibidem, p. 209.

48. Jane McGonigal, *La realtà in gioco. Perché i giochi ci rendono migliori e come possono cambiare il mondo*, Apogeo, Milano 2011.

49. I. Fulco, in M. Bittanti (a cura di), *Per una cultura dei videogames. Teorie e prassi del videogiocare*, Unicopli, Milano 2004, p.48

50. http://whitney.org/ForKids/Collection/CoryArcangel/200510.

51. http://connectingcities.net/city-vision/participatory-city-2014.

52. Silvana Vassallo e Andreina Di Brino, *Arte tra azione e contemplazione. L'interattività nelle ricerche artistiche*, Edizioni ETS, Pisa 2003.

53. http://www.invisibleplayground.com/en/welcome.

54. Silvia Bordini, *Più che un'immagine. Considerazioni sull'arte interattiva*, in Silvana Vassallo e Andreina Di Brino, *Arte tra azione e contemplazione. L'interattività nelle ricerche artistiche*, Edizioni ETS, Pisa 2003, p. 61.

55. Paolo Rosa, *Rapporto confidenziale su un'esperienza interattiva*, in *Studio Azzurro. Ambienti sensibili*, a cura di F. Cirifino, P. Rosa, S. Roveda, L. Sangiorgi, catalogo della mostra, Electa, Milano 1999, p. 28.

56. Hans Belting, Peter Weibel, Andrea Buddensieg, *The global contemporary and the rise of new art worlds*, ZKM Center for Art and Media, Karlsruhe; The MIT Press, London 2013.
57. www.streamingmuseum.org
58. www.adobemuseum.com
59. Ibidem.

6

Il dibattito critico

6.1 L'opera aperta, partecipata, relazionale

Le questioni dell' "osservazione" e della "partecipazione" sono state affrontate da Lucilla Meloni nel suo libro *L'opera partecipata. L'osservatore tra contemplazione e azione*. Il saggio si suddivide in tre capitoli: *L'opera partecipata, L'osservatore come coautore* e *La poetica della contingenza*.

Nel primo capitolo, l'autrice introduce subito il concetto di "opera partecipata" come "quell'opera in cui l'artista, in maniera programmatica, si apre all'altro, che passa dal ruolo di osservatore allo stato di soggetto partecipante"[1]. In questa definizione viene distinta l'opera partecipata che intende il pubblico come testimone, è il caso delle performance, da quella che prevede l'intervento "attivo" dell'osservatore.

In questo senso "opera partecipata" può presupporre l'idea di "opera aperta" perché si offre nella dialettica di forma e apertura a un processo che trova il suo compimento nel momento in cui un soggetto diverso dall'autore interviene in esso.

In tal senso l'autrice riporta numerosi esempi di ricerche in cui può declinarsi l'opera aperta, dalla contemplazione attiva di un'immagine di Michelangelo Pistoletto a un intervento fisico più completo, come nell'Arte Programmata, nella videoarte dei *Corridor* di Bruce Nauman o negli "ambienti sensibili" di Studio Azzurro. In questi ultimi casi interviene l'ausilio delle nuove tecnologie dove il concetto di interattività è mediato dal medium utilizzato.

A questo punto la Meloni cerca di ricostruire i "precedenti storici" di questo percorso: già dalle avanguardie del Novecento, secondo l'autrice, torna con ricorrenza il tema della percezione e della fruizione dell'opera, attraverso modalità di partecipazione di tipo sensoriale e sinestetico, in un continuum percettivo totalizzante.

Un precedente teorico è certamente riscontrabile nel saggio *Opera aperta. Forma e indeterminazione nelle poetiche contemporanee* di Umberto Eco, pubblicato nel 1962, in cui introduce il concetto di "opera aperta" e di conseguenza la necessità di ripensare una nuova meccanica della percezione estetica, un nuovo rapporto tra *contemplazione* e *utilizzazione*, un nuovo rapporto tra artista e pubblico.

Secondo Eco ogni opera d'arte ha una duplice caratteristica, ossia di essere un oggetto definito e al tempo stesso di essere "aperta" a una serie di interpretazioni coerenti. Per usare le parole di Eco: "In tal senso, dunque, un'opera d'arte, forma compiuta e *chiusa* nella sua perfezione di organismo perfettamente calibrato, è altresì *aperta*, possibilità di essere interpretata in mille modi diversi senza che la sua irriproducibile singolarità ne risulti alterata. Ogni fruizione è così una *interpretazione* ed una *esecuzione*, poiché in ogni funzione l'opera rivive in una prospettiva originale"[2].

Il fruitore dell'opera d'arte è riconosciuto anche come interprete ed esecutore: "l'interprete come centro attivo di una Rete di relazioni inesauribili" nelle quali l'artista anziché "subire l''apertura', come dato di fatto inevitabile, la elegge a programma produttivo, ed anzi offre l'opera in modo da promuovere la massima apertura possibile"[3].

L'opera è sì aperta, ma l'apertura è preparata e predisposta, come nel fenomeno delle *opere in movimento*, di cui Eco cita i *mobiles* di Calder e le pitture in movimento di Bruno Munari, dove il fruitore interviene regolando a piacere la lente polaroid ruotante e collabora alla creazione dell'oggetto estetico, nell'ambito delle possibilità che la gamma di colori e la predisposizione plastica delle diapositive gli consentono. "L'opera in movimento, insomma, è possibilità di una molteplicità di interventi personali ma non è invito amorfo all'intervento indiscriminato: è l'invito non necessario né univoco all'intervento orientato, ad inserirci liberamente in un mondo che tuttavia è sempre quello voluto dall'autore. L'autore offre insomma al fruitore un'opera *da finire*: non sa esattamente in qual modo l'opera potrà essere portata a termine, ma sa che l'opera portata a termine sarà pur sempre la *sua* opera, non un'altra, e che alla fine del dialogo interpretativo si sarà concretata una forma che è la *sua* forma"[4].

Tuttavia rimane anche una certa aleatorietà: "si è tentato di imporre una dialettica tra 'forma' e 'apertura': di definire i limiti entro i quali un'opera possa realizzare la massima ambiguità e dipendere dall'intervento attivo del consumatore, senza peraltro cessare di essere 'opera'"[5].

Il paradigma dell'opera aperta recupera i presupposti di una dialettica tra l'artista – a cui si riconosce l'intenzionalità creativa – l'opera – colta nella sua apertura controllata – e il pubblico – un pubblico attivo e critico, concepito sull'esempio del pubblico di massa di matrice benjaminiana.

L'opera aperta è il luogo in cui convergono l'opera e l'esperienza della sua ricezione: "Così nella dialettica tra opera e apertura, la persistenza dell'opera è garanzia delle possibilità comunicative e insieme delle possibilità di fruizione estetica"[6].

Come ribadisce Claire Bishop[7], le teorie alla base di questo desiderio di attivare lo spettatore sono facili da ricostruire: Walter Benjamin e il suo saggio *L'Autore come Produttore* (1934); Roland Barthes con *La Morte dell'Autore* e *La nascita del lettore* (1968) e – più importante in questo contesto – l'*Opera Aperta* di Umberto Eco (1962). Affermando il carattere aperto e aleatorio della letteratura, della musica e dell'arte moderniste, Eco riassume le sue osservazioni su James Joyce, Luciano Berio e Alexander Calder in questi termini: "La poetica dell'*opera in movimento* (come in parte la poetica dell'opera 'aperta') instaura un nuovo tipo di rapporti tra artista e pubblico, una nuova meccanica della percezione estetica, una diversa posizione del prodotto artistico nella società; apre una pagina di sociologia e di pedagogia, oltre che una pagina della storia dell'arte. Pone nuovi problemi pratici creando situazioni comunicative, instaura un nuovo rapporto tra contemplazione e uso dell'opera d'arte"[8].

Nel saggio *Inferni Artificiali*[9] Bishop presenta una vera e propria mappatura dell'arte partecipativa, cercando di darne anche una definizione che connota il coinvolgimento di molte persone (in opposizione alla relazione uno-a-uno della cosiddetta "arte interattiva"). Subito nell'introduzione si distacca dalla nozione di "Estetica Relazionale" di Bourriaud perché gli artisti di cui parla sono meno interessati all'estetica relazionale che alle gratificazioni creative della partecipazione intesa come un processo di lavoro politicizzato.

Una sempre maggiore importanza viene rivestita dall'aspetto sociale e comunitario che negli anni Novanta viene visto come il desiderio condiviso di rovesciamento del rapporto tradizionale tra l'oggetto d'arte, l'artista e il pubblico, soprattutto in contesti che tengono conto della collettività. Per dirla alla Bishop: "l'artista è visto meno come produttore singolo di oggetti specifici e più come collaboratore di situazioni; l'opera d'arte da prodotto finito, trasportabile, commerciabile, è ripensata come progetto in corso o a lungo termine con un inizio e una fine non definiti; mentre il pubblico, precedentemente concepito come 'spettatore' o 'osservatore', ora diventa co-produttore o partecipante"[10].

Tra le terminologie su cui il volume si sofferma particolarmente vi è quella dell'autorialità collettiva e della dicotomia tra spettatorialità "attiva" e "passiva". L'attivazione del pubblico nell'arte partecipativa si oppone alla sua controparte mitica, il passivo consumo spettatoriale.

Secondo la Bishop questo diventa un impulso a emancipare il pubblico dal suo stato di alienazione indotto dall'ordine sociale dominante.

La lucida analisi della Bishop, che si articola attraverso una decina di capitoli, percorrendo la storia dell'arte del secolo diciannovesimo, dalle avanguardie alle esperienze teatrali, dal regime socialista alle arti di comunità, dalla performance ai progetti pedagogici, ha secondo la curatrice del volume Cecilia Guida una sola mancanza: non l'aver tenuto conto delle nuove tecnologie e delle trasformazioni dell'arte e del concetto di partecipazione indotte dagli effetti della Rete.

6.2 Lo spett-attore

Maria Cristina Cremaschi è stata la prima studiosa a introdurre nel 1997 l'accezione di "spett-attore" nel suo saggio *L'arte che non c'è 1987-1996. Indagine sull'arte tecnologica*[11].

Dopo le riflessioni sull'opera aperta, in senso percettivo, introdotte negli anni Sessanta da Umberto Eco, con l'avvento dell'era tecnologica muta definitivamente il concetto di opera e di fruitore. L'opera d'arte non è più un tutt'uno, unico e immodificabile, ma un work in progress che si rimodella, di volta in volta, mediante l'intervento dei fruitori o l'influenza dell'ambiente esterno; di conseguenza il destinatario non è più solo uno spettatore, ma diviene, secondo la definizione della Cremaschi ormai entrata nel lessico dell'arte interattiva, uno "spett-attore".

Anche la Cremaschi ripercorre la storia delle arti visive per individuare come le dinamiche di attivazione dello spettatore abbiano assunto un'importanza crescente nelle diverse epoche storiche. A parte i precedenti come il Futurismo e il Dadaismo, sono soprattutto i movimenti degli anni Sessanta, come l'Arte Cinetica, la Light Art e la Op Art che accentuano questo passaggio dall'oggetto artistico all'esperienza estetica.

Ma, secondo la Cremaschi, c'è una differenza sostanziale tra il coinvolgimento dello spettatore attuato in opere di Arte Cinetica, rispetto alle opere tecnologiche che consentono un'interattività gestita dal computer. Nell'Arte Cinetica, nonostante molti artisti si siano preoccupati della partecipazione attiva dello spettatore e di evidenziare i fenomeni psicofisici del movimento, l'accento è posto sul rapporto eccezionale tra movimento e atto di percezione visiva. "Lo spettatore non è invitato alla contemplazione, alla considerazione passiva, ma deve prendere parte attiva allo svolgimento dell'opera che è costantemente variabile, sia a causa del movimento dello spettatore, sia a causa del meccanismo proprio che lo mantiene in movimento e in mutamento continuo"[12].

Per descrivere, invece, le modalità di interazione dello spett-attore all'interno di un'opera interattiva informatica, la Cremaschi recupera le istanze già individuate da Krueger nel suo volume *Realtà Artificiale* e, in particolare, si sofferma sull'ultima caratteristica come maggiormente connotante un'opera interattiva informatica rispetto a un'opera soltanto partecipativa: "I risultati visivi e sonori dell'interazione non devono essere oggetto di valutazione estetica. Ciò che conta è l'operazione stessa, cioè la capacità di interessare, coinvolgere ed emozionare, di alterare la percezione e di definire una nuova categoria di bellezza"[13].

Il concetto stesso di opera d'arte è quindi da intendersi non come prodotto del fare artistico, ma come processo interattivo tra uomo-macchina che vede artista e partecipante come co-autori.

Esiste una sostanziale differenza fra la fruizione, diciamo "passiva", e l'interattività con un sistema informatico. Nell'opera interattiva lo spettatore ha un confronto diretto con l'opera, un faccia a faccia, nel senso che la sua azione può modificare l'opera e quindi i significati che da essa emanano. "Un'opera tradizionale, sia essa costituita da una scultura, un dipinto o un *object trouvé*, pur nella sua polisemia, rimane immutata dopo la fruizione, mentre un'opera interattiva viene mutata morfologicamente e, se si tratta di un'opera informatica, addirittura non esiste senza l'intervento del fruitore. Un sistema di Realtà Virtuale non sollecitato da un partecipante, benché in uno spazio espositivo, non è un'opera d'arte, ma un semplice strumento, mentre lo stesso non accade per le opere realizzate con altri mezzi: esse mantengono la loro identità anche in assenza di pubblico"[14].

Rispetto poi alla *performance art*, che comprende le svariate esperienze artistiche degli anni Sessanta-Settanta, i sistemi multimediali interattivi aggiungono qualcosa in più e di diverso al semplice coinvolgimento emotivo in tempo reale dello spettatore: in primo luogo perché nelle opere performative è l'artista stesso che mette in scena la propria corporeità o coordina l'azione, mentre allo spettatore è lasciato uno scarso margine di iniziativa; in secondo luogo perché le performances consistono in eventi effimeri, spesso affidati al caso, che una volta avvenuti, lasciano le loro tracce su supporti di registrazione.

Le opere d'arte interattive e computerizzate, invece, rimangono nel tempo con tutte le loro caratteristiche immutate: anche se l'esperienza, per ogni singolo partecipante, ha una durata determinata, le possibilità di interazione rimangono virtualmente presenti nella memoria del sistema e possono essere riattivate a piacimento. Da ciò si deduce che l'utente, essendo padrone dell'articolazione temporale del testo, che coincide con il tempo della fruizione, si colloca come co-artefice (o "spett-attore", appunto) della produzione di senso dell'opera.

Se la partecipazione del fruitore, divenuto co-autore, è indispensabile alla creazione artistica, si chiarisce ulteriormente il senso dell'espressione "artista plurale" che non si riferisce solo alla produzione in collaborazione, ma anche alla capacità di sviluppare il coinvolgimento e il dialogo con il pubblico, stimolandone un intervento innovativo e non semplicemente reattivo e prevedibile.

C'è, infatti, secondo Balzola e Rosa, un altro filone di ricerca, molto più trascurato dall'attenzione della critica e del mercato, in cui un uso sofisticato del dispositivo tecnologico non si limita a coinvolgere lo spettatore nell'opera ma gli offre la possibilità di sperimentare nuove esperienze percettive e differenti modalità di relazione con gli altri (spettatori) e con il mondo simbolico. "L''artista plurale' è interessato a lavorare in questa seconda prospettiva, producendo condizioni in cui il partecipante all'evento artistico non è più soltanto spettatore ma diventa 'spett-attore', sperimenta gesti e comportamenti imprevedibili per l'artista stesso ed è sollecitato a condividere le sue esperienze con gli altri. Questo non compromette la dimensione autoriale dell'opera, perché se veicola una visione limpida e una poetica pregnante, l'impronta del singolo artista non si perde, al contrario si valorizza nel confronto creativo con il proprio team di lavoro e con il pubblico"[15].

6.3 Tipologie di spettatorialità attiva

Le Spectateur émancipé si intitola un importante studio del filosofo francese Jacques Rancière stampato a Parigi nel 2008. Si tratta di una fondamentale riflessione sul mutamento del ruolo dello "spettatore" all'interno del sistema dell'arte e non solo. Per dirla con le sue parole, il consumatore di prodotti culturali non è un "osservatore distante" ma un "partecipante attivo"[16].

Lo spettatore, secondo Rancière, va inoltre liberato dalla logica che lo oppone all'attività dell'artista assegnandogli un ruolo meramente passivo; semmai egli è colui che può, perché ne ha il potere, "tradurre a modo suo quello che lui o lei percepisce"[17] in un gioco imprevedibile che rimette in questione l'organizzazione spazio-temporale e simbolica della realtà. L'artista, come un "maestro ignorante" (titolo di un altro saggio del filosofo francese) porta così lo spettatore a muovere da solo i passi verso il proprio sapere, cioè verso l'emancipazione. In taluni casi da fruitore è divenuto partecipe alla creazione dell'opera con un conseguente annullamento del concetto di autorialità.

Come afferma Valentina Valentini, una delle più importanti teoriche in Italia della New Media Art, la pratica artistica implicata con i nuovi media ha progressivamente trasformato il ruolo dello spettatore, creando nuove categorie di riferimento[18].

Una serie di elementi diversi hanno contribuito ad accorciare le distanze tra autore e spettatore: prima di tutto un fattore "tecnico", determinato dall'utilizzazione a fini espressivi e artistici dei mezzi tecnologici. È infatti impensabile che il mondo dell'arte possa rimanere insensibile alle influenze e ai cambiamenti determinati dalla diffusione di tecnologie che ci permettono di interagire con l'ambiente sia naturale che artificiale attraverso protesi materiali come le reti telematiche, che potenzialmente possono estendere la nostra operatività a livello planetario. Ogni giorno interagiamo virtualmente e inconsapevolmente con numerosi congegni elettronici, come i videocitofoni, le telecamere, le porte automatiche oltre ai computer, gli smartphone, i tablet.

Riprendendo l'analisi della Cremaschi[19], esiste un fattore "corpo" per la presenza sempre più decisiva, nell'ambito dell'arte contemporanea, del corpo umano che entra a far parte dell'opera d'arte non solo in modo "virtuale", ma concretamente attraverso l'azione dell'artista in "carne ed ossa" nelle performance o con la realizzazione di ambienti in cui il pubblico è invitato ad un'azione reale, corporea, multisensoriale (Arte Cinetica e comportamentale) fino ad arrivare appunto, alle opere realizzate con le nanotecnologie informatiche che permettono ai visitatori di interagire in tempo reale con l'opera.

Il corpo appare oggi, nelle recenti opere tecnologiche interattive, come uno strumento insostituibile di conoscenza e di creazione, da recuperare nella unità delle sue funzioni espressive, fisiche e mentali, un corpo al centro di una "scena" immateriale che non teme più di scomparire, ma che piuttosto si appresta ad esplorare le frontiere dell'immaginario, reificate grazie alla tecnologia.

Esiste poi un fattore "spazio" che riguarda tre aspetti: lo spazio reale del supporto dell'opera, lo spazio virtuale che si genera dai rapporti tra il supporto e le forme che genera e lo spazio del contesto, esterno all'opera. Aspetti che abbiamo già analizzato attraverso le correnti di Arte-Ambiente, dall'*Ambiente Spaziale* di Lucio Fontana alla *Caverna dell'Antimateria* di Pinot Gallizio fino agli spazi cinetici di Gianni Colombo, Giovanni Anceschi e Davide Boriani.

In queste opere è sottolineata l'importanza dell'ambiente con il quale il partecipante interagisce, un ambiente che percepisce il partecipante oltre che esserne percepito.

Infine è presente un fattore "tempo" in quanto l'esperienza temporale diventa costitutiva del darsi dell'opera, che vive solo nella "diretta", nel suo farsi "dal vivo", nella durata della sua esperienza. Il coinvolgimento in tempo reale dello spettatore è imprescindibile rispetto alla creazione-fruizione dell'opera d'arte, come nelle svariate esperienze artistiche della performance art degli anni Sessanta-Settanta.

In un'opera interattiva, osserva ancora Maria Cristina Cremaschi, il tempo del testo coincide con il tempo del partecipante, l'opera si fa mentre il partecipante vive l'esperienza, è *l'hic et nunc* del soggetto operatore che temporalizza il progetto virtuale immanente al testo[20].

Con le installazioni multimediali ci troviamo di fronte a percorsi di lettura non predeterminati dall'autore e dipendenti dal comportamento dello spettatore. Inoltre gli aspetti relativi al contesto (ambiente) e al tipo di relazione (comportamento) sono più determinanti rispetto a quelli inerenti l'opera (stile e genere).

Lo spettatore delle installazioni multimediali, afferma Valentini, "sostituisce al rapporto frontale-ottico-contemplativo con l'opera, un rapporto multidimensionale, dinamico, percettivo, olistico. Si opera uno spostamento della funzione dello spettatore dal guardare, contemplare, all'agire, vagare, dal privilegiare la percezione ottica-visiva a quella multisensoriale e sinestetica. Questo aspetto formativo attribuito all'attività dello spettatore possiamo assumerlo come tratto caratterizzante il nostro oggetto di indagine"[21].

A questo punto Valentina Valentini individua un repertorio di differenti modalità di rapporto e soluzione dello spettatore nei confronti dell'istallazione multimediale[22]:

A ~ Lo spettatore *voyeur* mette in scena l'esperienza del "guardarsi guardare" e l'oggettivazione del proprio io. Questo accade per esempio nelle opere di Vito Acconci e in particolare nei suoi video a circuito chiuso nei quali l'artista indirizza le proprie confidenze a uno spettatore virtuale che è l'oggettivazione dell'altro da sé, del meccanismo del "guardarsi guardare" che la telecamera in diretta istituisce. Come afferma in una intervista ad Achille Bonito Oliva sul significato della presenza degli spettatori: "Quel che mi interessa è l'idea di me che svolgo un'attività privata, mentre gli altri agiscono come delle spie o, come hai detto tu, dei *voyeur*. [...] Quello che mi piace particolarmente è l'idea dello spettatore come spia, lo spettatore in una situazione quasi a disagio:

sta assistendo a qualcosa di privato, non è nella posizione di uno spettatore normale"[23].

B ~ Lo spettatore *flâneur* è colui che vaga senza una direzione precisa, che ha sostituito alla contemplazione raccolta la "distrazione", ha contrapposto al "rapimento" la "diversione"[24] propria dello spettatore moderno. Come afferma Walter Benjamin, l'opera assume una qualità "tattile" anziché "ottica", cioè si basa sulle immagini mobili anziché sulla contemplazione fissa dell'opera, la quale è stata definita da Benjamin "un proiettile" in quanto investe lo spettatore a scatti, tattilmente.

C ~ Con lo spettatore *performer* l'opera esiste solo in relazione all'attività dello spettatore che la completa e attualizza secondo le modalità previste e calcolate dall'autore. Per esempio nei *Corridors* di Bruce Nauman non è prevista la possibilità di agire diversamente rispetto a quanto stabilito dall'artista, per cui il risultato dell'interazione sarà sempre uguale pur nella molteplicità degli spettatori che la proveranno.

D ~ Lo spettatore *devoto* è quello che si ritrova nelle installazioni di Bill Viola dove il soggetto entra a far parte in uno spazio denso di percorsi percettivi il cui fine è quello di risvegliare il corpo mediante immagini potenti capaci di produrre forti cariche emozionali. Lo spettatore deve predisporsi a una sorta di rito di iniziazione, deve passare attraverso passaggi stretti e bui, deve purificare lo sguardo in modo da predisporsi a una visione quasi "religiosa". Lo spettatore nell'opera di Bill Viola non è chiamato a trasformarsi in un performer, ma il suo immettersi nello spazio plastico-sonoro gli permette di fare un'esperienza di autenticità, di mettersi in ascolto per essere in grado di ricevere l'opera.

E ~ Lo spettatore delle installazioni "*interattive*" multimediali. In esse l'agire dello spettatore, i suoi gesti, i suoi movimenti, l'intonazione della voce, il toccare della mano attivano il mondo virtuale. È il percorso di Studio Azzurro dove "lo spettatore agisce direttamente sulla scansione, sul procedere del racconto, modifica di immagini suoni, diviene complice, in qualche modo, di ciò che sta accadendo. Il suo è ruolo attivo dentro l'opera"[25].

6.4 Partecipazione vs Interattività

Frank Popper in *Art of the Electronic Age*[26] distingue i termini "partecipazione" e "interazione". Nel contesto artistico, "partecipazione" dagli anni Sessanta ad oggi implica un coinvolgimento sia a livello contemplativo (intellettivo) che comportamentale. Si differenzia dall'atteggiamento tradizionale nei confronti dello spettatore per questo doppio invito e per le implicazioni sociali e politiche. Lo spettatore è spesso incoraggiato a prendere parte in eventi che assomigliano a cerimonie rituali o feste tribali.

Il termine "interazione" ha invece una storia più recente e si riferisce a un coinvolgimento più completo. Qui l'artista cerca di stimolare un'interazione a due tra il suo lavoro e lo spettatore, un processo che viene stimolato per il tramite dei mezzi elettronici e che attiva nell'opera delle situazioni di causa-effetto. I progetti mantengono ancora importanti implicazioni sociali, sebbene siano meno politicizzati rispetto a quelli degli anni Sessanta. Essi tendono a indirizzarsi più nello specifico a problemi dell'immediata quotidianità o questioni ambientali e hanno un sapore più propriamente "scientifico".

"Così laddove il termine 'partecipazione', nel contesto dell'arte contemporanea, si riferisce a una relazione tra lo spettatore e 'un'opera aperta' già esistente, il termine 'interazione' implica una interazione tra un individuo e una intelligenza artificiale"[27].

Mentre nel passato recente, soprattutto negli USA - secondo Popper - il termine "interazione" è ristretto all'ambito della interazione tra l'artista e l'apparato, nel presente esso viene indirizzato alla relazione tra l'artista e lo spettatore, stabilito attraverso reti differenti, che vanno dai semplici mezzi elettrici o elettronici fino al coinvolgimento di nodi operativi locali o globali.

Come afferma Pier Luigi Capucci, "quando l'interattività si attua mediante tecnologie telematiche e di telecomunicazione giungiamo al dissolvimento dell'oggettualità del costrutto artistico in un coacervo di relazioni, di virtualità, e la reciprocità dell'interazione evolve fino a confondere, e persino a ribaltare, i ruoli canonici di artista e fruitore, avendo quest'ultimo non solo la possibilità di modificare un 'testo', ma anche quella di costruirlo, di proporlo e veicolarlo"[28].

Nell'arte interattiva, ("arte della partecipazione" la chiama comunque Capucci) mutano i tradizionali concetti di "opera", di "artista", di "fruitore". L'artista, da produttore di artefatti materiali si trasforma in attivatore di processi, in regolatore di sistemi, in organizzatore di informazioni, operando al livello della pianificazione di processi informativi. Sia che l'interattività riguardi artefatti oggettuali o relazioni processuali dirette o a distanza, l'artista deve operare sull'attivazione di una biunivocità informazionale, sovente concernente più canali sensoriali.

Questo cambiamento implica un'attività creativa in un contesto più allargato che include non solo professionisti come architetti e progettisti, ma anche un pubblico più ampio.

In questo senso Paolo Rosa e Andrea Balzola parlano della trasformazione della figura mitica dell'artista singolo, anzi "unico", egocentrico, eccentrico e narcisista, a favore della nascita di una nuova figura d' "artista plurale": "consapevole della complessità dell'arte tecnologica, capace di operare con i dispositivi in collaborazione con altri artisti, tecnici o specialisti, di decentrare alcuni aspetti del suo lavoro, disponibile a condividere in un progetto collettivo la sua visionarietà"[29].

L'artista plurale viene dunque inteso come artista capace di relazionarsi creativamente con altri artisti e collaboratori, dalla fase di ideazione e progettazione a quella realizzativa. Inoltre un artista è plurale non solo perché è all'interno del gruppo creativo, ma perché sviluppa un'attitudine al coinvolgimento e al dialogo con il pubblico.

Balzola e Rosa distinguono poi la nozione di "interattività" da quella di "interazione": l'interattività si distingue dall'interazione perché è una relazione intercettata dalla tecnologia, con la possibilità di raccogliere i dati e le tracce che hanno lasciato i comportamenti e le scelte degli utenti del dispositivo. L'interattività produce informazioni al di fuori della relazione avvenuta e spesso al di là della consapevolezza dei suoi stessi protagonisti, informazioni accessibili e rielaborabili in qualsiasi momento.

"L'arte, continuano i due autori, ha intuito e ha evidenziato come i dispositivi interattivi non sono soltanto dei mezzi, ma generano un linguaggio, che ha caratteristiche proprie e fortemente innovative. Lo dimostra da un ventennio quella sperimentazione pionieristica che, attraverso le videoinstallazioni, gli ambienti sensibili e le esperienze di creatività partecipata in Rete, ha messo la tecnologia digitale al centro della propria attività. La prospettiva di questa interattività artistica è rovesciata: il pubblico è protagonista dell'interazione invece di subirne le procedure, con cui si suggerisce la possibilità di un passaggio dalla semplice produzione di dati finalizzati all'uso commerciale e di controllo alla produzione di segni significativi sul piano emotivo, autoformativo e comunitario[30].

Due sono gli elementi simbolici che caratterizzano l'interattività e che la ricerca artistica dovrebbe mettere in primo piano: la capacità di ribaltare i ruoli tra fruitore e produttore, facendoli talvolta coincidere, e la capacità di configurare un nuovo sistema percettivo e generativo su cui si fondano la comprensione della vita collettiva e il senso di realtà.

Qui Rosa riporta all'attenzione dei lettori alcuni punti del *Rapporto confidenziale su un'esperienza interattiva* che aveva scritto nel 1997 e che già conteneva alcuni punti fondamentali sul concetto di interazione: innanzitutto la possibilità di riaprire un dialogo con un pubblico sempre più estraneo alle ricerche artistiche. In secondo luogo l'assunzione di responsabilità da parte del fruitore, il quale diviene non più solo spettatore, ma produttore di un'esperienza. Assieme a quella del fruitore è quindi necessaria la responsabilità dell'artista che è consapevole di progettare non soltanto un'opera, ma una serie di comportamenti, gesti, reazioni.

6.5 Tipologie di interattività

Quattro principali tipologie di interattività nell'arte sono individuate da Andrea Balzola nel suo saggio *Per un uso politico, pedagogico ed estetico dell'interattività. Breve nota sulle relazioni attuali e possibili tra nuovi media nella società e nell'arte*[31].

> Una è l'*interattività inconsapevole* dove noi lasciamo tracce senza saperlo, mediante tutti i dispositivi interattivi di servizio pubblico e privato che ormai incontriamo nella nostra tecno-vita urbanizzata, tracce che poi sono utilizzate per un sistema di controllo e per vendere le nostre attitudini al mercato, e che sicuramente rappresentano uno degli scenari più inquietanti.
>
> La seconda è un'*interattività consapevole obbligata*, che ci serve per sopravvivere nel sistema, dal bancomat in poi, tutti i codici che dobbiamo apprendere e digitare, le interazioni obbligate con tutte le macchine che automatizzano molte funzioni nella società contemporanea, e questo è l'aspetto funzionale dell'interattività che più accelera e più aumenta la complessità del divenire tecnologico e più diventa stringente e pervasiva.
>
> La terza forma è la più ambigua è pericolosa e cioè *l'interattività consapevole, volontaria e pilotata*, dove noi abbiamo la sensazione di decidere, in realtà questa decisione avviene secondo modalità che non controlliamo e non decidiamo a monte; un esempio è il software [...].
>
> Il quarto tipo è l'*interattività consapevole e creativa*, quella che crea sistema, per mantenere l'esempio precedente in questo caso non si tratta solo di utilizzare un software ma semmai di crearne uno, o comunque di saperlo modificare (software "open source"), interagire con la concezione stessa del software, non agire solo sulle opzioni ma sui processi di formazione dei percorsi e delle scelte, o, ancora, di far interagire in modo inedito per un nostro scopo software diversi, forzandone funzioni e caratteristiche.
>
> A risposta di questi quattro tipi di interattività ci sono funzioni diverse che assume o può assumere l'arte. Nel primo caso, quello dell'interattività inconsapevole, la funzione dell'arte, sia storicamente sia attualmente, è quella di far emergere questi meccanismi, renderli trasparenti, denunciarne l'esistenza e il funzionamento, in chiave paradossale, grottesca, o militante, aggressiva,

di difesa del diritto alla privacy. Rispetto alla seconda forma, l'interattività consapevole obbligata, la funzione dovrebbe essere quella di disautomatizzare, di scardinare questi meccanismi di automazione, di defunzionalizzarli, magari inventando delle macchine assurde o dei procedimenti trasparenti che facciano capire i processi di automatismo, in una dimensione di proiezione, di parodia, di doppio, noi infatti non ci rendiamo abbastanza conto dell'enorme quantità di memoria e di energia che questi dispositivi assorbono. Sul terzo livello, l'interattività consapevole, volontaria e pilotata, sarebbe interessante aprire un serrato dibattito, perché secondo me molta arte contemporanea cade nell'errore di riprodurre i meccanismi dei modelli autoreferenziali dello sviluppo tecnologico, magari sperimentandoli proprio in modo funzionale al sistema e al suo mercato.

Una certa concezione dell'interattività non è creativa o liberatoria, ma pilota lo spettatore, ne finge la partecipazione creativa, crea delle forme interattive chiuse e usa strumentalmente lo spettatore per la propria autosussistenza; invece di far partecipare realmente lo spettatore, lo fagocita per dare legittimità a se stessa, l'azione dello spettatore è solo apparente, è prevista l'opzione ed è prevedibile il risultato. Se nell'ambito dell'arte questa concezione dell'interattività è riduttiva e rischiosa, sarebbe addirittura devastante sul piano politico-sociale se applicata ai procedimenti della democrazia, per esempio a un eventuale voto elettronico, come già si sta prospettando negli Stati Uniti (e che qualcuno vorrebbe importare da noi). Si rischia di creare una democrazia apparente, che corrisponde a un'interattività meccanica e apparente, dove l'utente è isolato nella sua postazione digitale, privato di una socialità reale dove confrontarsi e formarsi un'opinione propria, indotto a una consultazione coatta e permanente su tutto: dai quiz ai sondaggi al televoto senza soluzione di continuità il cittadino elettore diventa un utente cliccatore.

La ricerca artistica, al contrario, dovrebbe indirizzarsi verso un'interattività che liberi la condizione desiderante, scateni un'imprevedibilità e quindi anche un'effettiva libertà dei comportamenti, incidendo sulla dimensione emotiva, immaginaria, anche inconscia dello spettatore[32].

A queste categorie Paolo Rosa aggiunge le seguenti, particolarmente feconde nel campo dell'arte: "l'interattività d'esperienza suppone la consapevolezza della relazione, il senso della scoperta, e la pratica conoscitiva con dispositivi tecnologici semplici (un esempio è il software), che tuttavia non possono essere modificati.

L'interattività collaborativa implica invece l'utilizzo di procedimenti complessi in cui le tracce lasciate volontariamente, in alcuni casi associate ad altre involontarie, vengono elaborate in forma di dati o metadati. In questo modo l'intervento del partecipante può dare luogo a sviluppi del processo imprevisti, e imprevedibili. Procedure collaborative caratterizzano esperienze come Wiki, Linux, social network ecc. e normalmente sono all'insegna di una disponibilità volontaristica a condividere il sapere e le esperienze. Sviluppi imprevisti, e imprevedibili, segnano anche l'opera artistica, che per sua natura deve essere sin dall'origine predisposta a tale apertura dagli autori stessi"[33].

Conclude Rosa affermando che i dati registrati nei processi interattivi possono svincolarsi dalla natura utilitaristica e numerica e caricarsi di quegli aspetti "emozionali" che li trasformano in elementi preziosi di socialità. Inoltre l'interattività collaborativa si rivolge a una pluralità e favorisce, dunque, forme inedite di socializzazione tra persone che si trovano a vivere la stessa situazione, a differenza dell'interattività inconsapevole e di certe forme di interattività di esperienza che tendono a prodursi in una dimensione individuale.

6.6 La condizione del partecipante nell'era della tecno-socialità

Sul tema della condizione del partecipante nell'era della tecno-socialità, si erano già espressi in anticipo alcuni teorici fondamentali della medialità.

Uno degli argomenti più controversi di tutto il pensiero di Marshall McLuhan è la classificazione dei media come "caldi" o "freddi" a seconda della partecipazione o del coinvolgimento del fruitore.

"C'è un principio base che distingue un *medium* 'caldo' come la radio o il cinema, da un *medium* 'freddo' come il telefono o la TV. È caldo il *medium* che estende un unico senso fino a un' 'alta definizione': fino allo stato, cioè, in cui si è abbondantemente colmi di dati. Dal punto di vista visivo, una fotografia è un fattore di 'alta definizione', mentre un *cartoon* comporta una 'bassa definizione', in quanto contiene una quantità limitata di informazioni visive. Il telefono è un *medium* freddo, o a bassa definizione, perché attraverso l'orecchio si riceve una scarsa quantità di informazioni, e altrettanto dicasi, ovviamente, di ogni espressione orale rientrante nel discorso in genere perché offre poco ed esige un grosso contributo da parte dell'ascoltatore. Viceversa i *media* caldi non lasciano molto spazio che il pubblico debba colmare o completare; comportano perciò una limitata partecipazione, mentre i *media* freddi implicano un alto grado di partecipazione o di completamento da parte del pubblico. È naturale quindi che un *medium* caldo come la radio abbia sull'utente effetti molto diversi da quelli di un *medium* freddo come il telefono. [...]

Un *medium* caldo permette meno partecipazione di un *medium* freddo; una conferenza meno di un seminario, un libro meno di un dialogo. Con la stampa molte forme precedenti vennero escluse dalla vita e dall'arte e molte altre acquistarono una nuova intensità. Ma la nostra epoca è piena di casi che confermano il principio secondo il quale la forma calda esclude e la forma fredda include"[34].

In generale possiamo dire che il concetto di "temperatura" è legato al grado di partecipazione che un media richiede in chi lo utilizza o ne fruisce. In questo senso i media "caldi" sono quelli che non esigono da parte di chi li utilizza una grande partecipazione, e media "freddi" sono invece quelli che richiedono al fruitore maggiore partecipazione e coinvolgimento.

Analizzando i vari passi citati, emergono due elementi fondamentali che caratterizzano la temperatura di un medium: il numero di canali sensoriali che sono impegnati durante il suo uso e il livello di definizione o di "intensità" con cui sono costruiti i messaggi.

Un medium caldo è meno partecipativo perché impegna un solo senso, con messaggi ad alta definizione. In questo caso la comunicazione fornisce una grande quantità di dati estremamente dettagliati, che non richiedono al fruitore nessuna operazione di integrazione del messaggio durante la percezione. Un ulteriore esempio di medium caldo è la fotografia: si tratta infatti di un medium esclusivamente visivo le cui immagini sono dotate di un elevato grado di dettaglio. Ma anche la radio e la scrittura, come abbiamo visto, sono considerati da McLuhan media caldi.

Al contrario, i media freddi coinvolgono molteplici canali sensoriali, inviando però un messaggio a "bassa definizione". Essi di conseguenza lasciano spazio al fruitore, gli chiedono anzi di completare la loro portata informativa con una partecipazione attiva. I media freddi, insomma, coinvolgono il fruitore proprio perché lo stimolano con maggiore efficienza sia dal punto di vista sensoriale che da quello percettivo. Non stupisce dunque che McLuhan, oltre al telefono, indicava come esempio massimo di media freddo la televisione: "La TV è un medium freddo, partecipazionale ... La radio, invece, è un medium caldo e funziona meglio se se ne accentua l'intensità. Non richiede a chi ne fa uso lo stesso livello di partecipazione. Può servire come rumore di fondo. [...] La TV non può essere uno sfondo, ci impegna, ci assorbe"[35].

Insomma, anche nel caso della distinzione tra caldo e freddo, McLuhan mette in evidenza come l'effetto dei media non dipenda solo dal contenuto, ma soprattutto dal tipo di relazione percettiva che uno strumento instaura con i processi percettivi e cognitivi del fruitore.

Questo stesso punto di vista viene ripreso e ampliato da Renato Barilli che così ha riassunto la distinzione tra media caldi e freddi:

"Sono 'freddi' i media che procurano uno sviluppo armonico e globale della superficie mediale di contatto, in modo che alle nostre facoltà sensoriali sia consentito un esercizio fondamentalmente sinestetico. Sviluppo, quindi, ben proporzionato dei vari canali percettivi; partita aperta tra il dare e l'avere, tra il dentro e il fuori, tra attività e recettività. Sono 'caldi' invece i media che portano all'ipertrofia di qualche canale percettivo a spese di altri, interrompendo la continuità sinestetica, portando a un eccesso di sviluppo e di specializzazione qualche area della superficie di contatto a scapito di altre"[36].

La lezione di McLuhan viene ripresa e ampliata dall'allievo Derrick De Kerckhove che concepisce il concetto di *intelligenza connettiva* (1994). I suoi studi partono dal lavoro del culturologo canadese per approfondire il rapporto tra linguaggio, nuovi media, arte, intelligenza e cultura; l'influenza di McLuhan si fa sentire nei suoi scritti dove la Rete viene considerata un'estensione della mente umana così come le altre tecnologie sono estensioni del corpo.

L'espressione di *intelligenza connettiva* (che amplia e approfondisce il concetto di *intelligenza collettiva* coniata da Pierre Lévy)[37], indica appunto un'esperienza che si attua nella connessione diretta tra due o più persone, connessione aperta all'interno di una sottorete specifica. Se l'intelligenza collettiva rappresenta quindi la struttura globale delle relazioni e dell'accrescimento intellettuale che si sviluppa nella Rete, ed è legata al concetto di inconscio collettivo – le immaginazioni e le competenze di tutti gli abitanti della Rete – l'intelligenza connettiva rappresenta l'aumento di facoltà intellettuali che si mette in atto quando più persone, anche molto distanti tra loro, affrontano in maniera cooperativa un determinato problema.

In primo luogo il canadese definisce gli schermi di computer, televisione, telefoni cellulari e palmari una sorta di "psico-tecnologia" che opera come interfaccia tra il linguaggio e la mente. Secondo De Kerchkove, stiamo passando dal ruolo di telespettatore-lettore, da una cultura formata per il telespettatore, a una cultura dell'utente, dell' "interattore" (come lui lo chiama).

Dunque è necessario sviluppare una nuova psicologia, sostenuta da una nuova epistemologia, un nuovo modo di conoscere le cose: quello della *mente connettiva*. Il connettivo permette di integrare reciprocamente sia la psicologia del gruppo che quella del singolo.

In secondo luogo è centrale nel suo pensiero il concetto di "comunità" così come sono centrali i temi della creazione di una "rete di coscienze" e addirittura di "spiritualità" della conoscenza che si invera nella rete. "Internet è alla portata di tutti perché è 'tecno-biologica', è un'estensione del sistema nervoso, della parola, della mente ... *The network is the message*, direbbe oggi McLuhan: la connessione tra la gente è il messaggio profondo di Internet"[38].

Anche Derrick de Kerckhove individua tra i problemi della nostra generazione quello di salvaguardare la nostra umanità, nonostante la trasformazione digitale e tecnologica che abbiamo vissuto. "Internet appare come la rivincita dell'umanità contro Dio, nel senso che crea unità; anche se non si propone di conquistare il cielo, inoltre, va nella direzione del potere divino perché permette all'uomo di conquistare la realtà"[39].

Tra i significativi capovolgimenti che De Kerckhove individua nella Rete vi sono: il passaggio dalla frontalità all'immersione ("Immergersi nell'ambiente dell'informazione genera possibilità e desiderio di partecipazione e insieme una crescita progressiva di responsabilità"[40]; dalla linearità all'ipertestualità; dall'esplosione all'implosione (perché il digitale sopprime distanze e tempi e mette in contato diverse culture).

C'è anche uno spostamento tra il cosiddetto "punto di vista" e il "punto di essere": se il punto di vista era la definizione del rapporto tra il corpo e lo spazio, un rapporto nel quale il corpo si trovava al di fuori e lo spazio era un ambito di osservazione, con la Realtà Virtuale invece di trovarci fuori dallo spettacolo, siamo al suo interno. "Il 'punto di essere' è la sensazione del posto in cui si trova il mio corpo; è la coincidenza tra l'origine del mio pensiero, benché ancora collegato al mio punto di vista, e l'origine della mia sensazione di essere. È una sensazione tattile, ma è una tattilità paradossale: è complicato cogliere la dimensione tattile dell'elettricità, eppure esiste ed è una tattilità secondaria che esercitiamo senza pensarci, semplicemente spostando un cursore nella direzione di un'immagine, cliccando, trascinando e svolgendo tutte queste attività che richiedono la partecipazione del corpo alla creazione di un senso"[41]. Il punto di essere è il ritorno del corpo, e dell'Umanesimo, nell'interfaccia tecno-sociale della nostra vita con il mondo.

6.7 L'Umanesimo tecnologico

Mario Costa nel suo volume *Il sublime tecnologico: piccolo trattato di estetica della tecnologia* individua nella categoria del "sublime tecnologico" un processo che alla contemplazione e trascendenza sostituisce un'esperienza estetica-sensoriale. Questo sublime tecnologico può essere inteso come il compimento estremo di un percorso di disumanizzazione dell'arte, secondo le teorie portate avanti da Ortega y Gasset e Hans Sedlmayr, che porta al declino del soggetto e della personalità artistica. Ortega afferma che "la nota più generica e caratteristica della nuova produzione, mi pare di trovarla nella tendenza a 'disumanizzare'"[42]. Così Sedlmayr continua affermando che la scienza e la tecnica hanno provocato nell'essere umano una "discesa verso l'inorganicità"[43].

Nicolas Bourriaud, nel suo *Estetica relazionale*, aveva individuato un rapporto tra lo sviluppo dei new media e produzione artistica, vedendo nella tecnologia una limitazione nella possibilità di produrre relazioni tangibili tra le persone e dunque una causa di alienazione sociale, a cui si opporrebbe l'arte con la sua funziona compensativa di sfera in cui si stabiliscono le relazioni.

In realtà abbiamo visto come queste letture siano limitative in quanto, semmai, i nuovi media aggiungono forme relazionali. Nonostante si assista ad una perdita di individualità e di autorialità verticale dell'artista, la loro orizzontalità, inclusività e interattività forniscono gli strumenti per l'affermazione dell'opera aperta, partecipata, relazionale e collaborativa e l'attivazione di un soggetto collettivo.

FrancescoTedeschi, in occasione del Seminario della SISCA[44] individua nella ricerca di Studio Azzurro una delle situazioni più avanzate, non solo nel nostro paese, nell'ambito dell'uso "intelligente" – e direi Umanistico – dei cosiddetti nuovi media. Fin dagli anni Ottanta le loro installazioni autonome e le loro collaborazioni con il teatro, le istituzioni museali di varia natura e molteplici altre situazioni, sono state e sono proposte centrali all'interno del confronto teorico e pratico con le potenzialità dei nuovi media tecnologici. "La loro posizione non è mai stata di esteriore adesione alle modalità in cui i mezzi elettronici sono impiegati in forme di spettacolarizzazione o di esibizione di 'tecnicalità' fine a se stessa, ma di ricerca di relazione con la storia - dell'arte innanzitutto - e fondate su una riflessione critica attorno agli stessi mezzi e al modo in cui l'arte si rapporta alle condizioni del vivere, del sapere e del comunicare".

Per questo le posizioni teoriche esposte da Studio Azzurro, e in particolare da Paolo Rosa, che ne è stato l'esponente più visibile sul piano della elaborazione teorica e della comunicazione, sono di particolare rilievo in una riflessione sulle relazioni tra i mezzi e la loro utilizzazione dal punto di vista dell'uomo.

Tedeschi considera le posizioni formulate in molti scritti concepiti da Paolo Rosa, in relazione all'attività di Studio Azzurro e in termini autonomi, come espressione di un "Umanesimo tecnologico", in quanto "lo sguardo si porta sull'uso dei nuovi media come forme in cui proseguire una analisi critica dei linguaggi che trae dalla continuità con una funzione dell'arte che ha sempre operato sul crinale tra ideazione di forme e interpretazione dei valori culturali di ciascuna epoca"[45].

In particolare, a supporto di questa teoria, vengono riportati degli spunti presenti nel volume edito nel 2011 da Feltrinelli, *L'arte fuori di sé*, presentato come "un manifesto per l'era post-tecnologica", elaborato da Paolo Rosa con Andrea Balzola (una sorta di testamento poetico di Rosa, che verrà a mancare due anni dopo).

Puntando il dito verso le definizioni critiche proprie di questo momento storico, che abbiamo ripercorso in questo lavoro, come quelle di arte "relazionale", "interattiva", "mediale" o "post-mediale", o anche di un'arte "pubblica", vi si svolge una attenta considerazione sulla volontà e la necessità dell'arte di uscire da una sua specificità sempre più difficilmente delimitabile, per abbracciare riflessioni nel campo filosofico, etico e politico.

In particolare, nelle pagine conclusive del pamphlet, sono espresse alcune considerazioni sulle relazioni tra "politica" e "tecnologia", che qualificano l'atteggiamento di Rosa nei confronti della militanza nel campo dell'arte contemporanea:

"L'arte cui pensiamo non fa politica, ma si fa politica, cioè produce autonomamente dalla politica un progetto di riconfigurazione dei comportamenti e delle sensibilità collettive, condizione necessaria per ripensare il futuro. È un'arte che si occupa di tecnologia, come scelta, perché la tecnologia occupa la nostra vita odierna e ha un effetto immediato sulla dimensione antropologica dell'uomo contemporaneo; perché estende come mai prima era accaduto il concetto di socialità da una condizione reale a una relazione tra componenti reali e virtuali; perché diviene linguaggio chiave attraverso cui recuperare il contatto con un territorio concreto in trasformazione. Così come l'arte che si fa politica non illustra la politica in quanto tale ma crea una politica dell'arte, l'arte che pratichiamo si fa tecnologia, ma non è tecnologica nel senso corrente del termine, cioè non illustra e non ostenta la tecnologia in quanto tale, è piuttosto un progetto poetico ed etico che assume e modella le sue forme mutanti"[46].

Una ripresa delle posizioni teoriche esposte da Paolo Rosa appare pertanto di primissimo piano in una riflessione sul tema del rapporto tra l'uso dei media e la loro ricaduta in termini di continuità, più che di rottura, con le prospettive storiche del fare artistico come pratica del pensare critico e quindi di una prospettiva "umanistica" della tecnologia all'interno della quale la tecnica è al servizio dell'uomo e la fruizione diventa aperta e condivisa. Qui il visitatore – lo spettatore, lo spett-attore, il partecipante – assume un ruolo centrale come forza attivante e come modello di incontro, dialogo, confronto, socialità relazionale.

In questo senso le opere interattive e partecipative rivelano una forte connotazione umanistica e antropocentrica.

1. Lucilla Meloni, *L'opera partecipata: l'osservatore tra contemplazione e azione*, Rubbettino, Soveria Mannelli 2000.
2. Umberto Eco, *Opera aperta. Forma e indeterminazione nelle poetiche contemporanee*, Bompiani, Milano 1962/2013, p. 34.
3. Ibidem, pp. 35- 36.
4. Ibidem, pp. 58-60.
5. Ibidem, p. 16.
6. Ibidem, p. 184.
7. Claire Bishop, *Antagonism and Relational Aesthetics*, in October, Vol. 110 (Autumn, 2004), The MIT Press, Cambridge, Massachusetts 2004, pp. 51-79.
8. Umberto Eco, *Opera aperta. Forma e indeterminazione nelle poetiche contemporanee*, op. cit., pp. 62-63.
9. Claire Bishop, *Inferni Artificiali. La politica della spettatorialità nell'arte partecipativa*, edizione italiana a cura di Cecilia Guida, Luca Sossella Editore, Bologna 2015.
10. Ibidem, pp. 14-15.
11. Maria Cristina Cremaschi, *L'arte che non c'è 1987-1996. Indagine sull'arte tecnologica*, Edizioni dell'Ortica Communication, Bologna 1997.
12. Ibidem, p. 37.
13. Myron Krueger, *Realtà Artificiale*, Assison-Wesley, Milano 1992, p. 17.
14. Maria Cristina Cremaschi, *L'arte che non c'è 1987-1996. Indagine sull'arte tecnologica*, op. cit., p. 39.
15. Andrea Balzola, Paolo Rosa, *L' arte fuori di sé: un manifesto per l'età post-tecnologica*, Feltrinelli, Milano 2011.
16. Jacques Rancière, *Le Spectateur émancipé*, La Fabrique, Paris 2008.
17. Ibidem, p. 23.

18. Valentina Valentini, *Conservare l'inconservabile. Il ruolo dello spettatore nelle installazioni multimediali*, in Valentini, V., *Dirottamenti: Calle, Cohen, DV8, Pellizzari, Sellars*, Comune di Milano, Settore Sport e Giovani, Progetto Giovani, in collaborazione con il Settore Cultura e Spettacolo, Milano 1997.
19. Maria Cristina Cremaschi, *L'arte che non c'è 1987-1996. Indagine sull'arte tecnologica*, op. cit.
20. Ibidem, p. 41.
21. Valentina Valentini, *Conservare l'inconservabile. Il ruolo dello spettatore nelle installazioni multimediali*, op.cit., p. 8.
22. Ibidem, pp. 10-12.
23. *Vito Acconci, New York, 1971*, in Achille Bonito Oliva, *Dialoghi d'artista*, Electa, Milano 1984, p. 130.
24. Walter Benjamin, *L'opera d'arte nell'epoca della sua riproducibilità tecnica*, Einaudi, Torino 1999, p. 43.
25. Paolo Rosa, *Creare ambienti sensibili. Intervista a Paolo Rosa*, di Andrea Lissoni, in Valentini, V., *Dal vivo*, Ed. Graffiti, Roma 1996.
26. Popper, F., *Art of the electronic age*, Thames and Hudson, London 1997, pp. 7-9.
27. Ibidem, p. 8.
28. Pier Luigi Capucci, *Arte e tecnologie. Comunicazione estetica e tecnoscienze.* Edizioni dell'Ortica, Bologna 1996, p. 58.
29. A. Balzola; P. Rosa, *L' arte fuori di sé: un manifesto per l'età post-tecnologica*, Feltrinelli, Milano 2011.
30. Ibidem.
31. Andrea Balzola, *Per un uso politico, pedagogico ed estetico dell'interattività. Breve nota sulle relazioni attuali e possibili tra nuovi media nella società e nell'arte*, in www.ateatro.it n. 115.
32. Ibidem.
33. Andrea Balzola, Paolo Rosa, *L' arte fuori di sé: un manifesto per l'età post-tecnologica*, op. cit.
34. Marshall McLuhan, *Gli strumenti del comunicare*, Il Saggiatore, Milano, 2011, pp. 42.
35. Ibidem, p. 280.
36. Renato Barilli, *Estetica e società tecnologica: Marshall McLuhan*, Il Mulino, anno 15, n. 126, marzo-aprile 1973, p. 275-276.
37. Vedi l'intervista a Pierre Lévy *L'intelligenza collettiva,* reperibile sul sito www.mediamente.rai.it
38. Intervista a Derrick De Kerckhove di Francesco Ognibene su "Avvenire", 9 marzo 2000.
39. Derrick De Kerckhove, *Piscotecnologie connettive*, a cura di Maria Grazia Mattei, Egea, Milano, p. 51.
40. Ibidem, p. 53.
41. Ibidem, pp. 76-77.
42. Mario Costa, *Il sublime tecnologico: piccolo trattato di estetica della tecnologia*, Castelvecchi, Roma 1998, pp. 98-99.
43. Ibidem.
44. Francesco Tedeschi, *Qualche riflessione sugli aspetti critici degli scritti d'artista: il caso di Paolo Rosa e Studio Azzurro,* in Seminario della SISCA (Società Italiana di Storia della Critica d'arte) 2014 e DILBEC (Dipartimento di Lettere e Beni Culturali – Seconda Università degli Studi di Napoli), S.Maria Capua Vetere – Caserta (11 dicembre 2014)
45. Ibidem.
46. Andrea Balzola, Paolo Rosa, *L'arte fuori di sé. Un manifesto per l'arte post-tecnologica*, op. cit., p. 187.

Conclusioni

Le nuove implicazioni della società attuale, "interconnessa" e "ipercomplessa"[1] hanno mutato il concetto di "Umanesimo", lo hanno messo in crisi, negato, aggiornato, ridefinito in base alle esigenze del pensiero connettivo che fa parte della socialità umana.

Il pensiero connettivo è un flusso visibile di condivisione e scambio tra persone – è situato nell'insieme dei nodi, è in tutti i tipi di conoscenza – e recupera modi archetipali di generare conoscenza. Internet come piazza, abbiamo visto, assicura l'accesso alle informazioni e conoscenze, in cui esprimere critiche e giudizi e in cui partecipare attivamente.

Come afferma Piero Dominici: "La Rete crea un *nuovo ecosistema* della comunicazione (1996) ma, pur ridefinendo lo spazio del sapere, non può garantire, in sé e per sé, orizzontalità o relazioni più simmetriche. La differenza, ancora una volta, è nelle Persone e negli utilizzi che si fanno della tecnologia, al di là dei tanti interessi in gioco. Per queste stesse ragioni, parleremo di 'tecnologie della connessione' e non di 'tecnologie della comunicazione'"[2].

A differenza degli altri strumenti di comunicazione, la Rete non solo consente la comunicazione, ma crea spazi di comunicazione non soltanto virtuali, con obiettivi di aggregazione reale, sotto forma di manifestazioni, creazioni di gruppi di attivismo, campagne di denuncia e bonifica sociale, come nel caso dei *netstrike*. Assieme ad altre forme pubbliche come i videomapping, i VJing, le urban experience, e le azioni in telepresenza, sembra emergere una teatralizzazione della partecipazione collettiva attuata mediante l'uso delle tecnologie.

Da questo punto di vista sembra che i media tecnologici possano oggi essere abitati e vissuti con la stessa tensione intellettuale, sociale e politica con cui lo erano una volta le piazze, e sembra si possa riconoscere in tale spazialità tecnologica, digitale, integrata con quella fisica, la dimensione della relazionalità, della socialità e dell'interconnessione come principi germinativi di un *Nuovo Umanesimo* in cui l'uomo si definisce per la sua responsabilità verso gli altri e verso il pianeta.

È stato dunque necessario riformulare, per questa civiltà ipertecnologica e iperconnessa un'ipotesi di *Nuovo Umanesimo* "che parta proprio dal ripensamento complessivo del sapere (come *sapere condiviso*), dello spazio tra i saperi (e, ad un secondo livello, tra le competenze) e, soprattutto, dello spazio relazionale (libertà è responsabilità – centralità dei processi educativi); che ponga la Persona, e non la Tecnica, al centro del complesso processo di mutamento in atto"[3].

Negli ultimi tempi è tornata improvvisamente di attualità, in virtù dello straordinario progresso tecnologico, la questione centrale dell'*etica* (accanto a quella dell'estetica) che permette di abbracciare le complesse problematiche legate all'avvento della società ipercomplessa.

Il necessario cambiamento di paradigma imposto dall'era elettronica e dalla rivoluzione digitale ha determinato un mutamento nei modi di produzione, nei rapporti sociali e di potere, nel sistema delle relazioni, nello spazio del sapere e della cultura e un aggiornamento delle metodologie applicate allo studio dell'arte.

Le pratiche artistiche che incentivano la partecipazione attiva e lo scambio, sia fisico che mediato dalle tecnologie elettriche e virtuali, hanno intensificato i flussi materiali e immateriali tra gli attori sociali, generando sempre più interazioni e relazioni.

Abbiamo visto come in queste operazioni il ruolo dell'artista si avvicina a quello del facilitatore e del mediatore culturale: diventa quello di un catalizzatore, che consente lo stabilirsi di connessioni proficue.

Sempre Balzola e Rosa affermano a proposito del ruolo dell'artista: "In un simile contesto diventa ancora più importante che l'artista esprima la sua generosità e si assuma la responsabilità *etica* di un ruolo formativo, sia all'interno delle istituzioni sia sul proprio territorio di appartenenza, offrendo senza reticenze le sue risorse creative e umane. Insomma che adotti il ruolo di formatore, elemento catalizzatore e di scambio (verrebbe voglia di definirlo "open source") di una creatività potenziale e diffusa"[4].

In questo caso, la responsabilità che l'artista si assume è quella di trovare il modo per raccontare con estremo rispetto la complessità simbolica di questa memoria depositata, utilizzando i linguaggi multimediali che oggi dominano i nostri sensi e i nostri comportamenti in funzione inversa, come strumento di riflessione emancipatrice, di narrazione consapevole, di partecipazione emotiva mediante l'esplorazione possibile degli ambienti interattivi che danno forma alle differenti tematiche.

L'artista suggerisce gesti apparentemente banali e ordinari dello spettatore in cui l'arte diviene "quasi" indistinguibile dalla vita; è però proprio il capitale simbolico (l'aura, l'alone di sacralità) di cui l'artista ancora può godere a mutare il significato di quei gesti, a intensificarne il senso, a conferire loro valore: ciò che è banale diviene enigmatico, sollecitando l'attenzione, l'impegno e la riflessione dei partecipanti, producendo così degli effetti benefici, in una reazione a catena che dall'artista contagia gli "spett-attori" e arriva e si riverbera nella società tutta. "All'interno di questo rito l'artista non è colui che dà risposte, come invece avviene nelle forme rituali esclusive, ma è colui che aiuta la comunità a porre delle domande, invita, crea le condizioni per fare esperienze che suscitano in ciascuno delle domande sulla tecnologia e sul divenire dell'umanità nello sviluppo tecnologico della società"[5].

L'arte partecipativa e interattiva in alcune delle sue espressioni (in particolare quelle che fanno leva sull'interazione, la socialità e la relazionalità), muovendo da una concezione idealistica dell'arte centrata sulla creatività, assegna all'intervento artistico, in modo più o meno consapevole, una finalità etica, terapeutica e responsabilizzante. In questi casi l'arte assume la forma di una cura volta a recuperare i deficit espressivi e comunicativi di persone e comunità, divenendo così uno degli strumenti della governance di istituzioni e aziende.

L' "arte che esce da sé"[6], in senso positivo, e si prolunga verso lo spettatore può svolgere una funzione di orientamento alternativo rispetto alla mercificazione dell'esistenza e ai "modelli di sviluppo" alienanti e massificanti dell'età post-tecnologica, spostando il suo baricentro da una creazione individuale a una creazione collettiva, dall'opera compiuta al processo aperto, dalla centralità dell'artista "genio" a una centralità dello spettatore, con una circuitazione totalmente diversa, gratuita e molto più partecipata degli eventi artistici.

È da queste esperienze che si generano le condizioni per riconfigurare il pensiero dell'arte, perché senza una profonda riflessione teorica, le sensibilità politica e poetica non hanno un respiro sufficiente per navigare nella complessità attuale.

Per difendere e salvaguardare non solo l'Uomo, la Persona, ma anche il Pianeta, il Cosmo, in questa nuova era tecnologica e iperconnessa, occorre dunque riprendere in mano il concetto di *etica della responsabilità* come etica della salvaguardia teorizzata dal filosofo Hans Jonas. Per far ciò, è necessario innanzitutto un ripensamento delle categorie dualistiche su cui, da Cartesio in avanti, si fondava l'antropocentrismo. Come abbiamo visto, Jonas infatti cerca di restituire valore etico alla natura e di restituire all'umano il suo posto "evolutivo e morale" nella vita della natura. In questo modo, "il mondo umano è reintegrato all'interno del mondo della vita; allo stesso tempo il valore intrinseco della natura diviene chiaro e la relazione dell'essere umano con il mondo naturale si fa manifesta"[7].

L'etica della responsabilità per definizione non riguarda solo il presente, ma deve essere anche, a tutti gli effetti, un' "etica del futuro". L'impegno a salvaguardare la natura per il bene dei posteri si presenta allora come un dovere reale, immediato e concreto. Nella prospettiva della responsabilità, il futuro del genere umano (che per Jonas rappresenta il "primo comandamento" dell'etica) e quello della natura si uniscono in un orizzonte comune, e i doveri verso l'umanità e quelli verso l'ambiente "possono essere trattati come se fossero uno solo"[8].

L'arte partecipativa, interattiva e tecno-sociale analizzata in questo volume può essere letta come una pratica orientata alla costruzione di una nuova responsabilità etica dell'artista e di un *Nuovo Umanesimo* "ecologico e planetario" all'insegna di una rinnovata comunione, solidarietà e fraternità con la vita planetaria.

1. Piero Dominici, *L'utopia post-umanista e la ricerca di un nuovo umanesimo per la società ipercomplessa*, in "Comunicazioni sociali", n. 3, Vita e Pensiero / Pubblicazioni dell'Università Cattolica del Sacro Cuore, Milano 2016, pp. 481-490.
2. Piero Dominici, *Dentro la Società Interconnessa. Prospettive etiche per un nuovo ecosistema della comunicazione*, Franco Angeli, Milano 2014, p. 9.
3. Piero Dominici, *L'utopia post-umanista e la ricerca di un nuovo umanesimo per la società ipercomplessa*, op. cit.
4. A. Balzola; P. Rosa, *L'arte fuori di sé. Un manifesto per l'arte post-tecnologica*, Feltrinelli, Milano, 2011.
5. Ibidem.
6. Ibidem.
7. Hans Jonas, *Sull'orlo dell'abisso: conversazioni sul rapporto tra uomo e natura*; a cura di Paolo Becchi, Einaudi, Torino 2000.
8. Hans Jonas, *Il principio responsabilità. Un'etica per la civiltà tecnologica*, trad. it. P.P. Portinaro, Einaudi, Torino 2002, p. 175.

Bibliografia

LIBRI E CATALOGHI

A.A.V.V., *Viva Arte Viva. 57° Esposizione Internazionale d'Arte della Biennale di Venezia,* La Biennale di Venezia Editore, Venezia 2017.

AA.V.V., *On Interaction / Interactivity in Music, Design, Visual and Performative Arts*, The International Institute for Advanced Studies in Systems Research and Cybernetics, Ontario 2008.

AA.V.V., (a cura di), *Guardami: percezione del video*, Gli Ori, Siena-Prato 2005.

AA.VV, *Fluxus o del "principio di indeterminazione",* Studio Leonardi – Unimedia, Genova 1988

Accarino, B., (a cura di), *Antropocentrismo e post-umano: una gerarchia in bilico*, Mimesis, Milano-Udine 2015.

Alfano Miglietti, F., *Identità mutanti: dalla piega alla piaga: esseri delle contaminazioni contemporanee*, Costa & Nolan, Genova 1997.

Appadurai, A., *Modernità in polvere: dimensioni culturali della globalizzazione*, Meltemi, Roma 2001.

Argan, G. C., *Walter Gropius e la Bauhaus*, Einaudi, Torino 1988.

Arnheim, R., *Verso una psicologia dell'arte*, Einaudi, Torino 1969.

Arnheim, R., *Arte e percezione visiva: nuova versione*, Feltrinelli, Milano 1977.

Ascott, R., *Is There Love in the Telematic Embrace*, in Id., *Telematic Embrace: Visionary Theories of Art, Technology and Consciousness*, a cura di Edward A. Shanken, University of California Press, Berkeley – Los Angeles – London 2003

Balzola, A.; Rosa, P., *L' arte fuori di sé: un manifesto per l'età post-tecnologica*, Feltrinelli, Milano 2011.

Barcellona, P.; Ciaramelli, F.; Fai, R., (a cura di), *Apocalisse e post-umano: il crepuscolo della modernità*, Dedalo, Bari 2007.

Belting, H.; Weibel, P.; Buddensieg, A., *The global contemporary and the rise of new art worlds*, ZKM Center for Art and Media, Karlsruhe; The MIT Press, London 2013.

Benjamin, W., *L'opera d'arte nell'epoca della sua riproducibilità tecnica*, Einaudi, Torino 2014.

Bicocchi, M. G., *Tra Firenze e Santa Teresa: dentro le quinte dell'arte ('73-'87): art/tapes/22*, Edizioni del Cavallino, Venezia 2003.

Bishop, C., *Participation*, MIT Press, Cambridge-Mass 2006.

Bishop, C., *Artificial hells: participatory art and the politics of spectatorship*, Verso Books, London-New York 2012.

Bonomi, G.; Mascelloni, E., (a cura di), *Promuovere l'alluvione. Fluxus nella sua Epoca 1958-1978*, catalogo della mostra, Centro per l'arte contemporanea, Umbertide (PG) 1997, Adriano Parise, Verona 1997.

Bonomi, G., *La disseminazione: esplosione, frammentazione e dislocazione nell'arte contemporanea*, Rubbettino, Soveria Mannelli 2009.

Bonito Oliva, A., Dialoghi d'artista, Electa, Milano 1984.

Bourriaud, N., *Estetica relazionale*, Postmedia Books, Milano 2010.

Bourriaud, N., *Il radicante*, Postmedia Books, Milano 2010.

Broeckmann, A., *Do it yourself! Kunst und digitale Medien: Software - Partizipation – Distribution*, Transmediale 01, Berlin 2001.

Burnham, J., *Beyond modern sculpture: the effects of science and technology on the sculpture of this century*, Braziller, New York 1967.

Capucci, P. L., (a cura di), *Il corpo tecnologico*, Baskerville, Bologna 1994.

Capucci, P. L., *Realtà del virtuale: rappresentazioni tecnologiche, comunicazione, arte*, CLUEB, Bologna 1993.

Capucci, P. L., *Arte e tecnologie: comunicazione estetica e tecnoscienze*, Edizioni dell'Ortica, Bologna 1996.

Caramel, L. (a cura di), *Arte in Italia 1945-1960*, Vita e Pensiero, Milano 1994.

Carmagnola, F., *Il consumo delle immagini: estetica e beni simbolici nella fiction economy*, Bruno Mondadori, Milano 2006.

Caronia, A., *Il Cyborg: saggio sull'uomo artificiale*, Shake, Milano 2008.

Caronia, A.; Livraghi, E. L.; Pozzano, S., (a cura di), *L' arte nell'era della producibilità digitale*, Mimesis, Milano 2006.

Carr, N. G., *Internet ci rende stupidi? Come la Rete sta cambiando il nostro cervello*, Raffaello Cortina, Milano 2011.

Castells, M., *Mobile communication e trasformazione sociale,* Guerini e Associati, Milano 2008.

Celant, G., (a cura di), *Live in Your Head. When Attitudes Become Form: Works, Concepts, Processes, Situations, Information,* catalogo della mostra, Kunsthalle Bern, 22.3-27.4 1969, Kunsthalle Bern, Bern 1969.

Cerritelli, C., (a cura di), *Artefax. Ricerche contemporanee in telefacsimile*, catalogo della mostra, Galleria Comunale d'Arte Moderna di Bologna, novembre – dicembre 1990, Grafis Edizioni, Bologna 1990.

Cornell, L.; Halter, E., *Mass effect: art and the Internet in the twenty-first century*, The MIT Press, Cambridge-Mass-London 2015.

Costa, M., *Il sublime tecnologico: piccolo trattato di estetica della tecnologia*, Castelvecchi, Roma 1998.

Costa, M., *L'estetica dei media: avanguardie e tecnologia*, Castelvecchi, Roma 1999.

Costa, M., *La disumanizzazione tecnologica: il destino dell'arte nell'epoca delle nuove tecnologie*, Costa & Nolan, Milano 2007.

Costa, M., (a cura di), *Nuovi media e sperimentazione d'artista*, Edizioni scientifiche italiane, Napoli 1994.

Costa, M., (a cura di), *L'estetica della comunicazione*, Castelvecchi, Roma 1999.

Crary, J., *Le tecniche dell'osservatore: visione e modernità nel 19° secolo*, Einaudi, Torino 2013.

Cremaschi, M. C., *L'arte che non c'è 1987-1996. Indagine sull'arte tecnologica*, Edizioni dell'Ortica Communication, Bologna 1997.

Crispolti, E., *Arti visive e partecipazione sociale*, De Donato, Bari 1977.

De Domizio Durini, L., *Il Cappello di Feltro. Joseph Beuys. Una vita raccontata*, Charta, Milano/ New York 1998.

Degli Esposti P., *Essere prosumer nella società digitale. Produzione e consumo tra atomi e bit*, Franco Angeli, Milano 2015.

Deitch, J., (a cura di), *Post human,* FAE Musée d'Art Contemporain, Pully Lausanne: Castello di Rivoli Museo d'Arte Contemporanea, Rivoli: Deste Art Foundation for Contemporary Art, Athens: Deichtorhallen Hamburg, Hamburg, DAP North American Distribution, New York, Idea Books European distribution, Amsterdam 1992.

Dell'Aquila, P., *Tribù telematiche. Tecnosocialità ed associazioni virtuali,* Guaraldi, Rimini 1999

De Kerckhove, D., *The Skin of Culture: Investigating the New Electronic Reality*, Christopher Dewdney, Toronto 1995

De Kerckhove, D., *Psicotecnologie connettive*, (a cura di Maria Grazia Mattei), Egea, Milano 2014

Deseriis, M.; Marano, G., *Net_Art. L'arte della connessione*, ShaKe Edizioni, Milano 2003.

Di Corinto, A.; Tozzi, T., *Hacktivism: La libertà nelle maglie della rete*, Manifestolibri, Roma 2002.

Diodato, R., *Estetica del virtuale*, Bruno Mondadori, Milano 2005

Dinkla, S., *Pioniere Interaktiver Kunst*, ZKM, Karlsruhe 1997

Drioli, A.; Ramani, D., *Vietato non toccare*, Springer, Milano 2009.

Eco, U., *Opera aperta: forma e indeterminazione nelle poetiche contemporanee*, Bompiani, Milano 1967.

Fadda, S., *Definizione zero: origini della videoarte tra politica e comunicazione*, Costa & Nolan, Genova 1999.

Figiani, M.; Gessa-Kurotschka, V.; Pulcini, E., (a cura di), *Umano, post-umano: potere, sapere, etica nell'età globale*, Editori riuniti, Roma 2004.

Fischnaller, F., (a cura di), *E-Art: arte, societa e democrazia nell'era della rete*, Editori Riuniti, Roma 2006.

Fiz, A.; Panaro, L., (a cura di), *Community: la ritualità collettiva prima e dopo il web*, catalogo della mostra, MARCA, Museo delle Arti Catanzaro, 19 dicembre 2010-27 marzo 2011, Electa, Milano 2010.

Floridi L., *La quarta rivoluzione. Come l'infosfera sta trasformando il mondo*, Raffaello Cortina Editore, Milano 2017.

Foster, H., *Il ritorno del reale*, Postmedia Books, Milano 2006.

Fubini, R., *L'Umanesimo italiano e i suoi storici: origini rinascimentali, critica moderna*, Franco Angeli, Milano 2001.

Galimberti, C.; Riva, G., (a cura di), *La comunicazione virtuale: dal computer alle reti telematiche: nuove forme di interazione sociale*, Guerini, Milano 1997.

Garin, E., *La cultura del Rinascimento*, Il saggiatore, Milano 1988.

Garin, E., *Umanisti, artisti, scienziati: studi sul Rinascimento italiano*, Editori riuniti, Roma 1989.

Garin, E., *L'Umanesimo italiano: filosofia e vita civile nel Rinascimento*, Laterza, Roma-Bari 1993.

Garin, E., *L'uomo del Rinascimento*, Il Giornale, Milano 2006.

Gell, A., *Art and agency: an anthropological theory*, Clarendon press, Oxford 1998.

Gilardi, P., *Not for Sale. Alla ricerca dell'arte relazionale*, Mazzotta, Milano 2000.

Gombrich, E. H., *Arte, percezione e realtà*, Einaudi, Torino 1992.

Gombrich, E. H., *Arte e illusione: studio sulla psicologia della rappresentazione pittorica*, Leonardo arte, Milano 1998.

Gravano, V., *Paesaggi attivi: saggio contro la contemplazione: l'arte contemporanea e il paesaggio metropolitano*, Costa & Nolan, Milano 2008.

Grigoletto, F., *Videogiochi e cinema: interattività, temporalità, tecniche narrative e modalità di fruizione*, CLUEB, Bologna 2006.

Guida, C., *Spatial Practices. Funzione pubblica e politica dell'arte nella società delle reti*, Franco Angeli, Milano 2012.

Huizinga, J., *Homo Ludens*, Einaudi, Torino 2002.

Jenkins, H., *Cultura convergente. Dove collidono vecchi e nuovi media*, Apogeo, Milano 2007.

Jenkins, H., *Fan, Blogger e Videogamers*, Franco Angeli, Milano 2008.

Kristeller, P. O., *Concetti rinascimentali dell'uomo e altri saggi*, La Nuova Italia, Firenze 1978.

Kristeller, P. O., *Il pensiero e le arti nel Rinascimento*, Donzelli, Roma 1998.

Krueger, M.W., *Realtà Artificiale*, Addison-Wesley, Milano 1992.

Lévy, P., *L'intelligenza collettiva. Per un'antropologia del cyberspazio*, Feltrinelli, Milano 1996.

Lévy, P., *Cybercultura: gli usi sociali delle nuove tecnologie*, Feltrinelli, Milano 2001.

Longo, G. O., *Homo technologicus*, Meltemi, Roma 2005.

Lippard, L., *Six Years: The Dematerialization of the Art Object from 1966 to 1972*, University of

California Press, Berkeley 1997.

Lyotard, J.-F., *I transformatori Duchamp: studi su Marcel Duchamp,* Hestia, Cernusco Lombardone (MI) 1992.

Macrì, T., *Il corpo postorganico. Sconfinamenti della performance*, Costa & Nolan, Genova 1996.

Maldonado, T., *Reale e virtuale*, Feltrinelli, Milano 1992.

Manovich, L., *Il linguaggio dei nuovi media*, Olivares, Milano 2002.

Margozzi, M.; Meloni, L.; Lardera, F., (a cura di), *Gli ambienti del Gruppo T: le origini dell'arte interattiva*, Silvana Editore, Cinisello Balsamo, 2005.

Masini, L.-V., (a cura di), *Umanesimo, DisUmanesimo nell'arte europea 1890-1980*, catalogo della mostra, Palagio di Parte Guelfa e altri luoghi del centro storico, Firenze, 20 settembre – 30 novembre 1980, Silvana Editoriale, Milano 1980.

McGonigal, J., *La realtà in gioco*, Apogeo, Milano 2011.

McLuhan, M., *Gli strumenti del comunicare*, Il Saggiatore, Milano, 2011.

Meloni, L., *L'opera partecipata: l'osservatore tra contemplazione e azione*, Rubbettino, Soveria Mannelli 2000.

Montani, P., *Tecnologie della sensibilità. Estetica e immaginazione interattiva*, Cortina, Milano 2014.

O'Doherty, B., *Inside the white cube: l'ideologia dello spazio espositivo*, Johan & Levi, Milano 2012.

Paine, G., *Unencumbered Human Movement in Interactive Immersive Environments*, Lulu.com 2009.

Panofsky, E., *Il significato nelle arti visive*, Einaudi, Torino 1962.

Perniola, M., *I situazionisti: il movimento che ha profetizzato la società dello spettacolo*, Castelvecchi, Roma 2005.

Perov, K., (a cura di), *Bill Viola: visioni interiori*, catalogo della mostra, Palazzo delle Esposizioni, Roma, 21 Ottobre 2008 - 6 Gennaio 2009, Giunti Arte Mostre Musei, Firenze 2008.

Pinotti, A.; Somaini, A., *Cultura visuale: immagini, sguardi, media, dispositivi*, Einaudi, Torino 2016.

Pireddu, M.; Tursi, A., (a cura di), *Post-umano: relazione tra uomo e tecnologia nella società delle reti*, Guerini, Milano 2006.

Piscator, E., *Erwin Piscator 1893-1966,* a cura di Paolo Chiarini, Officina, Roma 1978.

Popper, F., *Art, action and participation*, Studio Vista, London 1975.

Popper, F., *Art of the electronic age*, Thames and Hudson, London 1997.

Popper, F., *From technological to virtual art*, The MIT press, Cambridge-Mass-London 2007.

Quaranta, D., *Media, new media, postmedia*, Postmedia Books, Milano 2010.

Reale, G., *Umanesimo, Rinascimento e rivoluzione scientifica*, Bompiani, Milano 2009.

Rifkin, J., *L'Era Dell'Accesso, La rivoluzione della new economy*, Oscar Mondadori, Milano 2000.

Riva, A., *Street art sweet art: dalla cultura hip hop alla generazione pop up*, Skira, Milano 2007.

Roberto, M.T., *Pinot Gallizio: l'uomo, l'artista e la città (1902-1964)*, catalogo della mostra, Fondazione Ferrero, Alba, 2000, Edizioni Gabriele Mazzotta, Milano 2000.

Rosa, P., *Percorsi tra video, cinema e teatro*, Electa, Milano 1995.

Savini, M., *Postinterface. L'evoluzione connettiva e la diffusione del pensiero plurale*, Plus Pisa University Press, Pisa 2009.

Schuler, R., *Seeing motion: a history of visual perception in art and science*, Dissertation, Berlin-Boston 2016.

Scullion, R.; Gerodimos, R.; Jackson, D.; Lilleker, D., *The Media, Political Participation and Empowerment*, Taylor & Francis, Abingdon 2013.

Shaftesbury, A. A. C., conte di, *I moralisti*, a cura di Andrea Gatti, Aesthetica, Palermo 2003.

Shanken, A. E., *Art and Electronic Media*, Phaidon Press, London 2009

Shearman, J., *Arte e spettatore nel Rinascimento italiano: Only connect...*, Jaca book, Milano 1995.

Somaini, A., (a cura di), *Il luogo dello spettatore: forme dello sguardo nella cultura delle immagini*, V&P, Milano 2005.

Speroni, F., *Sotto il nostro sguardo: per una lettura mediale dell'opera d'arte*, Costa & Nolan, Genova 1995.

Stern, N., *Interactive Art and Embodiment: The Implicit Body as Performance*, Gylphi Limited, Canterbury 2013.

Sterne, J., *The Participatory Condition in the Digital Age*, University of Minnesota Press, Minneapolis 2016.

Stone, A. R., *Desiderio e tecnologia: il problema dell'identità nell'era di Internet*, Feltrinelli, Milano 1997.

Studio Azzurro, *Interattività: Studio Azzurro, opere tra partecipazione e osservazione*, a cura di Maria Grazia Mattei, CERP, Perugia 1999.

Studio Azzurro, *Studio Azzurro: ambienti sensibili: esperienze tra interattività e narrazione,* a cura di Fabio Cirifino et al., Electa, Milano 1999.

Studio Azzurro, *Immagini vive*, Electa, Milano 2005.

Taiuti, L., *Arte e media: avanguardie e comunicazione di massa*, Costa & Nolan, Genova 1996.

Tintino, G., *Tra umano e post-umano: disintegrazione e riscatto della persona: dalla questione della tecnica alla tecnica come questione*, Angeli, Milano 2015.

Tomei, F., *Arte interattiva. Teoria e artisti*, Pendragon, Bologna 2006.

Tozzi, T., *Conferenze telematiche interattive*, Edizioni Paolo Vitolo, Roma 1992.

Tozzi, T., (a cura di), *Opposizioni '80. Alcune delle realtà che hanno scosso il villaggio globale*, Amen, Milano 1991.

Tursi, A., *Estetica dei nuovi media: forme espressive e network society*, Costa & Nolan, Milano 2007.

Valentini, V., (a cura di), *Visibilità zero, a cura di Valentina Valentini*, Gangemi, Roma 1996.

Valentini, V., (a cura di), *Dal Vivo*, Graffiti, Roma 1996.

Valentini, V., (a cura di), *Dirottamenti: Calle, Cohen, DV8, Pellizzari, Sellars,* Comune di Milano, Settore Sport e Giovani Progetto Giovani, in collaborazione con il Settore Cultura e Spettacolo, Milano 1997.

Valentini, V., (a cura di), *Allo specchio*, Lithos, Roma 1998.

Vassallo, S. V.; Di Brino, A., (a cura di), *Arte tra azione e contemplazione: l'interattività nelle ricerche artistiche*, ETS, Pisa 2003.

Vergine, L., (a cura di), *Arte programmata e Cinetica, 1953-1963: l'ultima avanguardia*, G. Mazzotta, Milano 1983.

Zanetti, P. S. S.; Tolomeo, M. G., *La coscienza luccicante. Dalla videoarte all'arte interattiva*, Gangemi, Roma 2012.

Zanfi, C.; Scotini, M., (a cura di), *Going Public. Politics, Subjects and Places,* catalogo della mostra, Modena/Sassuolo, Network ferroviario, 19 settembre - 21 settembre 2003, Silvana Editoriale, Cinisello Balsamo 2003.

Sitografia

www.giornaledifilosofia.net

www.julioleparc.org

www.moonmoonmoonmoon.com/

www.metamute.org/editorial/lab/post-media-condition

www.domusweb.it/it/notizie/2009/01/30/pipilotti-rist.html

www.nytimes.com/2008/11/21/arts/design/21rist.html

www.studioazzurro.com

www.lozano-hemmer.com/body_movies.php

www.miguel-chevalier.com

www.kernelfestival.net

www.magmart.it

www.glowarp.com/invasioni-digitali-video-mapping/

connectingcities.net

connectingcities.net/city-vision/participatory-city-2014

www.peterdecupere.net

it.terzoparadiso.org/

www.pistoletto.it/it/testi/ominiteismo_e_demopraxia.pdf

www.facebook.com/rebirthday2112

opensourcecureforcancer.com

caffeletterario-bologna.blogautore.repubblica.it/2012/06/27/jenkins-e-la-cultura-partecipativa

www.exibart.com/notizia.asp?IDNotizia=945

whitney.org/ForKids/Collection/CoryArcangel/200510

connectingcities.net/city-vision/participatory-city-2014

www.invisibleplayground.com/en/welcome

www.somersethouse.org.uk/press/mat-collishaw-thresholds

www.ssense.com/en-us/editorial/art/virtual-reality-sickness

observer.com/2015/10/how-one-artist-uses-reality-as-her-medium

bepart.net

www.grafedia.net

www.streamingmuseum.org

www.adobemuseum.com

https://streetart.withgoogle.com/it/

collider.com/banksy-does-new-york-trailer/

www.artribune.com/attualita/2015/10/dismaland-parco-banksy/

theongroup.wordpress.com/contributi-teorici

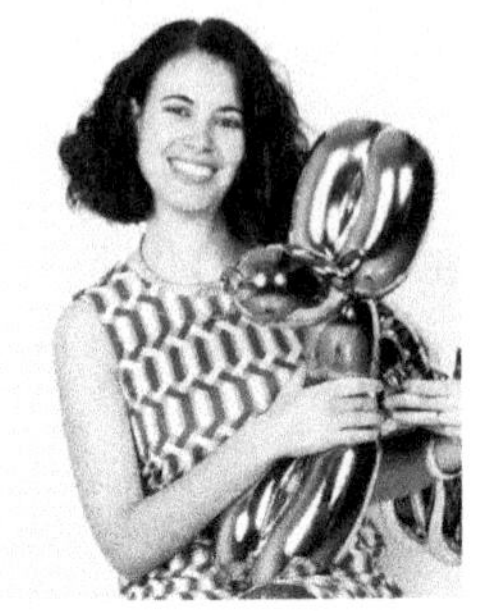

Biografia

Critica d'arte, giornalista e curatrice indipendente. Ideatrice e promotrice di eventi artistici e iniziative culturali, nel suo percorso critico ha dedicato particolare attenzione alle nuove tendenze dell'arte contemporanea, dai New Media alla Street Art.

Ha organizzato numerose mostre e progetti per enti privati, tra cui *Italian Factory*, Fabbrica Borroni, Superstudiopiù, Brerart e istituzioni pubbliche come la Fabbrica del Vapore di Milano, il MAR Museo d'Arte della Città di Ravenna, il Festival della Fotografia Europea di Reggio Emilia.

Tra i curatori-tutor del *Premio Artivisive San Fedele*, dal 2012 cura annualmente il progetto di arte urbana *StreetScape* nelle piazze e nei cortili dei musei di Como e dal 2016 è Direttore Artistico di *PARMA 360 Festival della creatività contemporanea*, che si svolge ogni anno nella città di Parma, in collaborazione con il Comune e una rete di partner istituzionali e privati.

Dottore di ricerca in "Scienze Umane" all'Università degli Studi di Perugia, insegna Storia dell'Arte Contemporanea e Linguaggi Artistici dei Nuovi Media all'Università eCampus.

Tecno-socialità
Partecipazione e interattività nell'arte contemporanea
di Chiara Canali

postmedia books 2019

isbn 9788874902361

Finito di stampare nel mese di gennaio 2020

tutti i diritti riservati | all rights reserved
È vietata la riproduzione non autorizzata
con qualsiasi mezzo, compresa la fotocopia
o qualsiasi forma di archiviazione digitale.
All rights reserved. No part of this book may be reproduced
or transmitted in any form or by any means, electronic or mechanical,
without permission in writing from the Publisher.

Postmedia Srl
Milano
www.postmediabooks.it

www.ingramcontent.com/pod-product-compliance
Ingram Content Group UK Ltd.
Pitfield, Milton Keynes, MK11 3LW, UK
UKHW021906190726
13853UKWH00002B/533